開顯與退斂的生命觀

中國儒家與道家思想之會通

黎景鎏 著

莫序

　　拜讀好友景鎏兄這部品作，就像在欣賞一幅最美的畫，由心所觀賞到的，整幅畫都是活生命的融合與會通。這正是本書之作者，以哲學的心境，發展其心靈智慧的顯現。

　　哲學的境界，應該視野廣闊，對中西哲學的修養，是絕對必要的。景鎏兄是個哲學之愛好者，通達情理，所以才能分析中國的道與西方的本體，並找出其價值。更從其書中看到，他對儒家與道家之演繹，體現到：「認識了自己，並由一個有思想的自我展現出其主觀意識」。可歌！可賀！

　　景鎏兄創作這部著作，就像大自然誕生了一個新生兒。他邀我共同參與這份喜宴，我樂意並開心的送上這份心靈賀禮。

　　是為序。

莫詒謀

巴黎第一大學哲學系博士

前台北中國文化大學哲學系主任、哲學研究所所長

二〇一八年三月於香港

梁序

　　黎景鎏先生前年出版了《道論》，通論孔孟、老莊、佛陀、基督之道，他說要闡釋中外聖哲的思想，希能助讀者通悟人生，不執迷物質的聲色世界，得享心境安寧。去年又出版了《老莊哲學》，將道家之「無為而為，遊心天地」的人生智慧詳細闡明，他說要以道家的老莊思想來使讀者心靈高遠清虛，灑脫放達，愉悅自適，超脫物累，達到逍遙自在的境界。

　　他今年寫成第三本書，書名《儒家與道家之會通》，將儒家與道家的人生智慧闡釋明白，並將兩者會通起來，為讀者提示儒家與道家合一之人生之道。

　　對於儒道二家之同異及其當如何會通，很多學者都有討論，並細加辨正而說明，但多偏在學術上論究。黎先生的這一本書，則有意將他在生活上的真實體驗用到此一問題上，並用平實易懂的文字將它表達。

　　說起儒道兩家的人生智慧，雖不同，卻可相互而用，互相補足，我為黎先生的《老莊哲學》一書寫序時，有一段話：

　　　　中國人一向受儒家和道家思想之滋潤，已形成一種很自然的生活態度。在人生的道路上，中國人都知道要一進一退，一顯一隱，一開一闔，互相調適配合。孟子是儒家代表，當他說「窮則獨善其身」，這是人生命在退、隱、闔的時候；當他說「達則兼善天下」，

這是人生命在進、顯、開的時候。孔子周遊列國，欲行道於天下，他是「知其不可以而為之」，這是進、是顯、是開；當他見道不行，心一時感慨，有些落寞，就說要「乘桴浮於海」，那是退、隱、闔的心情。把老莊與孔孟比較，則應說，儒家人物是時時準備着向前，故生命展現着的是進、顯、開的精神；道家人物時時準備着後退，故生命展現的是退、隱、闔的情調。

由黎先生的《中國儒家與道家思想之會通》，使我想到，對於人生責任之挑起與放下的問題。人生有許多責任，要挑起的擔子很多。既說是責任，那就必要挑起，不同的也僅只是其有大有小、有輕有重，有為自己或為大眾之不同，以及孰為先後、緩急之差異。面對這些擔子，尤其是為大眾而挑的，人或會猶豫，甚至設法迴避。若其為儒家之人所見，則必會叫他、並激勵他把擔子挑起；若其為道家之人，就不一定可排除他不叫人迴避。即就人已挑着的關涉及大眾的擔子來說，儒家強調的是挑下去，道家強調的是放下來。但儒道兩家講人生，表面看來差別很大，實則其同處更多。就其對人生之擔子來說，雖一說挑起，一說放下，像很不同，實則是因他們見到人們挑擔子時，就人們挑擔子的狀態，給予不同的指示。應如此說，儒家第一句話是要人把擔子一一挑起，一一完成，但不阻止人把擔子放下，主要是在適當的時候；道家第一句話是要人把擔子放下，無所謂將它完成，但此不等於鼓勵人們不將擔子挑起，在適當的時候把擔子挑起。在儒家與道家的思想中，實沒有永遠的挑起，也沒有必然的放下。只因在此世上，人們都各有不

同的經歷，受到不同的磨折，加上各自性情有異，生活環境不同，處於不同時勢，應如何處理人生責任，擔子要挑起呢或放下呢，都靠人之智慧來抉擇，而此智慧往往由儒家與道家思想之互用中顯示。

記起長輩在我們仍是年輕小伙子時講的一句話：「早挑起、早放下。」這是他們看到年輕一輩以「種種藉口」（年輕人認為是種種憂慮）逃避婚姻，尤其是以「種種理由」（年輕人認為是種種憂慮）來推遲養育兒女的責任，因而說的一句話。這些前輩的話中包含着一個意思，人生本來就有種種責任，故而有種種擔子，這些都是不能推卸的責任，都是要挑起的擔子，主要是人以什麼方式挑起，以怎樣的心情挑起，又以什麼方式放下，怎樣的心情放下。對於此，儒家和道家合而給了人們很大的智慧力量，這就如人之走路：當左腳跨前之時，右腳撐着身體；右腳離地，正是左腳站穩之時。

梁瑞明

志蓮夜書院校長

二〇一八年三月十八日

王序

　　巍巍崇山，涓涓流水，山間雲飄，水裏花游。孔孟像巍巍崇山，而老莊如涓涓流水。既然山高水長，和諧依待，互顯美態，那麼孔孟老莊，謙讓作揖，並行不悖。這書有形象生動的文字，說緊要深刻的道理。景鎏兄在此書以具體的形象設譬，如崇山、流水、簫笙與橐籥（鼓風吹火的風箱）等。這些恰切的譬喻可以幫助讀者容易掌握奧妙的哲理。書中說：「中國孔孟與老莊，就像巍巍崇山與繞之而流之一依帶水。高山巍峨，像大人君子之人格情躁，大義凜然，仁披天下，矗立於天地之間，屹立不倒。水則依勢而行，或涓涓細流，或洶湧澎湃；前有沙石阻路，則蜿蜒曲折或穿插迴避，終匯聚成流，或臨崖而下，一瀉萬丈，毫無懼色。它柔弱，但能跨險越崖，迎拒適宜，退縮迴旋卻直流，這裏見退而實進，像道家在於人事複雜、世情紛繁之社會裏，以『無為』之心態處事應世、及『無厚入有間』之精神遊心於世，不為物傷。」

　　孔孟與老莊比較之下，孔孟比較像山，老莊比較像水，只是相對而言。只是解說的方便，助人易於明白。孔子說：「知者樂水，仁者樂山。」孔孟像仁者多一些，老莊像智者多一些，這也是相對而言。景鎏兄在書中讚揚孟子「剛毅不屈，積健雄奇，昂揚奮發之精神彰顯文化生命，所謂泰山嚴嚴」。另外，老子則喜歡以水為喻，這點稍後再說。

　　用簫笙與橐籥的比喻來說明道家之「道」，就使人比較容

易了解「道」。簫笙的管，其中是虛空的。正因為其虛空，在其上的洞吹奏，才能發聲，奏出悠揚樂韵。這虛空是無，然而能發生作用，豈不是「無之以為用」。橐籥（風箱）也是其中是虛空的，愈鼓動而風愈吹出，於是火愈燒愈旺。這比喻天地之間的廣大虛空，可以不斷生化萬物。此喻正可說明天地之道。書中說：「道家之『道』──萬物存在之最後依據，是『無』。它出『有』而散發萬物，故其本性特質為『虛』，無實有之內容，但卻含藏萬物，如簫笙之虛空，方可吹奏出各種不同樂韵，又如鼓風用之橐籥，虛而不屈（不是無用），動而愈出。」

山自巍然不動，水在奔騰流轉。水滋養萬物，水處卑下之地，因此老子說：「上善若水。水善利（善於利物，即善於滋潤萬物）萬物而不爭（水是最不爭的），處眾人之所惡（「處」，處在，居於。眾人之所惡，眾人厭惡的地方，指低下的地位），故幾（「幾」，近乎）於道（這種性行，正和道體相近）」（《道德經‧第8章》）。上引書裏的一段中，景鎏兄在括號之中以小字做恰當簡明的解釋，十分易懂。景鎏兄在書中常用這個方式幫助讀者。關於水的譬喻，老子還說：「天下莫柔弱於水，而攻堅強者莫之能勝。」 水至柔弱，卻最能攻破堅強。以水為喻，也可說明莊子的哲理。書中說，莊子是「其動若水（它動起來會如水般因勢而去），其靜若鏡（靜起來如明鏡般朗照萬物）。」

山之喻，水之譬，可以說明儒家剛、道家柔。景鎏兄把儒家與道家的不同之處清楚地比較出來：儒家「重開顯正命之剛毅精進，彰顯道德，成就人格」；而道家「主退斂安命之悠然愜意，無心自然，逍遙自在」。這確當的對比，展現了景鎏兄

對兩家思想的深入體認。

以文學的修辭生動地表達哲學道理，是此書的另一優點。景鎏兄引蘇東坡的名句：「柳綠花紅真面目」，然後點破這「就是在告訴我們柳樹的翠綠，紅花的艷麗，都是明『道』歷歷毫不隱藏的顯露於外，成就了宇宙萬物，一切是那麼自然而不矯揉造作，這天地之色，以老子的言說，便是『道法自然』」，「無為而為」深奧的哲學道理落在景鎏兄手裏，舉重若輕，化為美麗的詩句，一新讀者的耳目。

景鎏兄善於引證唐君毅與牟宗三之言，蘇格拉底與柏拉圖之說，立足於巨人肩膀之上，因而能對儒道兩家思想作明白的解說。如景鎏兄引唐君毅之言，說明德性實踐是「道德的問題，永遠是人格內部的問題；道德生活，永遠是內在的生活；道德的命令，永遠是自己對自己下命令」，真是直指人心，深中肯綮。

景鎏兄又對兩家思想有親切的體會，靈活應用以處世，故主張：「話到口中留半句，理從是處讓三分」，這叫我們「應放手時須放手，得饒人處且饒人」。這一切盡是道家斂退謙讓無爭之智慧，要我們「處世讓一步為高，待人寬一分是福」。這段話是說「斂退謙讓無爭之智慧」，可以化作入世應對的權變與方便。道家的後退其實隱藏前進的意義。諸葛亮說：「苟全性命於亂世」，在動亂污濁之世，積極努力葆全心靈高潔光明。因而景鎏兄說：「道家之隱退人生是生命光輝之顯現……是一種憩息於自然無為，逍遙自在，心無掛礙之生命，在斂退之人生中見生命之顯進。」這是真有體會之言！

景鎏兄從宗教精神說明儒家、道家、佛教與基督教的相通

以及互異。我有相似的觀點，見〈經典教育與心靈教育〉一文。該文說：「總之，儒、道、佛、基督教在最高境界處有相通，亦有相異；我們求通存異！」孔子說：「君子和而不同。」（《論語‧子路》）。我們知道各種思想或信仰有相通之處，應當重視其相通，各存其相異。莊子提醒世人「自其異者視之，則肝膽楚越也」（《莊子‧德充符》）。世人不宜誇大差異，不要把身體內的肝膽看成楚越兩國那麼距離遙遠。從相通之處看，萬物一體，所謂自其同者視之，萬物皆一也」《莊子‧德充符》。（載中國文化院網頁）各家思想相同之處可能不多，以山與水為例，相同之處甚少；然而從各家思想可以融通之處來看，求通存異，則各家思想如各種形態的崇山，似千姿百態的流水，相依相待且和諧有美。這才是和而不同，而現代人應有求通存異的態度。

　　讀畢全書，感受殊深，謹綴數語，拜謝作者，賜我先讀為快的樂趣。

王培光
前香港城市大學中文系系主任

序於新亞研究所

目 錄

前言

前言

　　任何社會之組成必依賴一定規則，規則就是共同遵守之約定，規定人們應做什麼和不應做什麼，稱之為「規則道德」。在現代自由主義盛行之社會裏，道德活動就是遵守規則，而道德哲學所要做的就是制定一切人所遵守之道德規則。由此，個人的道德修養及德性之培養，最後被縮減到一個方向去，這就是對規則之服從。這樣一來，任何關於「人之道德修養及德性之培養」等問題就會被擱置一旁，取而代之者則是人應當如何遵守此「規則道德」。但「規則道德」只滿足了由理性邏輯成立之知識條件，例如「橫過馬路時，必須遵守交通規則，否則會被票控」，所以法規是順理性邏輯而成之知識，所謂理想，正義，公道，是非等都納入了知識的範疇內，與生命上之道德感掛搭不上。

　　但當人之行為純受外在之規則規範時，即否定了本身之自由意志，而法則更從旁擔當了制約作用，人於此完全處於被動了，毋須自省自覺。而「規則道德」所關心者，就是「我所做的或未做的」是否合乎社會團體規範之要求而已。所以當有人說：「我會做好我份工時」，在這種規範下，除了按「規則要求」而踐行外，沒有道德意識，觸不到道德之要求。

　　無可否認，這種「規則道德」在維持社會秩序中可以發揮

一定之效用，例如在元宵花市中設定了人流之規則，只要人人遵守，則人潮聚散容易，不易發生意外。這由警方所訂定之規則，有一定制約作用，是契約之道德。這「道德之契約」在維持社會安定繁榮上，確實起了很大之作用。再者，當共同之利益得到維護時，人除了可以保存自身利益外，同時亦得到社會認同及讚譽；違者，可受到社會唾棄、懲罰。早年香港對隨地吐痰者有這樣幾句警惕語：「隨地吐痰乞人憎，罰款三千有可能」，這「為人所討厭」及「違者接受懲罰」之「規則道德」，充當了工具和手段，它會使人驚慄害怕，不得不從。

但是，「規則道德」這種工具性之特點，只是屬於一種邏輯技術性的知識，它的設定往往從嚴謹的邏輯精密處着手，以盡量顧及公眾利益為依歸，並以此作為價值之取向，從法律觀點看，要人遵守法律之規程，以不違法獲取社會團體之認同。但這是極可悲的事，因為一個人只要掌握了某些客觀約定俗成之「規則道德」或法律條文，便可以在不違社會契約之情況下倒行逆施，從而滿足一己之私慾。香港有地產商近年之措舉，在不違法下使樓價飆升，致令一般大眾置業艱難，便可見一斑。這「技術化傾向」之道德規則，使道德意義陷入了一種理性邏輯實證論之機械程序裏（邏輯實證論是以經驗為根據，以邏輯為工具，進行推理，用概率論來修正結論），即「你不依交通燈過馬路，所以你犯了法，你有罪」，這只是邏輯推理之形式顯現，不涉及是其是，非其非之道德感，所以道德可以藉此解釋嗎？

因為任何道德規則只要實踐於行為中時，就無可避免地遇

到這樣的一個問題：一個約守規則的人，是否須從後天來認識及指導下接受此規則？例如在家裏及學校裏，分別接受父母和師長之教導指引等。還是個人自覺到須接受「**必須如此如此而踐行**」之「**主體自覺**」之先驗性要求。這裏見理性邏輯與生命本身互異之關鍵處。中國之道德生命哲學從這裏開出來，相應於《禮記‧大學》之所言：「**大學之道，在明明德**」，要「**明明德**」，須直覺生命本身美善之本性，並透過自身之行止將其興發昭顯出來。這涉及道德領域中之「**道德主體性**」及其「**先天**」之意義，即出自我本心之良知呼喚我應該及必須如此如此做，逆之則覺有感不安之情，慚愧之心，而這「**不安慚愧**」之感，非從後天經驗所得，即：面對父母，我直覺地、先驗地要孝順他們。這不同於「規則道德」，「規則道德」的原則是要把正義歸結為公平，而這「公平」主要是歸結於社會的權利及利益，是外在的經驗知識，根本不涉及個人之道德感及道德實踐之意義。

1. 主體自覺性

中國人講道德時，往往從「**主體自覺性**」入手，由此建構了「**道德主體性**」之道德觀。根據這種道德觀，道德問題並非在處理個人與個人或個人與社會之利益衝突時才可見。所以當人自守孝道，或勸人以孝時，即出自「**主體自覺性**」，這是一種道德「**自覺**」，要人必須如此如此做方可，否則自心不安。儒家指出，人於日常言行中，須按之而行，要「**明明德**」，方可成就道德，完成人格及完滿之人生。同時，這裏顯出了生命之意義，道德價值不是一種由邏輯推論而出之自然現象，經驗

性之現象。所以在邏輯，數學，政治學，心理學，社會學上找不出道德的意義來。

而這「**自覺**」的「**道德主體性**」可從唐君毅先生之道德哲學顯透出來。在他所著《道德自我建立》一書中，強調「**道德問題，永遠是人格內部的問題；道德生活，永遠是內在的生活；道德的命令，永遠是自己對自己下命令，自己求支配自己，變化自己，改造自己。**」，他所言之道德行為及生活是「**自我內在**」的生活，道德踐行就是一道命令，而這命令是自己對自己下達的命令。這意思是說，人類的一切道德行為都必須是自律的、自發的，不能有絲毫外來的因素。孔子學生宰予說三年服喪太久了，改為一年行不行呢？孔子就問他，「**食夫稻，衣乎錦，於汝安乎？**」（《論語·陽貨篇·17.21》）。宰予說：「**安。**」孔子就說「**汝安則為之！**」其實孔子以反話感嘆他之不仁。這「**安**」或「**不安**」就是道德的自覺，道德意識，而這道德意識非由邏輯推理而得，非由「**道德主體**」透露出來不可。故當孔子言「**仁**」時，指出現象世界之道德規範是通過這「**道德主體**」之感興及發用而展現於客觀世界裏，並不是純粹外在客觀約定俗成之規則，而是從這「**道德主體**」來規範安放的。因此，孔子之「**仁**」必須由主體之「**道德心**」而來。孔子後儒者之思想亦循此路而出，孟子以心言性，講性善亦依這「**內在道德主體性**」為依據。隨後《中庸》講「**慎獨**」亦依據這「**道德主體性**」而言。《禮記·中庸》首章說：「**是故君子戒慎乎其所不睹**（所以，君子在人看不到的地方也要警戒謹慎），**恐懼乎其所不聞**（在人聽不到的地方也要經常惶恐畏懼，唯恐言行有失）。**莫見乎**

隱（這裏沒有比自我獨處時更要謹慎了），**莫顯乎微**（在細微處，言行要來得更小心了），**故君子慎其獨也**（所以君子在獨處時，時刻特別謹慎小心）。」這「**慎獨**」之「**獨**」是從自我本性而出，所以自我之道德要求，是自我反思、自我完善，甚至獨處時，仍然自重、自省、自勵，不是遵守外在之規則而至。

由此，所有他律的、被動的、不自然的行為都不能歸入道德的範疇。唐君毅先生強調，人類有道德行為，皆因人人對自己自律，負絕對的責任。所以，縱使西方宗教充滿道德意識，但其道德是「**他律**」的，因為一切道德行為須按神之意旨而行，故本質上難以「**道德**」意義套蓋其中。

牟宗三先生言德性實踐，絕不以自己生命以外之一切為對象，而是以自己的生命本身為對象，視之為自己生命上之事，是出於自己之道德意識。換言之，一切行為出於自我道德意識而善善惡惡，方可稱為道德行為，非單純依照及遵守外在之規則。故「規則道德」沾不上「道德」意義，亦根本不入「道德」研究之範疇。在中國主流思想而言，這就是「**道德主體性**」，指出道德意識及行為由我自衍自發，而這自衍自發者乃是我們之「**道德心靈**」、「**仁心**」或「**良知**」。

其實，人之「**道德主體性**」往往在日常生活中從來隱約顯透出來，見於日常行為中，只是我們未能察覺而已。簡單來說，我們於生活中會設定目標，如讀書求上進，或事業求有成等。在上進或求有成之過程中遇到困難時，我們似有一股推動力，

要求我們奮勇上進，表現出一種自強不息，克盡厥職之德性。在此奮發中，我們往往擇善固執，遇事不退縮，本義之當為而為，所應做之事去做，透顯出一種堅毅不屈之德性。同時，在此努力中，我們會預見未來之困難險阻會橫梗在前，而步步為營，戰戰兢兢，體現了憂患意識，表現出謹慎行事之德性。推而廣之，當身為父母，扶育子女時，表現了犧牲受苦之美德。由此，可見人對理想之追求鍥而不捨，皆有若干德行存乎其中，縱使這些德行未能為我們所自覺。而這德行，皆出於自身理想之要求實現，亦可以說是自身內在之道德要求而至。

在道家而言，人之情慾生命，除了使人縱己所好，做出捨仁趨慾，見利忘義之種種敗德行徑外，更使人心絞鎖於世間的「**事功**」、「**聲名**」、「**己見**」煩憂困境裏，難得逍遙自在。若「**道德**」之意義從儒家之仁義處另闢蹊徑，指出美善的生命不在道德人格之完成，而是將生命從情慾中解放出來，不累於物，以斂退精神，守柔用弱，去權勢利慾之熏染，不困厄於塵世之中。這裏重點不在仁義之顯彰，而在於「**功成、名遂、身退**」之隱退收斂，將「**心知**」不張揚於「**成心智巧**」裏，適然自在，無牽無掛中。由此，生命之意義亦掌於我手中。人生不再是困頓無息，逍遙自在。這一切皆決定於自我之選取上。而這亦是本體之自覺，成就美善之生命，是「**人能弘道**」，而此「**弘道**」非單囿於儒家「**仁、義**」之意義了。

老子以「**無為**」要我們不惑於外在形色世界，不蔽於繁喧無息之境，清靜下來，以沉澱心中之習見，將本心內在的私慾

與妄見等障蔽清除，由此廢止感官向外馳騁，使自己套入於無欲絕慮之境界中。心靈由此超昇智巧計謀，歸於簡樸而回到本明的智慧，回到「**道**」虛空、靜穆之境界。莊子更從世人「**逍遙生活**」之失落，悲嘆人在俗世之求榮奪利，一心要成就人間功業之心智，不知道一旦沾滯於俗世價值裏，終歸陷於人世間之得失、是非、榮辱之窠臼中。所以，莊子認為要人將日常「**心知**」去其「**成心**」，撤是非、成見、好惡、喜怒、榮辱等，由此超離形色世界之拖沓，脫離情慾生活之沉溺，能以「**無功**」，「**無己**」，「**無名**」之超然心靈狀態，擺脫世俗價值，抖落塵垢的一種灑脫。這放達、愉悅、自適的人生態度觀照人間世，見「**至人**」「**無己**」之胸襟，無自我堅持的爭逐意識；「**神人**」「**無功**」的行止，化育萬物而不為己功；「**聖人**」「**無名**」之清虛，以其位治天下，國泰民安而百姓不知有之。一切皆彰顯「**心靈生命**」之高遠清虛，不蔽於「**功名以見己**」，看似「**無用**」於世，然「**大用**」（舒然自適，不為世累）卻藏於「**無用**」（從俗世價值中，以其無用於世）中。

所以真正之道德生活，要使個人之「**心靈**」活現出來，擺脫氣質生命之盲求，不為物慾所拖累。當人陷落於情慾生命之桎梏時，這「**自覺心靈**」自會隱退，在儒家而言，是仁義之喪失，在道家而言，是生命之桎梏。但當人自覺此「**心靈**」遇事感興而發揚時，即可轉化我們生命，在儒家而言，是成仁成義，完成我們之人格；在道家而言，是轉識見智，見生命無待之真諦。

1.1 儒家之「道德主體性」

齊克果（Kierkegaard）曾對「**主體性**」作出解說，他説「**主體性即真理**」，因為主體才可自我作出抉擇，才有肯定，而這一個肯定是我的立場，我的態度，是真實確切的，不是虛幻的，更不能為他人所取代。

自我生命中、人除了具有形軀食色之渴求外，還有超越此感性欲求之理想追索。這理想追索在儒家孟子而言是「**仁義禮智**」之實現，是人不受形軀私慾所左右，能就應做之事而去做，這是孟子之所言「**人禽之別**」。孟子説：「**仁義禮智之端**」，是道德之所由。人生而有惻隱、羞惡、辭讓、是非之心而感而見，亦在其不斷顯揚持續綿綿無斷中加以肯定，由此在紛繁世間，酒色才氣，充滿了欲望和誘惑之氣質人生中，成就「**大人**」君子，其氣象能挺立於天地間，將「**氣質生命**」於「**義道**」充盈中轉化為「**道德生命**」。這「**道德生命**」是「**真我**」，是儒家所言之「**道德主體性**」，是儒家思想接觸到的真生命。陸象山説：「**東海有聖人出焉，此心同也，此理同也；西海有聖人出焉，此心同也，此理同也；南海北海有聖人出焉，此心同也，此理同也；千百世之上有聖人出焉，此心同也，此理同也；千百世之下有聖人出焉，此心同也，此理同也。**」（《陸九淵集》）「**此心同，此理同**」，指出此「**道德生命**」人人具普遍性，例如我盡孝行義，愛人如己，是無時無刻不得不如此，此道德性是你我他皆具有的。故此這「**道德生命**」或「**真我**」，須從仁義之性上説的。其普遍性不是通過邏輯定義或歸納而見的抽

象的普遍，不是知識的類族辨物，而是通過形而上原理或精神
實體的具體的解悟，是當前之體證。當孔子說：「**我欲仁，斯
仁至矣**」；當孟子說：「**仁、義、禮、智**」四德之端始，若擴
而充之，則可「**存仁集義**」至無窮無盡，當老子說：「**天下萬
物生於有，有生於無**」（《道德經·第 40 章》）時，均是證悟
了具體普遍之理之精神實體，這精神實體在儒家而言是透過自
我之「**不安之情、惻隱之心**」所體現之「**宇宙道德心**」，不是
從定義或歸納中抽象出來的共理。從自我的感覺、知覺、想像、
聯想、理性之推理而得者，只成就邏輯的我。從邏輯的我衍發
出來的是科學的法則，成就科學知識，是冰冷無情，運算嚴謹
的邏輯定義，但不能成就生命。這不是生命之本質，更不是人
之真性情。

在儒家思想中，一個真實之存在，須由人之「**道德心靈**」
作一主宰，對生命作一導航，擺脫氣質生命羈絆，不為其左右，
將自我生命貞定在「**道德心靈**」航道裏。一切道德行為，皆仗
賴於自我的「**道德心靈**」，亦即出於自我之「**道德主體性**」。
而一個道德之生活，或一個真實之生活，皆成就於此「**道德心
靈**」自身中，並視為必然存在，不會退隱於「**氣質生命**」之橫
流下而遺失了真正之自我。

由此，總結起來，儒家之「**主體性道德觀**」與「**規則道德**」
有兩點極不同之處：

1.1.1 人本身是目的而不是手段

　　人生之目的可以說是追求終極價值和成就人格，但在實踐追求之過程中，絕不能視之為工具。正如康德所言：「**每個有理性的人，都自在地作為目的而實存着，他不是單純的作為這個或那個意志所隨便使用的工具。在他的一切行為中，不論對於自己還是對其他理性的人，任何時候都必須當作目的看待。**」（康德著：《道德形而上學原理》第 80 頁）

　　在現實生活裏，一個完全遵循道德規則的人未必是一個本心向善之人，他只有真正將外在的規則化為自身內在的「**不得不如此之良知呼喚**」時，方有真正之道德行為，這是「**規則道德**」所不重視亦不能解決之問題。孔子説：「**我欲仁，斯仁至矣。**」（《論語・述而篇・7.29》）「仁」之道，人人皆可行，可實現；「仁」之性，人人皆備有；「仁」之德，人人可自我完成。但一般人總覺得「仁」與我距離甚遠，行「仁」甚難。但孔子説，「仁」就表現在自己身上，以其「仁」之性，實現「仁」德，踐行「仁」道就是了，例如人一念孝悌而孝親敬長，推己及人，「仁」就實現了。人在日常生活中，由一己飢寒之苦而對他人飢寒之苦生起同情共感，從而助人，「仁」即由我實現了。《禮記・中庸》亦説「**自誠明，謂之性；自明誠，謂之教**」。「誠」者，就是一切道德之根源，是自己之「**道德心靈**」，是「仁」，是「**良知**」。能「**誠明**」者，即是對此「**主體道德性**」有自明自了之直覺。故「**誠明**」者，就是當一切動念發慮時，即覺「**是**」便知「**是**」，「**非**」便知「**非**」；當惻隱時，自知惻隱；當羞惡時，自知羞惡；當辭讓時，自知辭讓。這「**誠明**」，出於本性本心，

而此「**本性本心**」，乃自我內在固有之權度。當慾念萌起時，權度在其自己。孔子求「**仁**」、孟子求「**放心**」，所求者，僅此而已。所以，士君子之所行，乃「**誠明**」也，亦所以成德也。這與西方重法治而以外在律法規範人之行為極為不同，法治之原則從人慾上立基，認定人於德性無自知自覺，故須齊之以，以納入於法紀中。

孟子亦非常重視「**行仁義**」與「**仁義行**」之區別。「**仁義行**」是「**主體**」所自發而出之道德行為，而非拘泥於外在客觀道德規則。仁義之道德法則，皆出於道德主體性，而非由外在規範所決定，依外在規範而行者乃「**行仁義**」，所以孟子說：「**仁義禮智**，非由外鑠（音削，授予）**我也，我固有之也。**」（《孟子·告子上·11.6》）

1.1.2 「規則道德」在道德意義上之缺失

「**規則道德**」要求我們遵循規則，但要知道，能遵守規則者未必會比一個不遵守規則的人更有道德意識。再者，客觀規則雖視作普遍原則，但個人往往在某些情境下不能遵守，但卻不會視違反道德，例如開槍殺人是不對的，但警察與持槍桿匪對恃時，在生死存亡間，阻止對方亂開槍傷及無辜，警察開槍殺人就變得合情合理了。

這表明了，「**規則道德**」並不能作為道德生活的最終目的。再者，警察開槍殺人，雖以個別事件處理而被判定無罪，但殺人者始終不無遺憾自疚感，這「**不安自疚**」之感，正是「**規則**

道德」所忽略而為「**主體性道德觀**」所主張。而「**不應殺人**」這「**規則**」不再是客觀之規條而是轉化成為人之良知天性，一種不得不如此之內在呼喚，一種自己訂定自己必須遵守之規則。這裏，儒家之道德觀有清晰之辨明，而唐、牟兩大哲人對此亦從不同角度作出更詳細之闡述。

這是「**人能弘道**」之哲學精神，儒家藉此闡釋了「**主體性道德觀**」之意義，道出中國道德哲學之特質，從而否定日常生活中我們慣以「**他律**」的「**規則道德**」來規範我們的生活。

1.2 道家之「主體自覺性」

孔子「**人能弘道**」之精神，就藉「**仁**」發揮出來。「**仁**」主「**彼我**」，「**物我**」相互感通之愛以顯道德情懷。

而道家之自我修養功夫，與儒家不同。儒家所顯示的是人可以自我建立道德人格，是將天地之正氣貞定於人之生命上，這正是孔子之所言，「**為仁由己，而由人乎哉**」（行仁這道德行為由我自性而顯，不是由遵守外在規則而至）（《論語・顏淵・12.1》）、「**我欲仁，斯仁至已**」（仁難道離我們很遠嗎？只要我想行仁踐仁，仁就在我的行為上表現出來了）（《論語・述而篇・7.29》）及孟子之所言「**人之所不學而能者，其良能也。所不慮而知者，其良知也**」（道德行為由自己良知直接而顯發，毋須經過後天之培育而成）（《孟子・盡心上・13.15》）。這一切肯定了人之「**道德主體性**」、「**道德的我**」、「**人能弘道**」之精神（仁義之道由人自我本性彰顯出來）。而老子叫人退斂，

卑下、虛心弱志、不爭不逐、無為而為（「**無為**」是不帶着機心而行事，不作預謀計慮），以「**為道日損**」之修恃，去掉一切有為舉措，洗滌心靈復歸於「**樸**」（喻行事自然而然，如不加雕琢之木），達至於「**道**」之「**虛**」（虛掉一切榮寵名利富貴之追求）與「**靜**」（沉澱一切隨境而起之喜怒哀樂懼愛惡慾之煩擾）。這是「**為道日損，損之又損，以至於無**」的自我修為，自我心靈提昇，超越俗世之名利權位價值，使心不隨物轉，回復「**無為自然**」、不造作。由此，自我可以躍出生命之困頓，成就生命之意義，這是「**人能弘道**」之退斂精神，與儒家要成仁成義之開顯精神有異。

　　老莊所言之「**人能弘道**」，不似儒家開顯式的道德性，他們主自然無為，不滲人為智巧、權謀有為之舉。其道德理想在於求一個憩靜自然無為之人生，方法在於要我們效「**道**」及法「**道**」之「**致虛極，守靜篤**」（心靈虛寂寧靜，一切自然而然。「**虛**」、「**靜**」是沒有機心、沒有成見，無利慾的引誘和外界的紛擾之空明寧靜的境界。所以，致虛極之虛就是減損，虛掉名利跟權勢，及一切計策謀略）（《道德經・16章》）、「**無心自然**」，要我們之心靈不要黏附於感性生命上之人為造作，心理喜怒哀樂之情緒及意念上。當心靈黏附在其上時，則為其所充塞、佔有，難有所虛，難有所靈。由此，生命不能純「**一**」不雜，而變得混濁支離，於是矛盾衝突是非冒起，不能清寧自「**靜**」，心隨物轉而自陷於情緒起伏困頓中。當人之心靈於「**虛極靜篤**」時，自能於紛繁現實中超拔出來，達至自由自在、無拘無束、不加造作，無所依賴的一種超越精神境界。

第一章

中國思想本義之探索
哲學一詞之意義

1.1 中國人對「哲」之了解——「智德」之完成

　　中國古代沒有「哲學」之一詞;「哲學」這一名詞是從西洋希臘「哲學」翻譯過來的。西方 Philosophy 一詞可拆開成 philo（愛）sophy（智）去了解。早期希臘人多注意自然界周遭一切，並驚訝其神奇奧妙之處。當他們解決了面對宇宙一切現成問題後，便對此耳目所聞所見，生活應對作一根本性思索。此思索是對人生在宇宙中所面對之一切及宇宙本質或其所以然作一反省。此**反省思索**就是是希臘哲者所言之**愛智**，並以此詮釋**哲學**本質。

　　希臘人的哲學乃由人用理性去推論探求人類宇宙萬物的學術。但這西方式的哲學，中國卻沒有，即是說：中國古代沒有專門研究宇宙萬物的學術，沒有西方式的以知識為中心，以純理智之邏輯運用作為一特徵的獨立哲學，但有以**生命**為中心，兼論宇宙萬物以講論人生之道的學術。

　　所以，中國傳統所謂「**智**」，並不是西方所指由理性思維所得之知識，而是指人之德性。唐君毅先生指出這裏可從深、淺兩義闡釋：

a. 淺義：哲者乃臨事而能辨別是非善惡，或臨事能加以觀察，或是善於活用已有知識的人，這與西方 wisdom 或 intelligence 之義略同。

b. 深義：此乃孔子所謂具知仁而行仁之德者。人要成為哲者，

不單只愛知識、愛真理，亦不僅要有智慧，而且要使此「**能愛知識、真理、智慧之人格本身**」，成為具「**智德**」之人。（唐君毅・哲學概論）孔子於《論語》中曾說：「**仁者樂山，智者樂水**」，「**山**」穩重，言對踐仁行義，堅定不移；「**水**」按地勢而流，言對臨仁義之事時亦要按實際情況而行，使「**仁義行**」之影響可伸延至大至廣，至深至遠，「**窮則獨善其身，達則兼善天下**」（《孟子・盡心上・13.9》）就是「仁者樂山，智者樂水」最好的明證。

中國思想有關這人生之道之學術，歷代稱為「諸子之學」而見稱於春秋戰國時代。而講論這種「學術」者乃受人尊崇而對生命或社會政治有見識者，他們發表自己之思想，教授弟子，傳遞己見，建立一種學說，自成一家之言。這種種學說，是對人性活動有所觸及，以理智及觀念加以反省說明，成一種文化體系或文化生命，也就是成就了一種哲學，而這哲學與西方哲學之取向和形態相異。

1.1.1 中國哲學重「行」，以成就生命之美善；西方重「知」，落於理性層面，以邏輯思維反省生命的意義

「哲」字據《爾雅》釋言，則為智也。中國傳統所謂「智」，有異於西方所謂智識或知識之涵義。唐君毅先生於此解說曰：中國所謂「智」，乃是指人之一種德性。而智者乃是能臨事而能辨別是非善惡之人，即如孔子所謂之能具知仁而行仁之德者。故哲人者，不單要愛知識愛真理，而且更要將此知識真理化為

「智德」，成就自己之道德人格。孔子臨終前自嘆說「哲人其萎乎」（《禮記·檀弓上》）。孔子自視為**「哲人」**，乃言其一生為學做人，要成德及成就人格，而單非指其好學好問之態度。他要成就者，乃是**「多學而識，一以貫之」**，這**「一以貫之」**之道正是完成**「智德」**之道，完成**「德性人格」**之道，**「忠恕」**之道。這是一種道德心靈境界之體現，或是一種精神生活之成就，一種成己成人，達己達人之人生圓滿。

這東方以**「生命」**為中心之哲學思想，大不同於西方哲學之重**「理智」**，以客觀思辯理解方式對知識與自然之解釋與反省。西方哲學大體以**「知識」**為中心而展開的，富邏輯思辯與工巧的架構，所缺乏者正是人生哲學。例如，西方雖有極強之宗教意識，是其文化之基礎，但宗教與神學之內容雖與哲學有關，卻獨立於哲學之外而自成一格，耶穌在西方宗教裏，最終是一拯救者，不是一位哲學家。他以神之子救贖世人為一生之志，但世人不能單從世間之道德實踐而得救，他必須透過對神之徹底信仰，得神之恩典後，方可贖罪得救。再者，西方涉及人生及情意者乃文學，藝術及音樂，但這些均不是西方哲學之重點與終點。西方哲學始終落於**「知識」**及**「理智」**層面，重客體性，具豐富之邏輯思維。

而中國儒家之學，透過體證見生命德性之意義。孔子教弟子曰：**「子以四教：文、行、忠、信**（「文」者要人學往聖先賢的嘉言懿行，典章制度；「行」指實踐仁義忠恕禮敬智勇之行為；「忠」者為人謀事要竭心盡力；「信」是誠實而守承諾）。」

（《論語・述而篇・7.24》）顏淵曰：「**夫子循循然善誘人，博我以文**（教我詩書禮樂典籍以廣博我之知識），**約我以禮**（教我以禮來約束我的行為）。」（《論語・子罕篇・9.10》）；「**子曰：君子食無求飽，居無求安，敏於事而慎於言**（做事勤敏，說話謹慎），**就有道而正焉**（親近有學問的人來糾正自己之錯誤），**可謂好學也矣。**」（《論語・學而篇・1.14》）君子「**食無求飽，居無求安**」，這是篤志，「**敏於事而慎於言**」，這是力行，「**就有道而正焉**」這是從善。「**篤志**」與「**力行**」是精誠，「**從善**」是謙抑。精誠而謙抑，乃好學所至之也。這裏見儒家思想之「**行**」義及其剛健開顯之精神，其中帶有道家斂退之影子。

中國儒家之學，學以成道：「**子夏曰：百工居肆**（各行各業之場所）**以成其事**（將自己之工作做好），**君子學以致道。**」（《論語・子張篇 19.7》）所謂「**道**」者，乃「**君子謀道不謀食，⋯⋯君子憂道**（憂身之不修，學之不講）**不憂貧。**」（《論語・衛靈公・15.31》）「**朝聞道、夕死可也**」（《論語・里仁・4.8》）「**富與貴，是人之所欲也，不以其道**（，）**得之，不處也。貧與賤，是人之所惡也，不以其道**（，）**失之，不去也。**」（《論語・里仁・4.5》）所以孔子說「**學而不厭**」，目的是以學「**道**」以成就道德人生。

「**道**」就是我們之人生目標理想，故「**學**」在儒家來說是一道德修養工夫，是體現我們目標理想，成就我們道德人格之過程。而此人格乃存於己內，要成就此人格，須對此目標理想有誠懇之自覺，並將內心中由氣質生命而興起之心思情慾，及

將「**與之相違之意念**」加以清除。故此，這工夫是一種存心養性，人生之道之修養工夫。

1.1.2 中國智德會通於「天道」，開啟出「天人合一」之思路

1.1.2.1 儒家之人天相會通

要圓滿人生，須對宇宙人生有一澄明透徹之了悟。中國哲學喜言「**上下與天地同流**」，就是要把宇宙人生連在一起，儒家就把道德人生根源於宇宙天地生生不息之「**天道**」中。

孔子是一大聖人，他對天之具體內容，沒有明言，只說：「**巍巍乎**（多偉大啊）！**唯**（只有）**天唯大**（天至高至大），**唯堯則之**（也只有堯能效法天，其德與天齊）」（《論語・泰伯・8.198》），天何其高何其大，聖人堯舜亦須取法於天。於此，孔子將天與人倫道德聯貫在一起。孔子言「**天**」，不單是外在超越於人之上，同時是內在於人和萬事萬物裏。所以孔子說：「**人**（人之本然美善之性）**能弘**（拓展）**道**（人所當行之人生大道），**非道**（非外在之規範律則）**弘人**（指導人生）」《論語・衛靈公・15.28》、「**天何言哉**（天何曾說什麼）？**四時行焉**（春夏秋冬循環不息），**百物生焉**（宇宙萬物生生不息），**天何言哉？**」（《論語・陽貨・17.19》）換言之，「**天道**」是通過人去弘揚顯露自己；簡言之，「**天道**」就在四時行百物生的事事物物中呈現出來。在孔子而言，此「**天道**」亦蘊藏於人，其美善之德（「**天道**」生化萬物，在成住敗滅循環之過程中，一生命之終結消逝，正給予另一生命之生成開始。故宇宙萬境方可終始相繼，生生不息，這是「**天道**」大善大美之表現）亦內賦

於人而成人之「仁心（美善之心）」、「仁性」。所以孔子處處強調「仁」，說「仁」是人內在本然本有之性。

基於此，孟子進一步説：「**盡其心也**（能竭盡自己本然之「不忍人之心」、「惻隱之心」），**則知其性也**（也就了悟了我們美善之本性）；**知其性，則知天**（「天」乃我們美善心性之本源）」（《孟子・盡心上 13.1》）。孟子之「**性**」是在擴充「**仁義禮智四端之心**」所領悟出來的。這是人擁有的超驗界中美善之「**性**」，而不是指經驗界中氣質之性（或自然生命之情慾）。故「**盡其心者**（擴充仁、義、禮、智四端之心），**知其性也**（知人之本然之性為美善之性）」，人若能徹底的擴充「**四端之心**」，即能盡人之所以為人之道，以至於成聖成賢。孟子進一步言，「**知其性者，則知天矣**」，人既有「**四端之心**」，則可論斷人性為善，再由人性為善，再可推溯至其本源在「**天**」（人見天地萬物紛然之美態，悟「天道」本源美善之本性）。這推斷不同於一般經驗界中依「**客觀事實**」進行之推理，而是對立於經驗界中之超驗界裏所作的一種主觀性之感悟。孟子認為「**天道**」之本質是善的，所以他説：

> 「**誠者，天之道也；思誠者，人之道也。**」
> （《孟子・離婁上・13》）

「**天道**」乃天地創生之真機，其本質精純不已，故「**誠**」。而人乃天地萬物一分子，亦秉承此活潑生機。當發揚於道德美善處時，一切自會「**當為而為**」，「**應為者則盡力為之**」，活

活潑潑地將「**天道**」於行止中表現出來，這是「**思誠**」，是一種自覺反省，是盡心之義，是踐仁行義之「**人道**」，更見道德由我而出。「**天**」是美善之源，至誠無息；人，秉天之美善而有其性，亦至誠無息，但人往往受情慾私心所累，不能時時像「**天道**」精純不已，故須「**思誠**」盡心盡性之工夫。當「**人道**」充份實現而達於精誠純一，自然是「**至誠**」之行，與「**天道**」無異。這是儒家盡義以知命而達於「**義命合一**」之義，亦是「**天人合一**」之義。

儒家「**天人合一**」之旨，說明「**天道**」呈現人間，將天國放於人間裏，見人間不是進入天國之手段而可有可無，更不應放棄人間而求進入天國。所以，儒家言「**天道**」與人之「**性**」，就是在世間盡自己之本份，完成了「**天道**」對自己之明命；也即是「**天道**」通過了人之道德行為而呈現了自己。當下「**天道**」之呈現，當下即永恆，現在即未來，人間即天國。可以說，這是一種高度之宗教精神，它不在念念得到福報於天國，而是念念順性而行伸延仁愛，將仁愛內通於「**自己**」，使自覺的俳惻之情、不安之心，外放而與人感通，因而成就人倫之孝、悌、忠、信、禮、義、廉、恥。再者，「**仁心**」亦可通於宇宙天地萬物，而覺萬物有情，人會不忍萬物於生生不息中有其缺憾而起扶植贊育之心，使其圓滿生育於天地之間。

1.1.2.2 道家之人天相匯通

儒家的天理是道德性的，道家的天理是自然的。老子說，「**無，名天地之始**（天地萬物出於「道」，「道」亦可以「無」

名之）；**有，名萬物之母**（「無」出「有」，「有」散發成萬物）」（《道德經・第 1 章》）。宇宙萬境既從「**道**」之「**無**」而來，而成「**有**」，而成天地萬物。這形上之理，就因「**道**」當其「**無**」，方顯其生化萬物之妙用。這「**玄之又玄**」之的形上之理，可以在宇宙間之實利中通過「**無**」而實現出來的，即：宇宙間一切的實利均來自於「**無**」，當其「**無**」，才有器之用。例如屋子虛空了，人方可走進去，才可以展開各種不同的活動；袋子虛空了，方可用來盛物。人生也是，當人虛空其心，才有輳達開放之人生觀；當人去除其驕橫跋扈之心，方可空納他人意見，共謀成事之計。人間的一切美好的事如感情、婚姻、事業、學問、友誼等真情實意，見於父子，夫婦，朋友，師生間。這一切來自互相間放下自我之優越感、淘空了自我之英雄氣，將自己之心胸坦蕩開來，方能容納對方。當大家將自我為是之關卡拆除後，大家方可走進對方的心，感人之所感。由此方可見真情實意，不見勾心鬥角，爾虞我詐。

老子要我們「**效道**」、要「**為道日損**」，不要「**尚賢**（即尚名）」，「**貴難得之貨**」。「**尚賢**」即好名，「**貴難得之貨**」即尊貴貨利，要得到天下名貴之財物。而名利之最貴重者是權勢，執著名利者，則易產生爭逐對抗至你死我活之情勢，出現了「**馳騁畋獵**」，令「**人心發狂**」。由此，執著於「**有**」（執於「尚賢」，「貴難得之貨」），則人心容易下墮陷溺。所以老子要我們「**為道日損**（損去「尚賢」，「貴難得之貨」之趨求），**損之又損，以至於無**（無計謀智巧，利慾熏心）」（《道德經・第 48 章》），這即是「**致虛極，守靜篤**」（《道德經・

第 16 章》），「**虛**」則無計較謀略機心，「**靜**」則無心思情慾，要喜怒哀樂不起，去掉「**尚賢貴貨**」之情識，不使心充塞於爭名奪利中，使心歸於「**無**」，叫心「**不見可欲**」（慾念平息）。當心不執著世間之「**有**」而歸於「**虛無**」時，心不狂亂，生命便歸於平靜，當心平靜時，則可沉澱喜怒哀樂懼惡怨怕之情緒。「**道**」本清虛寂靜，「**心**」之情思物慾在減損中而歸於虛靜，沒有執著，沒有爭奪，沒有對抗，由此化解了心之狂亂而歸於「**道（虛無）**」。「**損**」就是從「**有為**」到「**無為**」，從「**有心**」到「**無心自然**」，一切來得那麼天清地寧，心安理得，這就是「**無為而無不為**」（《道德經·第 37 章》）了。這裏道家之「**天道**」可以說與人相通情慧，「**上下與天地同流**」，「**天人合一**」了。

孔孟儒家的「**心**」，是「**仁**」、是「**天理良心**」、是道德自覺，是人之「**道德主體性**」外顯於仁義禮智而見，內感於人我之間的情意會通。然而老莊所言的「**心**」，不是指德性良知，而是人為巧智計謀，是執著的「**成心**」，不捨於人間天下的名利權貴，對名利榮寵權力之刻意追求，故有「**馳騁畋獵，令人心發狂**」（《道德經·第 12 章》）之見。由此人生有得失，成敗，是非，彼此。人間天下由此二分，人與人之間出現了對立抗爭而決裂。所以道家的人生智慧，在於一眼看穿人間困苦糾結之所由——「**心知**」之執著與人為的造作而來。道家認為對治此癥結的藥方，就在「**離形（形體上之種種欲望）去知（人為智巧）**」，要天下人「**無心無知**」，也要「**無為無事**」，甚至「**無欲無用**」，消解「**心知**」對形氣物慾的執著與及名利權勢之爭逐，與及名利權勢的癡迷熱狂，從而挽回天生自然的本真與和

諧，回歸天地自然的生息節奏與運行步伐，如同天道無心、無為而萬物自成、自長。老子之政治觀亦基於此而出，他說：「**是以聖人之治，虛其心，實其腹，弱其志，強其骨，常使民無知無欲。**」（《道德經·第3章》）「**虛其心**」者，要我的心不執著。因為當心一執著時，則會作出主觀之意念及價值觀，同時將意志「**心之所之**」拉進生命去，由此自陷於「我要爭取」、「我要成功」之名利榮寵爭奪中，是非得失困頓裏。所以老子要我們「**虛其心**」、「**弱其志**」，「**虛**」就是「**不尚賢**（不求名），**不貴難得之貨**（不求富）」，「**不強行**（「強行」者乃人為造作，一意孤行，不擇手段，用奸行詐）」，「**實其腹**（「腹」者自己本然清靜之性）」、「**強其骨**」。這一切是回歸自然，才是最真實堅強。人世間所執著的名望、財富等，一切被認為是高貴的東西，在道家老子來說是最脆弱的。酒色才氣，人慾橫流之人生往往會垮掉，但與大自然共依之樸實人生，尤如空氣土地山川河嶽等卻可永遠存在，所以說自然才是最堅「**強**」，最真「**實**」的。

繼老子之後發揮道家思想的是莊子。他的思想重點是守住「**大道**」的本然。「**大道**」在他而言，就是我們本然之超越心靈。這「**心靈**」無「**成心**」妄生偏執，不會盪起彼此，是非之見，桎梏及困頓了我們之生命，使我們不能自由自在，逍遙於天地之間。

儒家、道家兩種學說，是對人性活動有所觸及，並以理智及觀念加以反省說明，成一種文化體系或文化生命，成就了一

種人生哲學，而這種哲學與西方哲學之取向和形態大有不同。

1.2 通論中西哲學之不同處

1.2.1 西方人之重「求知」

　　西方哲學家治學方法自來重思辯，並以此尋求宇宙之本源。西方哲學的開始，以自然為對象。古希臘哲人，他們開始對自然界仰觀俯察時，設法用「**理性**」探討及解答宇宙自然（nature）發展的原理。但他們所重視並不是今天科學（science）如物理學、化學、生物學等所追索探討的，因為這些由理智的抽象作用，只把零碎的感覺（從個別感覺中，見水於攝氏 100 度沸騰），轉為形式之理（水於攝氏 100 度沸騰）。人再將這「形式之理」順邏輯思想法則向前伸延，將自然轉化成可利用之物質（蒸氣機之發明）而成就了自然科學。

　　然古希臘哲學家發覺宇宙整體「**持續在形成和變化**」中時，對此提出了問題：它的起源是什麼？而宇宙萬象又是如何從此一不變的本源產生出來？他們藉理智抽象的作用，超越了自然科學之範疇而層層上提，達至現象界背後之實體，甚或上帝。希臘哲者如巴門尼底斯（Parmenides, 544-501 B.C.）更以思維之本質肯定了「**存在**」之意義，將思想與「**存在**」同一，即 A＝A，因「存在」是不變的，不生不滅的，它不可能變成不存在。最後，他們得出一個結論，運動變化只是事物的現象，實為虛幻不真。而所謂真實的是「**太始**」，宇宙萬物亦自此而生。

　　西方哲學家解釋哲學原意為愛「**智**」，故重知不重行。然而中國哲學於此與之大相逕庭，從來沒有為求知識而求知識之想法，亦沒有從理性邏輯來推論出宇宙萬境之原理原則來。孔子有兩句話，可以表示求知者之最高智慧：「**知**（智慧）**及**（明白治事處世之法則）**之，仁**（道德情操）**不能守**（實踐）**之，雖得**（道理似有所得）**之，必失之**（處事時，智慮周到不能少，但有智慮只足以明白治事的程序和道理，還須有仁德才足以將其所知之完善程序或道理貫徹。仁德不足者無其情以通百姓，政令不暢通，則有完善道理亦無用。故說要「知及之」，亦要「仁守之」）。」（《論語・衛靈公・15.32》）這是最斬截地說明純粹求知有其不足之處。

1.2.2 中國人之重「體道」

1.2.2.1 儒家之「體道」

　　中國哲學家之哲學方法多基於直覺法，是「**默而識之**」的一種體現。

　　首先試從日本詩人巴豪（Basho，1644-94）所寫的一首詩，見中國之「**默而識之**」之啟示：

When I look carefully
I see the nazuna blooming
By the hedge

當我靜心欣賞讚歎的一刻時

我看到
那倚在籬笆上盛放的小菜花

　　巴豪是日本十七世紀一位著名的詩人，上面第一首寫的詩名曰 nasuna，詩中描述了 Basho 有一天沿着小徑漫步時，在竹欄旁有一些曾被忽略的東西吸引着他。他靠近一看，發覺只不過是一株野花。在一般途人來說，只不過是一株全不起眼的野花。詩中首三句所寫的也是平實之描述。但尾二句卻帶出了全詩之要旨，涵蘊着對大自然讚美欣賞之情。巴豪的詩多以大自然為意境，他喜愛大自然，常常將自己投在大自然裏，與之融和，要親身感動它脈博之跳動。這裏沒有西方人對自然之疏離、抗衡之心態，更沒有事事要將它為我所用之搏力精神。

　　巴豪在荒遠之鄉村路上，破舊之籬笆旁所發現的一株小花，苞兒怒放，但為人所忽視。它似若淡素娥媚，但卻惹起了詩人無限之遐思，至誠之讚美。望着花瓣，詩人似乎穿透了嬌媚神秘之處，心情着實興發微微悸動，有着基督徒感恩神對宇宙創生之德之喜悅。這可以通往宗教情懷去，超越人世之限，從花之至美中見世界之至美。巴豪就是如此的洞悉了宇宙之奧秘。

　　這是一首典形之東方詩章，散發着人與自然契合之濃濃氣息，一種對宇宙天地「**默而識之**」之體驗及讚歎。

　　在中國儒家，孔子在其哲學裏，對「**天**」有所提及，其中亦含蘊着宗教之情懷與超越的信仰。觀其一生，為理想奔跑諸

國，然不得重用。他雖言：「**道不行，乘桴浮於海**」（《論語·公冶長篇·5.6》），但無遁世之意，輕嘆之語乃阻不了他「**知其不可而為之**」之堅執。他知道桓魋欲殺他，但他說：「**天生德於予**（天將匡世之德給予我），**桓魋其如何**（桓魋可以殺我嗎）？」（《論語·述而篇·7.22》）。這是對「**天道**」「**默而識之**」所得之信念，就像說：上天把文化之責任交付於我，桓魋怎可以傷害我呢？這「**懷德**」（《論語·里仁篇·4.11》）之心，使他胸懷開朗，心志堅定。這是將「**命**」交付於「**天**」，有若基督徒將「**命**」安於全能之神手裏，毋懼俗世危厄。這自信及肯定，非理智邏輯推理而至，而是從直覺「**默而識之**」而來，其作用等同宗教之信仰。故孔子再說：「**不怨天、不尤人、下學**（從淺近處學做人）**而上達**（日漸進步，終於領悟天道）。**知我者，其天乎！**」（《論語·憲問篇·14.37》）孔子這種超越世俗之認知，在艱苦中下學上達，在艱苦中乃奮鬥不斷，要完成自己的道德人格，對天地無所怨，所怨者乃「**德之不修，學之不講**」（《論語·述而篇·7.3》），終成就智慧德業。在孔子心頭裏，存心自有天知，這是一種宗教情懷，更是從「**默而識之**」得來之睿智。這睿智使孔子深覺德業成就於自己，肯定了道德由我所出，更說明了人之道德本性有着超越的根源，這即是「**天**」，是至善之本體。人在「**仁義行**」中默默體證、而天亦默默呈現自己，人天默默相通慧情。

當孔子說「**五十而知天命**（知天有所命於人者，人知之而有義之當然的回應）」（《論語·為政篇·2.4》），說明有志之士努力一生，到五十歲而仍處於困頓，普通人在此困頓處必

多怨，人若能無怨，必「**默識體悟**」到理想與現實必有距離，知人在現實之情境中必有限制，故此人只能「**努力行道於天下，不能求道之必行**」。所以孔子志不能伸時，則退而授徒辦教育，把理想之實現寄托於未來。由此，孔子知「**天命**」是一體認，他體會到「**命**」（「命」於此乃狹義解，指命運、預定之意義）限之意義，知「**天命**」（此「天命」是命限）而悟「**天命**」（此所指是「天道」，對我於道義上有命者），「**命限**」（「命運」義）於此來說不再是障礙，而是啟發，是道義上之實踐，以完成「**天命**」對我之命者。故他「**不仕，退而修詩、書、禮、樂**」（《史記・孔子世家》）。他到六十時而「**耳順**」（所聽的人生大道均與心相通），這是一種對天「**默識體悟**」之「**豁然貫通**」。

中國儒家以《易經》為基礎，《易》講生生之德。這亦是一種對「**天命**」、「**天道**」之體認。環顧四週，見萬物生生不息，整個宇宙有若一道生命之洪流，長流不斷，而又是中正和諧。儒家從而默識了人生之道乃繼承宇宙生生之道，默識了此好生之理，進而引發出人本身之道德情懷亦不外如此，體悟到「**生命本身貫乎大道，一體相聯**」《易傳》之思想，以「**仁**」為主，在天曰「**生**」，在人曰「**仁**」。朱熹更以天地以生物為心，人得天地之心為心，人心便是「**仁**」，因為人心從天地之心而來，而天地之心以愛而生化萬物，人心以愛而成就德行，亦即貫乎大道。這些體認非知識所能及，而是人對天地宇宙默而識之，通透了悟而得。

中國哲人默識萬境流轉，於萬變之天地間見遷變之生生為

絕對之善，故謂「**天地之大德曰生**」，以「**天**」曲成萬物，作為讚歎之辭（宇宙萬境生滅不息而生生不斷，因為萬物之滅非一滅永滅，而是成就另一生命之開始。生命之有終始，正顯示天道之大仁大義。因為生命之終結，表示了另一生命之繼起，這裏蘊藏了禮讓之德。同時，這終始之過程，使自己之生命終結而讓位於另一生命之繼起，這是義德，這正是「落紅不是無情物，化作春泥更護花」（龔自珍·《己亥雜詩》）之道德完成）。而孟子之言「**樂則生**（事奉父母、順從兄長，快樂就從這裏產生了）；**樂則惡可已**（這種快樂得到了，哪裏能夠遏止得住呢？）**惡可已**（快樂得過止不住了），**則不知**（不知不覺間）**足之蹈之，手之舞之**（一個人就會不知不覺的手舞足蹈地跳着了）」（《孟子·離婁上·7.27》），這是「**默識**」有所得時之樂。朱子於此注曰：「**樂則生矣**」，謂事親之樂如草木之有生意，其暢茂條達自有不可遏止者，此所謂「**惡可已**」也。其又盛，則至於手舞足蹈不自知矣！《中庸》雖講「**慎思明辯**」，但最後終歸於「**自明**」。宋明儒者尤深論徒事思辯不足以知宇宙大理，故他們之思想方法總以「**體認**」、「**默識**」而「**豁然貫通**」。

1.2.2.2　道家之「體道」

老子以「**道**」為不可言，不可名，惟可於恍兮惚兮中觀其象（外顯於宇宙萬境之形相），觀其物。莊子說：「**無思無慮始知『道』**。」又說：「**道於言外**（「道」不能落於言語解釋中）」。這一切是從默識心中而起。這默識之體會雖不同於儒家——要人率性而行，成就道德人格，但老莊有其獨特之體會，分別要人效「**道**」之自然無為，及還歸我心本來清寧靜謐本然

之性。再者，老子對宇宙人生有一種「無往不復」之思想，他的書大半均在說明「曲則全，枉則直，窪（虛）則盈，敝（舊）則新」（《道德經‧第 22 章》），這是他目睹現象界之景況而起的一種默識洞見。他見一切自然、社會和人事中的事事物物，都是相互對立而又相互依存的，直指矛盾是客觀存在的普遍現象，諸如大小、多少、長短、高下、厚薄、歙張、雌雄、美醜、善惡、強弱、利害、福禍、生死，榮辱、愚智、貴賤、貧富、剛柔等等，眼所見者，莫不是相反相成。同時，人真能默識「道」、體證「道」者，自見萬物通體為一。人若能從而法之、效之，即不會將個人欲求在「自然」之「道」上有所損益。故此，他能秉「無為」之心，求輔萬物之自然，不會在「道」上雜加累贅，以人事之「有為」擾「無為自然」。老子說：「民之饑，以其上食稅之多（人民所以饑餓，就是由於統治者吞吃稅賦太多），是以饑（因此使民陷於饑餓之中）；民之難治（人民所以難於統治），以其上之有為（就是由於統治者欲望太多，對人民之自然生命干擾太多），是以難治（因此難以管治）；民之輕死（人民所以不怕死），以其上求生之厚（就是由於統治者自奉太奢侈），是以輕死（此輕於犯死，故此只有清靜恬淡無為者，才得治平久安之道）」（《道德經‧第 75 章》）

談道家思想，往往離不開莊子。例如老子之「絕聖棄智，絕仁棄義」，落到莊子處，便見他活活潑潑的將「道體」與人生扣接起來。莊子與老子一樣，體證自己與萬物一同自生自化，與天地並生，「比形於天地而受氣於陰陽」（《莊子‧秋水》），人生養於自然裏，一切只能依循自然的安排，悟人生一切無非

是「氣不斷由聚而散與由散而聚的過程」。既將宇宙視為一體，「氣化」之變既無倖免，則人之夭壽、禍福、是非、得失，當不由自己作主，憑聽大自然之流轉。故莊子說：「**無以人滅天**（不要用人事去毀滅天然），**無以故滅命**（不要用造作去毀滅性命），**無以得殉名**（「殉名」者乃以身求名，這裏所指是不要因貪得去求聲名。謹守這些道理而不違失，這就叫做回復到天真的本性）（《莊子·秋水篇》）。再將他的思想套落在知識上，則見他說：「**知止**（將「心知」活動中之彼此、是非等情識等概念、執著等遏止過來，毋使滯留）**其所不知**（在「心知偏頗活動」一旦生起之時）」（《莊子·齊物論》）。然而眾人的悲哀是：生命不斷流轉變化，卻堅執主觀情識及有限之認知，執著於「**成心**」。「**成心**」者，在莊子意，乃情識之執著封限，是「**道心**」陷落的一偏之見，是人們判斷取捨之依據。故由「**成心**」而出「**智**」，「**知出乎爭……知也者，爭之器也**。」（《莊子·人間世》）由此，「**智**」成為互相爭辯的工具，成為誇耀自己的器皿，遂成為一種機心的運用。不知由「**成心**」而成之巧智會將圓滿之「**道**」的本然本態破壞殆盡，將自己本與道為一之自然純粹心境撕離而帶來紛擾不寧。

從這簡約的例子見老莊之睿知，及對道之體證及默識。這一切非從「**識智心**」而來。

儒道兩家認為宇宙人生之大道理，要靠人默識天心，更要不斷自覺反省才能領悟。其實，人生智慧的開發，道德生活的成熟，藝術美感的培養都是如此，非單靠思辯言辯而能成。

1.3 中國思想對「學」與「道」之意義

中國古代之思想，可以用「**學**」名之，講授者為「**講學**」，受業者為「**求學**」。春秋戰國時代有「**諸子之學**」，所謂「**諸子**」，所指者乃當時講學之教師，各對人生提出一套學說，自成一家之言。

1.3.1 儒家、道家對「學」之了解

中國主流思想儒家既以「**生命**」為中心，所講之「**學**」是一種持續不斷之修身的工夫，是自己開拓生命及提高生命之志向。孔子說己：「**吾十五而志於學**」（《論語・為政篇・2.4》），那是君子之學，「**詩、書、禮、樂**」之學，是自己建立生命方向之「**學**」；「**默而識之，學而不厭，誨人不倦，何有於我哉**（我做到了那些呢？這是孔子自謙之說話）。」（《論語・述而篇・7.2》）人生智慧的開拓，道德生活的成熟，藝術美感的培育，是「**學而不厭**」而成，是人生充實之必要因素。教是學的延續，是立人達人之道德實踐，是生命之學，孔子之道德生命，見於「**學**」之不倦：「**十室之邑，必有忠信如丘者焉，不如丘之好學也**」（《論語・公冶長・5.27》）。人之性善見於「**忠、信**」之踐行，然要此美善之德發用於生活行為上，須「**好學**」不斷，以「**琢玉成器**」之努力，方有所成。而「**講學**」之內容則須緊扣在生活行為與道德行為上。孔子說：「**子以四教：文、行、忠、信**」（《論語・述而篇・7.24》），顏淵說：「**夫子循循然善誘人，博我以文，約我以禮**」（《論語・子罕・9.10》）「**博文**」是建立學問基礎，「**約禮**」是建立道德根基，孔子於此將一切

義理的學習歸根於生命之德養中：「子曰：君子食無求飽，居無求安，敏於事而慎於言，就有道而正焉，可謂好學也矣」（《論語·學而篇·1.14》）。

　　所以，儒家所「學」是在「道」中求。子夏曰：「百工居肆以其成，君子學以致其道。」（《論語·子張篇·19.7》）儒家的學，也在於學「道」，但此「道」是堯舜文武之道，是人生之原則規律，是修身齊家治國平天下之「道」，是有為之治，不似莊子之「夫隨成心而師之」，以不學而知本心，以「本心」為師而知「大道」（莊子之「本心」乃本然之心，為「心齋」，為「靈台」。「心齋」乃心「虛空」沒有世事所纏擾，心靜寂滌除盡世事的慾念）。莊子之「心齋」，是忘記世界一切事物，忘記自己之身軀，「心」遂成為一虛空之書齋。莊子於《天地》篇說：「夫子曰：『夫道覆載萬物者也，洋洋乎大哉，君子不可以不刳（音枯）其心』」，「刳」者不是剝去義，而是刳深刳寬，如同老子之「心善淵」（《道德經·第8章》）。若心深淵，心即寬大，才可以和「道」相接。以「虛空之心」接納事物，才可以沒有適和不適之感受，方可以有「忘適之適」，心遂成為靈台，光明虛靜。由此可以了解，莊子之「學」，在於使心靜而不動，不知不想，不愛不憎，讓生活變化順乎自然，在忘記一切之背後，得到人生之至善，享受生命之天樂。老子所說之「為道日損」，「致虛極，守靜篤」，就是這種修養功夫，學以求「道」之過程。

1.3.2 儒家、道家之「道」觀

1.3.2.1「道」之意義

「道」有三重意義：

a. 事實的路

b. 價值的路

c. 實現的路

a. 事實之路

這是一條形而下之路，是我們於俗世中為生活或為事業發展所揀選的路。但是，路分東南西北四處散開，各有各精彩之處，它或可以使我名成利就，或契合自己之個性，積極進取以求權勢財富，或無為退斂以遣逍遙自在。單純之「**事實之路**」，是柴米油鹽、飲食男女之路，是饑而食，渴而飲之感性生活之路。但是，除了感性生活之滿足外，我們還有其他想望。這些想望要我們所走之人生之路內涵蘊一種價值。當我們選擇了某一條路，而不是其他之路，因覺得它有其獨特之意義，為我們所欣賞，所嚮往，所追求。

b. 價值之路

當我們因價值取向而揀選某一人生之路時，我們已在路上從「**事實意義**」跳躍到「**價值意義**」上去了。「**事實之路**」與「**價值之路**」看似是同一條路。在人生路上，當活在價值意義中時，我們覺得快樂及滿足。相反，當感覺有所缺失，或生無可戀時，往往是因為價值感之失去所至。生命裏有價值，才使我們快樂

滿足地走下去。顏回做到「**一簞食，一瓢飲，在陋巷。人不堪其憂，回也不改其樂**」（《論語·雍也·6.9》），因為他活在價值之人生路上。相反，當坐擁連城之財富，仍覺悶悶不樂，那是人生之價值感有所缺失。這裏帶出了一個人生大問題，「**事實之路**」往往走不到「**價值之路**」去，人之窮通夭壽、權勢財富享用或潦倒艱難渡日，不是決定我們生命價值之必要條件。

c. 價值實現之路

「**價值實現之路**」是一條實現生命價值之路。

儒家要我們頂天立地，完成人格，成聖成賢，並將此價值實現於天地間，讓每一個人都成就一個有價值的，沒有遺憾的，圓滿充實的生命。基督教叫人信奉上帝，藉神的恩典，使人從原罪中被拯救過來，得以重生。人生雖短暫，但在上帝之懷中，卻可無邊際的伸延。生命之價值，由此而挺立；生命之意義，由此而昭彰。佛家之「**道**」，叫我們不要執著於虛妄之現象世界，因為宇宙萬象均「**緣起性空**」。而人生之苦，皆由於不知人本無自性，故執於我，執於物。而人間苦海無邊，皆由此起，故要離苦得樂，須萬事放下，自己的一片清淨之心，將此惡濁人間成為莊嚴淨土，出六道輪迴而入涅槃，得「**常、樂、我、淨**」（指如來法身所具有之四德，即：「常」，謂如來法身其體常住，永遠不變不遷；「樂」，謂如來法身永離眾苦，住於涅槃寂滅之大樂；「我」，謂如來法身自在無礙，為遠離有我、無我二妄執之大我；「淨」，謂如來法身離垢無染，湛然清淨），這一切是實現生命價值之路。道家老子言「**無心（無機心計謀）**

自然（一任自然而生、而長、而成，不加入人為智巧），**為**（努力行事，終至事有所成）**無為**（不以計謀行事，不借奸險謀略、虛偽形式以處事，一切自然而然）」，要把形式化虛偽造作之一切東西去掉，從而將自己解放出來，歸於自然，要我們的心靈不黏附固定於生命的紛馳，去心理喜怒哀樂之情緒及意念之造作。生命要是純一不雜，沒有矛盾衝突，則變得清寧靜寂，心靈遂能於紛繁之現實中超拔出來，達至一種超臨俗世之境界。

人可各自取向，開出自己生命價值之道，如儒家之「**道**」、老莊之「**道**」、釋家之「**道**」、基督之「**道**」，這樣的「**道**」，可以使人生成就一個有價值的，充實的、圓滿無憾的生命。而這條路非單要在孔孟，老莊，佛陀及基督之「**道**」上踽踽獨行，而是要感染所有同路中人，讓所有人在這道路上實現生命之存在之價值及意義。

生命價值之路雖縱橫阡陌，但走上這條路，卻可將生命價值實現起來，使自我生命圓滿充實。人之所以能夠頂天立地，不屈曲於「**自然生命**」之欲求，理由就在此了。在西方基督教來說，這精神生命就是靈魂，它有厭離肉體之束縛而向上歸宿於上帝之趨向。對基督徒來說，這是人向「**上帝之道**」求契合，是人生價值終極之意義。但在東方聖哲看來，「**道**」不單是在於人之外，如西方上帝之在天堂與人分隔，而是內在於人心。故此，在東方儒、釋、道三家而言，這「**價值之路**」是出於人之自覺心，而求「**道**」者，乃自覺「**道**」就是人之自性本心。所以，這求「**道**」之路，不像基督教般向外追索，而是內反於

自心處覓求。所以大家所用之方法亦有大異，一方面是由下而上之求索；另一方面是以自覺心之覺醒，向內逆反索求，是破拆自然生命之欲求等障礙物，直見「**價值之源**」。

由此，人可從價值之路直接契合價值之源，體現天道。儒家之價值源頭，可從朱熹《觀書有感二首》去解讀心靈如何直觀本心，直悟「**價值之源**」，其中一首是這樣寫的：

半畝方塘一鑒開，天光雲彩共徘徊。

問渠哪得清如許？為有源頭活水來。

「**方塘半畝**」雖然不大，但它卻像一面明鏡，淳澈明淨，一塵不染，天光雲影浮動閃爍其中。「**半畝方塘**」明淨如鏡，漣漪不起，這喻「**心**」之靜謐；由此「**天光雲影**」方可閃爍其中，反映了天上之藍天白雲，徐徐飄動，映落在「**方塘**」上。由是可見，「**半畝方塘**」中靜裏有動，動中有靜，動靜融合為一。「**方塘**」之水必是本身虛空澄澈，一清到底，方使「**天光雲影**」倒影其中，為「**方塘**」攬抱。這裏喻澄靜之心靈裏，自有美善流注其中。要言之，假若我們之思想、精神、心靈能純澈明淨，俗塵不染，不為物慾所拖累時，在精神上自見更高之理想追求，探求宇宙人生之價值及意義，如「**方塘**」反映穹蒼之美態。否則，「**方塘**」水濁，「**天光雲影**」如何映照其上？故宇宙人生大道，必在靜謐不為世擾之心靈中，方能為人所體證，人亦在希聖希賢中而成聖成賢。「**天光雲影**」映照「**方塘**」上，就是人心與價值之源相接，亦即是「**上下與天地同流**」，證成人心

即天理，是生命與「**天道**」相互滲透，使人契接於成聖成賢之本源。這須內心省察至最後而達至之功夫，如「**方塘**」一清見底，波平如鏡，方可清澈映照「**天光雲影**」。這是人生直下之大頓悟，由此開出生命之價值及意義，並實現於每人身上。

同樣，釋家、道家及基督所走之價值之路，均可上通於價值源頭，如釋家所言「**空性**」，基督所言「**上帝**」，均引導生命走向及價值之路並實現之。但道家老子卻從「**無為自然**」開出其價值生命之路。而這價值之源頭來自「**天道**」，這價值之源頭流出了價值生命之路向。

老子道：「**天下萬物生於有，有生於無**」（《道德經·40章》），這裏，老子將「**物**」，「**有**」，「**無**」層次地分列出來，解釋了天下萬物之由來。「**無**」不是一「**無**」永「**無**」，死寂不動的直洞，而是靈活生動，實現萬物的有機體，是「**道**」之另一個稱號。老子說：「**常無**（若我們之心境處於清寧靜寂，無有沾滯於世俗情懷的狀態時）**欲以觀其妙**（得以觀「道」之生化萬物之妙有），**常有**（而心境於觀照萬物之「實有」狀態時）**欲以觀其徼**（則見宇宙萬物在「道」中冉冉而出）」（《道德經·第 1 章》）。由此，「**道**」具有「**無**」，「**有**」之兩面性。「**無**」乃本，有無限之妙用，具「**徼向性**」成就萬物。而當此「**徼向性**」一出，則成「**有**」（萬物之展現）。在「**有**」中，開出天地萬物，而萬物在「**有**」中生之、育之、亭之（定也）、毒之（安也），在「**有**」之範圍內生長變化，故此是萬物生長變化之「**母**」，即：萬物得以實現生成之終極依據。換言之，天地萬物始於「**無**」，

以「無」為本，這是一個向後反之追索，反求其本源時所得之觀照，見它是「無名天地之始」；但一旦向前察看時，則見「無」之「有徵性」，見「有」，即：見天地萬物之散發開來，故「有名萬物之母」。

　　然「道」無心而成萬物，並蓄養之。秋霜自殘萬物，以及春雨滋潤萬境，純是天地之變化，無心自然之為，絲毫不加以制約，故曰：「**道生（創生）之（萬物），畜之（化育萬境），生而不有（雖雄長萬方，不為己有），為而不恃（不為自功），長而不宰（不自居於主宰之位）**」。（《道德經・第 10 章》）所謂「自然」者，乃山川草木，不加入人工修飾的自然；亦自動自發，不造作、不強求表現出來。老子提出「**道法自然**」，也正是他洞悉到天地萬物各按其「**自身之法則**」運行不息，生滅變化，自然而然地顯現出來。而天下萬物皆有自然之道，它們在宇宙中自興自發，自長自消，如四時行，百物生，無有妄為而強執。

　　道家認為天道之運化，地道之生成，以及人道的立身處世均有自然之常軌，能循其常軌而得其「**自然**」之妙。天地之道是如此，而人道亦是如此。饑而知食，渴而知飲，寒而添衣，以及孩子們知敬愛父母，年少者皆知尊敬兄長，此乃「**道**」賦與我們之自然本質。人若能保持這本來的面目，自然而然，不加矯揉造作，「**去其妄，而存其真（嬰兒之天真，樸素而無人為之造作，見「道」之本然之態）**」，各安其份，不貪不妄，無處而不自然，必定能無往不利，從自然之中，而悟其大道。

進而為善自然，修己自然，導人自然，化世也自然。正說明所謂「**順萬物之自然，道便在其中**」（《道德經·第 64 章》），這是老子要我們「**道法自然**」之要旨，也是老子提出實現價值之路。

1.3.2.2 儒家與道家所走不同之道

中國哲學以「**學**」求「**道**」，此「**道**」是人生之「**道**」。「**道**」是一條路。我們人生跑那路就叫「**道**」，那條路不該只求「**知**」，更貴在能「**行**」。因此中國人看重「**行**」更過於知識。中國人常以知行合一講，《尚書·說命中》裏說：「**非知之艱，行之惟艱**」。這是說「**知易行難**」，到王陽明說「**知行合一**」，他所說的就是不行相等於不知。此「**道**」，就是「**人生大道**」，亦是「**做人之道**」。這「**道**」具道德性，重行道者，即重「**一己**」之道德踐行。

儒家、道家對人生的看法不同，它們所講的人生之「**道**」也就不一樣。儒家就現實人生以求現實人生之「**道**」，指導人善渡現世的生活，不談出生以前，亦不講人死之後，只講現在生活的人生。儒家之人生，即是在天地以內之人生，而人生之「**道**」也在天地之內。中國《易經》講天道，若從義理方面追索《易經》的意義，其論人生之道，重點在於「**人道即天道**」，即：「**人道**」在人者為人性。「**人道**」在於生化萬物，人以「**天地化生萬物之心**」為心，故「**仁**」。天地之善者為生生，人心之善者為「**仁**」，為生命，為關愛。當「**仁**」和生物之天地心相連，乃贊天地化育之「**仁人**」，為中庸所講之至誠之人，又

是《易經》所講「與天地合其德」的大人。在朱熹之心學中，「仁」為「天地好生之心」，又為「天地好生之德」，當人心好生之仁德發展至極處時，便成「天人合一」之「仁道」。故儒家之「仁道」，非高遠而不可及，見孺子入於井而起惻隱之心而救援之，則「天道」現矣。

老莊之「學」在率性，率性出於自然。老莊的自然論，是要把人的生命從知識的生命，提昇到與「道」相合的自然無知無為。在老莊而言，天者，即是自然。人若能夠「合謀（計策謀略）不用（不用計策謀略）」，不自作聰明，「必歸於天」，一切便可使其自然。所以，老莊之努力，就是要打破一切之制度和規律，反對一切人為的生活和方法，主張無欲無為。老子所以說：「大道廢有仁義，智慧出有大偽。六親不合有孝慈，國家昏亂有忠臣。」（《道德經·第 19 章》）

老子認為「大道廢，有仁義。智慧出，有大偽」（《道德經·第 18 章》），當道衰微了，人便提倡仁義道德，結果愈強調愈糟糕，適得其反。於此，老子反對知識，因知識愈發達，教育學問愈普及，人類社會陰謀詭詐，作奸犯科的事也就愈多，愈擺不平。「六親不和有孝慈」（《道德經·第 19 章》），當父母、兄弟、夫婦，彼此之間有了矛盾、衝突，才知何者為孝？何者不孝？假若家庭美滿，一團和氣，和睦相處，個個都是孝子賢孫，何來標榜誰孝誰不孝？由此，「六親不和」，才有「父慈子孝」。「國家昏亂有忠臣」，忠臣義士之出現，並非好現象，如岳飛、文天祥、史可法等人，他們可歌可泣的忠臣事迹，

無不發生於歷史混亂、生靈塗炭的悲慘時代。故此，一個忠臣之凸顯，往往反映了一代老百姓的苦難。這同時反映了「道」之消磨破裂。國家風調雨順，太平盛世，大家自重自愛，那有殺盜淫掠之事？忠臣義士處處可見。故此道家認為聖人制禮，制仁義道德規範，以人為之規律，斲喪了人性，亦斲喪了「道」之本義，所以老莊主張「**絕聖棄智**」，因為社會上一切發展，文明建設，均是退化的愚昧。

老子強調說：「**五色令人目盲，五聲令人耳聾**」（《道德經·第 12 章》），毀棄這一切，歸真反樸，人才得到「**天樂**」。生命之發揚，在於「**依乎天理**」，使生命自然發展，不加人為之規律，不雜加事物之欲望，「**官知止而神欲行**（「**官**」乃人體器官，這裏指感官。「**知**」乃知覺，指感覺；不用眼觀耳聽，感官皆靜止，心神自運行）」（《莊子·養生主》），人心無欲無為，虛靜自然，人自會消遙。《莊子》第一篇《逍遙遊》，以「**聖人、至人、神人**」作比喻，若能效他們「**墮肢體，黜聰明，離形去智**」（《莊子·大宗師》），心不思索，無欲無為，則能「**乘天地之正**（「**天地之正**」乃自然之原則，天地之正道常道），**而御**（駕御）**六氣**（陰、陽、風、雨、晦、明之氣）**之辨**（變化），**以遊無窮者**（漫遊於無窮之大道中）」（莊子《逍遙遊》），最終能夠「**同乎大順**」（「**大順**」者，即「道」，意指與大道相契合），與宇宙萬物「**合啄而鳴**（原意為鳥兒相和而鳴，這裏指人天相通慧情）」，體現了「**天人合一**」。

1.3.3 道家之「可道」，「可名」，「常道」，「常名」

老子説：「道可道，非常道；名可名，非常名」（《道德經‧第 1 章》）。「可道」，「可名」之「可」，是認可，是規定，是約定俗成，是禮教文飾，出於主觀情意或成心。由此，「可道」是個人主觀意見通過名言概念而提出來的道理來引導人生，要大家奉行遵守，老子認為儒家就是從這一點開出價值之路。在老子看來，這價值之路是人為的，是人文之路，是「有為」而極具規範性，如在人倫分位，當定下來之後，叫人必要如此如此遵行不可。然而，老子認為他自己開出之價值之路，是「常道」，「常名」，與儒家之「可道」，「可名」極不相同。

1.3.3.1 道家之「常道」和「常名」

「道」是人生之道路，「名」可以説是人生之內涵。人生初出後，其內涵本是空無，但在成長之過程中，人生卻賦予了它內涵，這是「可名」，這可以是氣宇軒昂、豪氣干雲、聰慧伶俐、平凡無奇或是名成利就、或貧無立錐。這一切是「可名」，但這是人生路上之點墨，碧藍天上之雲霞，可以是譽、是毀、是讚、是詆。但老子對此「可道」、「可言」卻不以為然，認為這俗情世間之「可道」、「可名」只彰顯了人生某部份，故此是人生偏狹之一面，是因規限「有為」而至，所以它的彰顯同時也帶着遮掩。生命本身有着無限之內涵，當着墨於某一點時，有更多的卻沒有標誌出來，更豐富的內涵並沒有提點出來。

故老子説我們不要把生命定在「可道」、「可名」中，要

從這裏解放出來，回到「**常道**」、「**常名**」去。「**常道**」、「**常名**」就是沒有規範限制之無拘無束，無成敗得失，一任自然；而「**可道**」、「**可名**」就是規範限制，是毀譽的彰顯，是「**有為**」，即人為的造作。故此，人類創造的文化，包括道德、法令以及一切智慧的表現，都與「**常道**」、「**常名**」背離。由此，文化的產生和發展，就是人類社會墮落的標誌。老子說「**故失道而後德**（失掉了「道」而後才有俗世之「道德」出現），**失德而後仁，失仁而後義，失義而後禮。失禮者，忠信之薄而亂之首也。**」（《道德經‧第38章》），「**法令滋章，道賊多有。**」（《道德經‧第57章》）這就是說，「**常道**」之世，自然無為，人們和諧相處，不需要有道德約束，甚至不知道德為何物。及至「**無為**」法則之破壞，才有「**可道**」聖智之出現，制定道德規範，傳授知識，進行教化，於是產生了是非、善惡等觀念，毀譽褒貶、爭名逐利的現象跟着而來。道德不足以約束，又制定法令，結果引起更多的紛爭和更大的混亂。老子認為這就是人類社會墮落的軌跡。若以更簡單之例子加以說明，則見眼前孩子讀書的情況，為什麼要那麼多的「**可道**」、「**可名**」（父母主觀之規限），要入名校，得良師？為什麼要做那麼多的功課作業，例如課後要參加各種之興趣班或中英數之額外補課或訓練，要他們於升學時贏在起跑線上？為什麼不能順着他們的興趣及喜愛去發展？為什麼要那麼多的權威規範去限制他們的去向及眼光？為什麼不讓他們順着自己之性向、喜好去選擇屬於他自己之路。在老子來說，屬於他自己之路是「**常道**」，屬於他自己之內涵是「**常名**」，於「**常道**」、「**常名**」中，天大地大，自由自在，自然而然，「**無為而無不為**」。標準模範之學生是倒

模出來的，是「**可道**」、「**可名**」，是一個限制，不能涵蘊人性之全部，更不能發揮每一個人之獨特品質和風格。

人生一定要有「**道**」，有其生命之方向；也要有「**名**」，有其生命之內涵。問題是：你要通過人為「**可道**」、「**可名**」來規範之，還是把它開放出來，交給個人之性向才情，活出自己之風格，走出自己之「**常道**」、「**常名**」來？

「**道**」無心而成萬物，並蓄養之，一切是那麼的自然而不矯揉造作，這天地之色，以老子的言說，便是「**道法自然**」，是「**常道**」，是不造作、不強求表現出來的「**自然而然**」，是自動自發。老子之「**道法自然**」，就是讓萬物保持它自然之狀態，不加干預地讓它們自然而然地顯現出來。

1.3.3.2 語言是橋樑通道也是障隔

老子說「**道**」是「**寂兮寥兮（這物無聲、無形、無體）**」。這裏說出了一點，即：「**道**」是不能言說描述，是要「**觀照**」的，即是跨過語言之隔閡，直接體悟到的。在佛家來說，這是「**言語道斷，心行（心所出之一切概念名目）路絕（即不能表達所要表達的）**」，表示了當我們心中有一個觀念興起時，則溝通之道路立即斷絕。表面上，語言是我們溝通之橋樑，但同時亦往往妨礙阻隔了大家情思意念之交往。所以老子說「**道可道，非常道**」。在生活中，我們不是體驗到「**無聲勝有聲**」嗎？這不是「**無為（不加主觀之名目概念來限制）而無不為（大家之意念情懷直感直見）**」之意境嗎？有時候，兩人相對，什麼

話也不用說，只要大家兩目默默相顧，就可以兩心相牽了、眉目傳情了，何須經過語言之搭配，而真情愛意由此傳遞？人間有愛，此愛之價值非概念名目所能掌握，實現，流轉。

　　橋樑，它是通路也是障隔。在人與人之交往中，它一方面讓你我意境相通，心靈相交。儒家通過倫常禮教來建立人我溝通的橋樑，這叫「**心橋**」，使兩心相交，例如父子兩心相交即成孝慈，夫婦兩心相交即成和順。但這一切是要通過禮教、倫理之中介，大家方可以走得過來。但在老子來說，這只是名叫「**可道**」而矣。「**可道**」是讓我可以通過去，你可以走過來。但老子再說：「**道可道，非常道**」。橋樑一方面開通一條路讓你我相通，但它同時把人我相隔兩地，成一障礙。從生活上可舉簡單例子以名之：每逢情人節時，你習慣了買禮物給女朋友，但今次，你經濟拮据，買不了生日禮物，她因而不高興，發大脾氣，甚至高喊分手。那時候，你這個人遭忽略了，禮物才是一切。禮物取代了人，更取代了心，心不如禮物。再者，當禮物取代人之情意時，那人之真情實感沒有了，物質取代了心靈，那情境真的使人吃驚！儒家之禮教本來很好，是人心相感通之表達，但當禮教取代人心時，直見一切依待世俗之規則律法，那麼人心會日漸萎縮，最後人心也給禮教吃掉了，變成吃人的禮教了，所以循規蹈矩，最後變得令人討厭，更是嚇人之禮節。禮教原本是一條管道，一道橋樑，使你我兩心相通，最後竟取代了人心，甚至要我們犧牲自己之真情實感，這樣子，禮教變得猙獰可怕，也吃掉了我們之情意。由此，我們可了解老子「**道可道，非常道**」之意義了。

1.3.3.3 語言是開顯也是遮蔽

老子之「**道可道，非常道**」要義在指出語言是「**可道**」，是我們了解及表達思想之通道，但它同時也是表達之隔閡。人用語言而溝通，但往往亦因語言而引發誤會。故此，要面對「**常道**」，須把「**可道**」撤離，直接觀照、直接看到、直接感受。人生事裏，確實有很多微妙之情意理想難以言宣的。語言表達就是開顯，但是任何開顯都包含着遮蔽。說話一表達出來，就有偏頗，就有缺憾，就不完全。例如讚人家裙子漂亮，那麼，她的髮型呢？她的面貌、形態呢？難道不吸引人嗎？所以說，每一句說話之表達，都是「**可道（一個單面溝通之道）**」，同時也是一個限制。禪宗認為一開口說話就不對，所以要當頭棒喝使對方頓悟。頓悟就是跨過語言這一橋樑，直接悟道。孔子之學生顏淵，他十分聰明，雖心有所明，然屢不回應老師的說話，孔子見之曰：「**吾與回言終日，不違如愚**（他沒有一點反應，好像愚癡的人一樣）」（《論語·為政 2.9》）。然孔子看得清楚，知道他學生明白了解他之意義，故說：「**回也不愚**（顏回不像表面上的唯唯諾諾，但是他圓融貫通，還能舉一反三，顏回不但不笨，還是個能知，且能行的君子）」

所以老子說，「**常道**」若通過言語去了解，它就不是「**常道**」了，因為「**常道**」是一種恍惚抽象而又真實具體，無為而又無所不為之東西。所以老子要人不要執著語言名相去了解它，入了是是非非之迷途。他說：可言之「**道**」，乃非萬物所由出之「**常道**」。「**常道**」者，是經常不變之道，人須默而識之，當它一旦落入名相概念，則會抖落其意義；當它落入言語之限

制裏，即不能全幅開顯自己，因「**道隱無名**」，「**視之不見日夷（看不見），聽之不聞日希（聽不見），搏之不得名日微（摸不着的）。此三者不可致詰**（致詰：探究它是一種什麼東西），**故混而為一**」（第14章）

1.3.3.4 「可名、常名」與人生內涵

「**名**」須指涉實物，方有其意義。例如杯只是一個概念，它要指涉一隻實在之杯子，方見其含意，否則它只是空名，沒有意義了。但老子稱，這對實物指稱之名是「**可名**」，其意義落實於表現於具體之杯子上。從這意義推開，則可見老子之真實之生命之內涵，見「**名可名，非常名**」之意義了。

人生之內涵，原則上是豐富無限，不應定點於某一範疇上。人生之價值，就見於此豐富內涵之自由顯現。所以，老子認為儒家對於禮教之限定，必要如此如此方對，這就不是「**常名**」，而是「**可名**」了，因為它規定了人生之內涵，規定了生命存在之本質。《論語》說：「**必也正名乎？**」禮教就是要「**正名**」，規定名份，指定了生命之內涵必須如此不能如彼，如「**君君，臣臣，父父，子子**」，為君者即要有為君之道德情愫，為臣、為父、為子者也必如是，方可做到君臣父子應做的實質內涵。由此，「**正名**」就是規定了生命存在之本質，及設定了生命之內涵，而儒家就是把這規定置定於道德上去了。由此，生命之內涵被固定了、限定了，它的靈活性就沒有了，情意美感亦被丟掉了，而生命亦變得枯萎困頓了。所以老子說「**名可名，非常名**」，「**常名**」是自然本有，「**可名**」是人文規定。一個小

朋友在自然中長大，他整個生命內涵，無限豐富。他以自然之本質發展自己，沒有規定之方向，自然而然，無由做作，天地就是他活動之場所，這無限之可能就是「**常名**」。他不同於其他穿梭於補習班的小孩，他們生命之內涵是「**可名**」，他們的生命被規範得死死的，時間分段地安排得滿滿的，如做功課、練鋼琴、學電腦、跳芭蕾舞等，這一切非他本有之自然要求，故此這一切非「**常名**」，可不見孩子在練習中哭起來嗎？這正是違反了他自然之訴求。

這裏點出了老子對「**有為**」之反感，對「**無為**」之崇尚，因為「**道**」就是自然而然，不加人工制約，是「**無**」，然「**無**」出「**有**」。生命內涵沒有指向充塞的孩子，才能擁有自己的生命，活出生命之精彩。所以老子提出「**無心自然**」，「**為無為**」為價值生命之路向。

第二章

儒家、道家所追求的
「內容真理」，見中西文化
追求真理之不同路向

人類思想為求真理，中西文化、思想不同，其所追求之真理也互異，大體可分兩類：

（1）外延真理（Extensional Truth）
（2）內容真理（Intensional Truth）

2.1 外延真理（Extensional Truth）

西方科學成就有大成者，因其所追求之真理為外延真理（extensional truth），其所探討的就是科學知識，其特點就是脫離我們主觀的態度（subjective attitude），去追求一種不繫於主體而可以客觀地肯斷（objective asserted）的真理。比如一朵玫瑰花，若用審美的態度欣賞及讚歎之，這美感之匯入，不是科學知識，而是情意的，屬主體對美之融會。若把它用科學的態度來研究時，便需歸入植物學裏了。植物學是一門科學，主責研究一棵植物，並以客觀肯斷方式達至結論來，這屬於外延的真理。而科學裏面所用的命題就是外延命題，例如水在攝氏100度達沸點，這是外延客觀而可肯斷之真理，它只承認有認知意義的命題，水於零度結成冰是客觀知識，不為主觀因素所左右。所以，「**外延真理**」指出凡一切有認知意義的，不能外延化的，通通都不是命題，均沒有認知之作用及意義，例如老子所言之「**道化生萬物**」，基督教所主張「**上帝存在**」。由此，形而上學、詩歌與及宗教在邏輯實證論者而言，是沒有認知意義的，只是用來滿足我們的情意。

　　但是，沒有科學上認知之意義，就斷定沒有知識之意義，這是否武斷了一點？是否只有外延化之知識才有意義？將詩歌化為情意之表達，將形而上學裏的表達視為概念的詩歌，觀點是否狹窄了一點？天地間是否只有「**外延真理**」？除了科學知識外，我們還有形而上學，還有儒家、道家、佛家、基督教裏面那些道理，它們真的只是滿足我們的情意要求嗎？比如王國維的《人間詞話》，葉嘉瑩之《迦陵談詩》，不是帶我們走進人生另一境界；杜甫的詩、小說《紅樓夢》等，它們實實在在可以勾起挑動我們之情懷，甚至痛哭流涕；讀《論語》、《孟子》，更可以興發我們之志向，要頂天立地，樹立我們之人格；讀老莊，使我們洞悉人生處靜去慾，無為而為，遊心於世之真諦。它們確實引發起我們人生之真實感，這些真情實感不是屬於科學知識，它不是外延性之真理，但它們是那麼真真實實的。那麼，這個「**真實感**」如何交代呢？

　　我們可以說，這個「**真實感**」是屬於人生全部的那個「**真實感**」。科學知識或「**外延真理**」只反映了人生之一部份。形而上學所言之本體、聖經所言之上帝、佛教裏所說的般若等都不是科學知識及外延命題，但就着人生全體來看，它們卻可以每分每秒地影響着我們的人生志向及存在價值，對我們來說有強烈之真實性。假若我們只承認科學真理而否定這一切，那只是自我否定（self-denial）。所以，在肯定「**外延真理**」之餘，一定要承認一個「**內容真理**」。

2.2 內容真理（Intensional Truth）

「**內容真理**」離不開主觀態度，進一步該當說，它不能脫離主體性。文學家的主體性帶着濃濃的個人情感，但佛陀、耶穌、孔孟、老子等所講的，就不能把它們只看成個人情感之表達，它裏面含有理性。這個理性當然不是研究科學、邏輯、數學所表現的那個理性，它是「**道**」，「**道**」是理性亦涵概情感。這個「**道**」是屬於生命方向的，要對此作出研究時，就不能將主體推出去作科學研究，而是把人當作人看，不是當作物件看，也就是康德所說的要將人當作目的來看。這是人復返於自己之生命從而作出探究，追索其存在意義，並對自己之生命作出價值判斷，要自己之生命有一圓滿性。從儒家來說，是要將自己生命美善之性全幅徹盡。從道家來說，是要自己生命復歸虛靜，無為而為，無牽無掛，無累無困。當然，「**內容真理**」是中國哲學上一大課題，不單引導儒、道兩家之取向，在中國先秦已有諸子百家之言了。

這裏就儒家孟子與道家老子所言之「**道**」，進一步說明「**內容真理**」之要義。

2.2.1 孟子之「道」所含藏的內容真理

孟子順孔子思路，建立了人「**道德價值根源之自覺心**」，這是「**天道**」，亦即是天地之大「**道德心**」，就是「**知義行義**」之「**良知**」。他以「**仁義內在**」闡釋了人成就德性生活之內在根源，從而肯定了人之所以為人之價值，奠定了儒家「**道德主**

「體性」之主流思想。

2.2.1.1 仁義內在，善在人性中

人在生活中，是否就只是飲食男女，滿足一切情慾之所需？人於本性上，是否有外於感性之欲求？孟子指出，真實之人生，有別於食色之人生，而是超越感性欲求於仁、義、禮、智之道德生活。而這道德生活乃出於人本身「**內在道德之善性**」。孟子以人禽之辨指出這真實人生之內延性，說：「**人之所以異於禽獸者，幾希**（人有不受形軀私慾所左右，能自作主宰，純粹出於義之當為而為的道德心。它使人有其人格尊嚴，有無可比擬的價值。它至隱至微，卻又是至顯至現，雖只有那麼一丁點兒，但任何人都不能欺瞞它，它就是人之良知。人有這良知，使他不同於一般的禽獸了）。**庶民**（「庶民」，即流俗）**去之，君子存之；舜明於庶物**（舜明白萬物之理），**察於人倫**（又能知道人倫之道，這一切是他的本心自然流露而至的），**由仁義行**（舜的一切合理的言行，都是從他的本心自然流出，是天性自然如此的），**非行仁義也**（非遵守外在規範律則，順應其他目的而去行義）。」（《孟子·離婁下·8.19》）

人與禽獸有異，在於人能不受形軀私慾所左右，能就義之當為而為之，這出於人之「**幾希**」，即：道德心。此道德心可證於人有「**惻隱之心；羞惡之心；辭讓之心；是非之心**」（《孟子·告子上·11.6》）這四端。這些都是內在於人的生命中先天之善根，所以「**乍見孺子入於井**」，即自然生起「**怵惕惻隱之心**」，這自然流露之本然之性，是真實人性之所在。其論點

之關鍵處在於人性之於善就像水之下流，是先天定然如此。在人而言，是自決自定，是必然如此，「**應當**」如此。而此善出於「**不慮而知**（不加思慮而清楚明白）**謂之良知**、**不學而能**（不需學習而得之）**謂之良能**」（《孟子‧盡心上‧13.15》）。見孺子入於井之「**不忍人之心**」，愛親敬長之「**良知**」、「**良能**」是人先天之本然，故善在人性中，非由外鑠而然也。這一主張，直指「**人人皆可為堯舜**」，聖人與我同者，乃「**聖人先得我心之所同然**」（人人同具此心良知良能，但聖人對此有先知先覺之明，從而教導後知後覺之庶民）（《孟子‧告子上‧11.7》），這是人對自己道德生命之直接肯定，人不僅可以希賢希聖，更可成賢成聖挺立於天地間。

2.2.1.2　人性之至善源於天

孟子認為這道德本性，乃天所以與我者。孟子之「**天**」，乃具道德屬性之精神實體。他說：「**誠者，天之道也。**」（《孟子‧離婁篇上‧7.12》）此「**誠**」乃「**天**」，它純一不雜之創造真機（對天地萬物創造不息之動力），其美善處可見於萬物綿綿不息之生機，於人性處則顯現於「**不安之情**」及「**不忍之心**」之道德情懷。此生物之創造真機與道德創造真機乃二而為一。此所以人天可相接，上下可與天地同流。

由此，孟子將人之「**良知**」、「**良能**」道德歸化為「**天**」之本質屬性，認為「**天**」乃人性固有的道德之本源。

孟子言「**心即性即善**」，即：人之「**心、性**」乃「**仁義禮**

智之端」，是道德之所從出，其本然之善可從人「生而即有」之愛親、敬兄、惻隱、羞惡之情而感而見，亦在它不斷顯揚持續綿綿無斷中加以肯定。人只要順其美善「心、性」之顯發，則默識其源。這正是孟子所說之「**盡其心者，知其性也。知其性，則知天矣。存其心，養其性，所以事天也。**」（《孟子·盡心上·13.1》）「**盡其心**」者，乃盡心之表現於人「生而即有」之愛親、敬兄、惻隱、羞惡之心，而「**知性**」者乃在心之求充量繼續表現，遂自能興發長育此「**仁義禮智**」之性，繼而知「**心性**」之本原在「**天**」也。由此可見，此「**知**」天之「**知**」，非測度之知，而是一種實證之「**知**」，是「**默而識之**」之知。當「**盡心知性**」之工夫至乎其極，而達於王陽明所謂「**仁極仁，義極義，禮極禮，智極智**」時，便純是天德之昭顯，天理之流行；此時，「**天**」即「**心**」即「**性**」。由此，「**盡心知性知天**」與《易辭繫傳》所謂之「**先天而天弗違**」（人若依從先天之性而行止，天不會違逆他）意義相當，顯示人性美善的先天性，非後天經驗所能抹殺。但就人後天之修養而言，則須「**後天**（後天經驗之行）**而奉**（遵照）**天時**（天先予我之性）」，以誠敬之態率性而行。這即是孟子所言「**存心養性以事天**」及「**修身不貳**（專心一致）**以立命**（正命）」。操持本心而不讓之放失是「**存心**」；貴其天性而善之，而不加戕害是「**養性**」。真能「**存心養性**」者，其命之夭壽，不足以貳（改變）其心，而專一自修其身，以待不時之命降臨，自立其「**盡其道而死**」之正命。蓋人之自然生命，固與外境相接，而有其得失、利害、順逆、吉凶、禍福，而或夭或壽，此固然非人所能自主者。人之所能自主者，唯自盡其道。人唯自盡其道，則命得其正。而此「**正命**」，乃由人而立。

這裏正要説明心本「**善性**」，人若依本有之善而思，思而行，則可察照其善性來自「**天**」。人須盡「**心**」，而踐仁行義，不要使其蕩失於感性慾念中。人若能「**盡心知性**」或「**存心養性**」，即見善性昭昭，照見潛存於人心深處之真實自我及其根繫於「**美善**」之源頭處──「**天**」。人只要率性而行，則可以見生命之價值與意義，完成自我生命之圓滿性。

2.2.1.3 人成德之過程

孟子進而言道：人若要成聖成賢成大人君子者，須「**保養本心**」、善養「**浩然之氣**」。這「**浩然之氣**」，「**至大至剛**」，「**充塞於天地之間**」。「**氣**」者乃人之氣質生命，若經道義所培養，則為德性所彌綸，而散溢為光輝，充盈於天地之間，由此而成就「**大人**」君子，成就完美之人格。故要人格氣象能挺立於天地間，則須「**存仁集義**」，保養並擴充本有之「**四端之心**」。紛繁世間，酒色才氣，感性人生充滿了欲望和誘惑，要成就「**大人者**」，須以「**心志統氣**」，配「**義與道**」（《孟子·公孫丑上·3》），將「**氣質生命**」於義道充盈中轉化為「**道德生命**」。人的差別不在於富貴貧賤，而在於能否「**踐仁盡義**」，以「**德服人**」而成大人。人禽之辨，其辨亦在於此。

「**人之異於禽獸者幾希**」（《孟子·離婁下8.19》），這「**幾希**」就是四端之心，即「**仁、義、禮、智**」四德之端始，若擴而充之，則可「**存仁集義**」至無窮無盡。人行於此道，而不向下陷溺其心於耳目之官之慾者，則能興起其心志，而自別於禽獸。更有進者，人更可以成為「**大人**」、聖人。由此，則可盡

人之所以為人之道，可以圓「**大人之學**」而成就人格。

　　人成德之歷程乃始於學而終於聖，而成「**大人**」君子。對孟子而言，有「**大人**」與小人之別，此分別不在於人之稟賦上，乃在於官能運用之選擇上。小人「**耳目之官不思而敝於物，物交物則引之而矣**（耳目不能作是非善惡之判斷，只能感取外物。由此是為「物」；故當耳目感取外在之物而不能主宰自己者，則容易為外物所牽引，無法自止。由此，人之心便容易隨耳目而向外奔馳了）」（《孟子·告子上 11.15》）。

　　孟子所言之「**大人**」者，其德乃「**所過者化，所存者神，上下與天地同流**」（大人所經過的地方，人民都受到感化；聖人心所存在之處，神妙不測。他德業之盛，直可上下與天地同行並運，天地之生生不息，直見於大人德業之綿綿無盡）（《孟子·盡心上·13》）。此大人氣象，正反映了孟子之德性生命，其成德之過程盡顯於：「**可欲之謂善**（從道德本心自然而發出者謂之善），**有諸己之謂信**（行為發自內心，毫無虛偽，而必然如此，信實無外），**充實之謂美**（「善」和「信」之充實發揮，完全沒有缺點），**充實而有光輝之謂大**（「大人」開拓美善的境界，使光輝能照亮別人），**大而化之之謂聖**（把這美善之光輝擴充發揚至無窮無盡，是神聖之體現也），**聖而不可知之之謂神**（此至大至聖之道理，妙用無窮，深奧難測，但是至真至實）。」（《孟子·盡心下·14.25》）這成德之過程，內涵了「**內聖外王**」之美旨，前三者是獨善其身，後三者是兼善天下。而「**充實之謂美**」則是人知義之可欲，居仁由義，而照見仁義

美善之德，內存於己。順之而行，則無不仁不義之念夾雜其中。由此，於道德境界裏不斷提昇，終必嚮往聖、神之理想並達至此境界，將德性生命充於內而形於外，見其「**睟**（音粹，面色紅潤解）**然見於面，盎**（充盈）**於背，施於四體**」（《孟子·盡心上·13.21》）之美。大人所過之處，皆化民成俗，使己之德與他人之德相互感通無礙，功及於聖而照見於外。此德之廣之深，其感化之功，實不可測知。君子能深造其「**道**」，則見「**道**」體現於「**仁義行**」中：

> 「**君子深造**（「造」，詣也。深造之者，進而不已之意。言君子做學問要造詣精深，必依一定的治學方法循序漸進）**之以道**（「道」，其進為之塗也。焦氏正義：「道者，反復變通者也。博學而不深造，則不能精。深造而不以道，則不能變。精且變，乃能自得。」），**欲其自得**（朱注：「言默識心通，自然而得之於己也」。言若能默識心通，自然而然地領悟到其中的道理）**之也。自得之，則居之安**（朱注：「處之安固而不搖」。言若能自然而然的領悟到其中的道理，那麼存在心中就能安定不失）；**居之安，則資**（資，猶藉也）**之深**（朱注：「所藉者深遠而無盡」。言存在心中而能安定不失，那麼就能依靠它來做事）；**資之深，則取之左右逢其原**（原，本也。朱注：「左右，身之兩旁，言至近而非一處也。逢，猶值也。原，本也；言無論向左向右，隨處都能和它的本源相遇），**故**

君子欲其自得之也。」（《孟子・離婁下・8.14》）

　　君子對「道」務於深造而必遵行如「**博學、審問、慎思、明辨、力行**」。遵此，則能默識心通，明仁義之道通於「**天道**」，見踐仁行義皆出於己而得之於己也。自得於己，則固執於道義而不搖。處之安固，則更感所依藉者深遠而無盡。由此，君子之行無不合於「**道**」、安於「**道**」及成於「**道**」，故無入而不自德焉。

2.2.2　道家老、莊之「道」所含藏的內容真理

2.2.2.1　老子之「道」——「清虛靜寂」、「自然而然」、「無為而為」

　　道家老子要我們守「**道**」及法「**道**」之「**清虛靜寂**」、「**自然而然**」、「**無為而為**」。這因為老子見當時周文疲弊而廢，周公所造的禮樂典章制度，到春秋戰國時代，貴族生活腐敗，禮文均成了形式上之空架子。老子發覺當我們的生命落在虛偽造作的周文中，套入形式禮文典章制度裏時，即受到最大之束縛。這些沒有真實生命的空架子就是虛偽，屬「**有為**」之束縛，對我們本然自由自在的生命而言，根本就是桎梏（「桎梏」音窒谷，即手銬、腳鐐），故他提出了「**無為**」之思想，將自我退居虛靜之境，而超臨萬物之上。這是說，人須以效「**道**」之「**清虛靜寂**」，心靈須退斂至虛極靜篤之境界，摒除一切「**有為**」之舉措雜加其中，心思不繫於一般之經驗法則，撤除一切理性的思慮，滌去觀物時投射於萬物之「**心思情識**」上。故老子主張「**無為**」，而「**無為**」涵着「**自然**」而言。他所謂之「**自然**」，

不是指自然科學、與物理世界所對之自然世界。他所指的「**自然**」，是精神生活上的觀念，是自己如此就如此，對外物以如其所如而對之觀之，不強加人為造作的一種超然境界。莊子重「**心**」之自由無礙，不膠結於是非得失榮辱之中，超然物外而「**遊**」於世間；而老子所重者乃從心之澹然虛靜退斂以觀物，以「**無為自然**」這一觀念統御之，要把形式化、虛偽造作之一切東西去掉，從而將自己解放出來，一任「**自然**」。

「**無為**」須透過「**虛極靜篤**」之修養工夫方成。老子曰：「**致虛極，守靜篤**」（《道德經・第 16 章》）。這是說，我們的心靈不要黏着固定於生命的紛馳中，心理喜怒哀樂之情緒及意念之造作上。當生命黏附於此時，心靈生命即為此而充塞佔有，難有所虛，難有所靜。生命要「**虛**」，即是純一不雜，意指沒有「**識知心**」及「**人為做作**」，生命由此清寧；「**靜**」則不浮動氣燥，心靈遂能於紛繁之現實中超拔出來，不隨物轉，終至於在萬境流變中見萬物在「**道**」中往復循環。

人若要歸心於謐然，須效法「**道**」之「**清虛靜寂**」。而要行於「**道**」上，則須靠一修道之工夫，即「**損之又損**」之工夫。於此老子說：

> 「**為學日益，為道日損。損之又損，以至於無為，無為而無不為。**」（《道德經・第 48 章》）

為「**道**」日損之工夫，就是將一切「**為學日益**」之應世學

問及知識去之又去，不使有纖毫之存留。因為「**為學日益**」至極處時，則會變成「**馳騁畋獵，令人心發狂**」，心由此為世間感性事物牽引而變得狂亂。所以老子要我們「**虛其心，弱其志（去掉必要非如此不可之心志規範）**」（《道德經・第 3 章》），去掉「**為學日益**」，至極處時方見「**道**」之「**虛與靜**」，純一不雜，不留半點計謀巧智功利之心，心默然靜寂，不隨物轉，才達至「**為道日損，以至於無為**」之境地。這一切是心不執著，是「**挫其銳（挫損自己之鋒利，忘掉自己之才氣橫溢），解其紛（釋解人世間之是非之我見，息掉彼此之紛爭）**」（《道德經・第 4 章》），是「**不知善，不知美（虛掉主觀對美善之見解，判斷及執著）**」，「**不尚賢，不貴難得之貨（不求名，不求利）**」（《道德經・第 3 章》）。由此，方可以純然與「**道**」同體，任物自然，於處世應事上，無為而為。人縱有「**平天下之不平**」之「**義者之心**」，但種種有為之舉，仍不免有損此益彼，或損彼益此之造作。以治國者而言，有為之舉往往使民不能自正，於行事上，亦難有其功。故此，老子要去偽以保「**道**」之長存及人本然之天真。

2.2.2.2　莊子之心靈放飛，將「識知成心」化為「心知神明」，逍遙遊於天地間

道家莊子標舉自己自由自在，遊心於世，不願為俗世權貴而束縛自己心中本然自在逍遙之意境。他一直過着深居簡出的隱居生活，一生淡泊名利，主張養性修心，要將「**識智心**」轉為「**神明之心**」，追求逍遙無待，以「**獨與天地精神往來**」，超越人世間的成敗、利害、生死，個人情慾之桎梏及榮辱得失，

不汲汲與世人相交以求利達，終至「**無待**」（心不依賴外境而達至虛靜無擾之狀態）之境而「**上與造物者遊，而下與外死生，無終始者為友**（即與「道」為一，因「造物者」、「外生死」、「無始終」所指者乃「道」也）」（《莊子・天下篇》）。

「**遊**」是莊子重要之哲學觀念，這是心靈之豁達開放，這是將「**識知心**」之「**成見**」化除，使「**心靈**」邁入「**無待**」之境，從而遠離人間之毀譽，超乎榮辱之念頭，破除人世間之「**時與命**」（「事之變」非我所可把持，「運之行」非我所能預知，生死更非我所能預測）及自我「**情與慾**」（哀樂之情和利害之慾）之羈絆，使心神澄清，將「**有待**」（對流轉不息之萬境之依憑，心繫彼此、是非、榮辱之變化而起落無常）轉化到無所依恃的境地，使「**聲名**」、「**事功**」、「**己見**」視為虛妄，不以「**立功、立名**」以累心，而以「**無名**」、「**無功**」、「**無己**」自由「**遊**」於天地之間，得以「**乘**（遵循，憑藉）**天地之正**（乘天地之「大道」），**而御**（順着）**六氣之辯**（駕馭陰、陽、風、雨、晦、明六氣之變化），**以遊無窮**（遊於東、南、西、北、上、下六合之外，即宇宙之外）」（《莊子・逍遙遊》）。

當「**心**」至虛靈靜穆時，則可蕩除一切「**成見**」，能體悟「**神明**」之朗照，不囿於世情，瀟灑脫俗，並能與形骸生命運行於形色世界中，出入於紛繁世事裏，不為所擾，不為所累，「**緣**（順）**督**（中）**以為經**（常）」（讓無涯的心知神明隨有涯的自然形骸生命運行於紛繁世間裏，不見有礙，就像循着身背中的督脈運行，適得其中），「**無厚入有間**」（以無厚之刀斫入

骨頭之關節，隙縫處而無傷，喻以無成見、去榮辱之心處於紛繁之社會中，能適然自處，不受環境左右，不隨物轉而起情緒之波動），「遊」於人間世之「間隙」中。由此而可以「保身」，「全生」（保全天性），「養親」（可以涵養精神），「盡年」（《莊子·養生主》）。

莊子亦言「道」，但他卻以「心知神明」以釋之，要我們之「心」一清到底，虛靈靜寂，不為成見所牽，情識思慾所染，而以「神明」現示之。人有「身之患」而具物相、物慾，但同時我們之「心」卻可以清寧不昧，無邊際疆域可比與穹蒼。它可以「逍遙」六合之內外，不為世俗社會之價值如名利、權勢所牽引困惑。故莊子所重者乃要我們將「心」轉化成「心知神明」，將「彼此」、「是非」、「成心」及一切世俗之「價值觀」銷解之、超然之。在此境界中，既無「彼此」、「是非」、「成心」，則自能平齊萬物。萬物既齊一無別，即無彼此，大小，壽夭，美惡，是非，貴賤，得失，物我，死生，而達至「忘」的境地。此「忘」來自「心知神明」之無執，對「識知心」（即日常之是非明辨、價值判斷等理性活動）之捨棄，由此方可「乘天地之正，而御六氣之辯，以遊無窮者」（《莊子·逍遙遊》）。

莊子之「心知神明」有若老子之「道」。它生化萬物，然內藏於萬物。它獨立於萬物變化之外，而見於人之內心，故此可「遊」於此紛繁之宇宙中，不受其礙。人之「心」至純不雜時即現見「神明」，即：人只要將日常之「識智心」化除後，把成見、計謀、巧智，與及榮譽、權勢、名利之追求等滌除後，

「神明」自出，人「心」若能「淡然獨與神明居者」（《莊子‧天下篇》），則能把「心知」轉為「神明」。「心知」若能依本歸源，則成「心知神明」

老子之「道」與莊子之「心知神明」，所指者不無相同之處。在本體論言之，老子之「道」乃具超越而內在宇宙萬物中，它「獨立而不殆」（獨立於宇宙萬境之外，不為其變化而影響其本然之性），不隨物之變化而變化。人可從萬物之自成自滅，其自然而然之處而見「道」之「無為而為」。於此，「道」同時展示了宇宙之法則，故人應效法之。效法「道」者乃「反樸歸真」（回歸至純樸不染，天真無邪之嬰孩赤子狀態）也，使心照見本身之本然狀態，不以「有為」污染之，即：於世上處事應物中，去掉一切情識智巧，收斂其日常心習及知識成見，不執於有為措舉，使心「致虛極，守靜篤」，於行事上有若「道」之化生萬物，一任其自生自長，功而不有，為而不恃（成就萬物而不據為己功，不以此自驕自傲）。莊子亦不以有為管事，不藉智巧應世，不求讚譽於世，不以成見分彼此，不為情識所擾，一切不落入是非判斷之中，心由此無罣礙，人由此而「無功」、「無名」、「無己」、「無待」而逍遙天地間。

儒家所言之仁義禮智之道與道家之「無為而為」，「遊心於世」乃「內容真理」，不能證實於科學之認知上。但人知孝義，善善惡惡，乃出於自心，昭彰明著；此情此感，至真至切，世人普及之，不能否認，此為真理之義在。道家透見人間困頓無息，人往往束縛自己於一偏成心之見，困於「生與死」之妄

念上，厄於「**時與命**」之桎梏裏，苦於「**情與慾**」之限制內，由此而提出解決之方。老子要人效法自然，如其所如觀物，不加人工智巧。莊子「**坐忘**」之見，從而逍遙人生。老莊見宇宙萬境盡是生成敗滅，見人不出生老病死。宇宙萬物生滅循環不息，由此見「**道通如一**」、「**萬物無別**」。由此頓悉宇宙之本然。故莊子叫人紓解倒懸之苦，開放生命自由，重現清寧無礙之人生，這正是生命之真知灼見。

第三章

中國所言之「道」
與西方哲學之「本體」

3.1 中國思想所言之「道」

　　中國思想之進路或出發點並非從智思智辯而出，其所言之「道」，亦非「**外延真理**」，不經由客觀分解構造而建立起的觀解形上學（Theoretical Metaphysics）。中國思想之着重點是生命與德性，所追求的是「**內容真理**」，扣緊在生命方面，亦連着道德而言。其所言之「道」是人生之道，是《禮記·大學》首章所言之「**大學之道**（大學的道理），**在明明德**（在於彰顯人人本有美善之德性），**在親民**（再推己及人，使人人都能去除情慾之蠻求而自覺本然之性，自顯美善之本性），**在止於至善**（精益求精，使本然美善之德性發揮至完善的地步）」之踐仁行義，立己立人之「道」，是孔子所言之「**君子謀道**（君子專心致志於道德修養上）**不謀食**……**君子憂道**（所擔心的就是德之不修，學之不講）**不憂貧**」（《孟子·衛靈公·15.31》）之成聖道德實踐。它與科學知識之「**外延真理**」有很大之不同：

3.1.1 **繫於生命及主體**

　　中國儒家追求之「**道**」，是一種「**內容真理**」（Intentional Truth），它是繫屬於生命的主體，認為這是人之所以為人之本質，這也是王陽明所言之「**良知**」，亦是道家老子所言之「**抱道自守，樸厚**（「樸」指渾然的道體，是純樸的原始狀態，即：回到自然本初的素樸狀態）**食母**（「母」，指「道」；「食」，養的意思。「食母」就是食於母、養於「道」，即用「道」來滋養自己）」（《道德經·第8章》），莊子之「**吾喪我**」（「吾」者乃我之「真君」或「精神」或莊子之所言──抖掉成見之「心

知神明」，是「道」；而「我」者，乃「形骸之我」。「真君」
與「道」為一，不僅是無所為，更是無知無識無彼此。由此，「吾
喪我」直與《大宗師》之「坐忘」相等，即「墮枝體，黜聰明，
離形去知，同於大通」，也是《人間世》所言之「心齋」。形
骸之我是虛象而矣，主宰形骸者乃「真君」。現象界變動不居，
千奇萬化，而不變的正是「真君」、「道」。故得「道」者，
看透世間無彼此之別，故此生死無變於己。「吾喪我」者，乃
自我去其「成心」，滌除人世間之名利權勢之追求，由此可以
超乎精神和形骸之相對性，而絕對自由了。莊子哲學之「逍遙」
在於「無待」，其樞紐即在「吾喪我」。能「吾喪我」者，即
能「無己」而存「真君」，即與「道」同一。既與「道」同一，
則我不成其為我，而轉化成「無我」、「無己」了。由此，雖
在現象界中，也可以「無待」而周遊其中了），是繫於主體性
的生命而言。依儒家而言，它是「**明德**」（即孔子所言之「仁」，
孟子所言之「存心」）（《禮記・大學》），具罪惡感及是非
判斷而能「**止於至善**」。依道家說，可以「**懷抱天然樸素，循
自然行無為之道**」，恪守自然之道，及「**無己、無功、無名**」
得以「**逍遙**」遊於天地之中。它們均可以去掉情慾生命之橫求
而達至美善之生命。

3.1.2 具「普遍性」

再者，這「**止於至善**」之「**道**」不是個別偶發事件，是生
命之道理。既是道理，它就有普遍性，所以此「**道**」是一普遍
性原則，人人皆可實行。同時，中國人講的「**道**」，是我們人
生應該走的那條路。孔子所言之「**君子謀道不謀食……君子憂**

道不憂貧」（《孟子・衛靈公・15.31》），見子夏言學，是學為君子，是踐仁，他說：「**賢賢易色，事父母能竭其力，事君能致其身**（為國做事能獻身盡職），**與朋友交言而有信。**」（《論語・學而・1.7》）這均是成仁成聖之路，是人人所能行、所應行之路。道家老子所言的「**謙卑處下若水**」，「**為無為**（不以機心計謀處事，一切隨順自然）、**事無事**（不以機心，功業，名利行事，心性中純然虛無為懷而行事）、**味無味**（不是為了情慾而品味，不是為了滿足欲望而品味，更不是為了貪慾而品味，純然是以自然淡泊無味而品味）」（《道德經・第63章》），「**功成、名遂、身退**」；莊子所言的入「**無待**」之境，棄「**成見**」、外生死，以「**無厚有入有間**」，在繁鎖紛紜之人間世中遊於「**無何有**（沒有煩累）**之鄉**（自由自在，不為世累之境界）」，亦是一條通向清虛寂靜之生命之路，大家可共行之路。這是說，這一切是可以實踐於我們眼前的真實生命裏頭。所以，中國所言之「**道**」，不是抽象地講，而是在我們之真實生命裏講，而它所表現出來的是普遍的真理。

3.2 西方哲學之「本體」與中國文化之「道」

3.2.1 西方思想以現象之外求本體

西方哲學自希臘泰利士以來，便在現象以外探求本體為任務，哲學家總是相信現象之意義不限於現象，另外有賦與現象的意義之本體。而宗教哲學根本是建築在另一世界的信仰上，承認上帝為世界之支柱，萬有之本體。

3.2.1.1 現象與本體

我們有感官，感官使我們目有所視，耳有所聞，身有所觸，使我們感覺到外界事物之具體存在，他們成就了外在之森羅萬象之世界，在自然界，萬物「**成、住、敗、滅**」流轉不息，花開花落，月圓月缺，人方死方生，滄海變成桑田，山壑轉為陝谷。在生活上，剎那之間，儀態千形，時刻變遷於莫測之中。然山河大地，雖日月經天，江河行地，寒暑交替，四時更迭，卻萬古如新。由此知外在世界，於變中有不變之序運轉其中。人於天地中，往往在天地間之變中求不變，於雜多中求統一，於短暫中求永恆，由此人可以置自己於一安生立命之地。故此人往往仰望蒼天，於穹蒼中設天國，將天國人間分二，前者是恆常不變，後者是變幻難測；前者是真實無妄，是本體，是上帝；後者是虛幻假像，是我們於現象界所觸及之東西，是人世間。由此，開出了神學宗教。哲學家亦順此思維，亦將宇宙劃分了實在與現象來。

西方人對現象與本體之探索，由古希臘哲人開始，他們對自然界仰觀俯察時，用「理性」探討及解答宇宙起源及宇宙發展原理，他們發覺宇宙整體在「**持續在形成和變化**」中並對此提出了宇宙萬物根源之問題及他們如何從此一不變的本源裏產生出來。及後，他們以此「**本源**」提出解答，將之稱為「**太始**」，認為宇宙萬物自此而生，並在經歷變化之後復歸於它。這是對「**本體**」之追索，反映了人心不滿足於經驗世界之所有存在事物之相對性、短暫性，而求一絕對永恆之和諧美善。

「本體」的尋根探求，要穿透不確定性之現象尋找宇宙萬事萬物恆一不變之終極原理，這種知識的探求，無法從變異的經驗裏獲取不變的「本體」。西方哲者往往由此擺脫感性經驗之桎梏，而靠理性思維。因為理性思維有其思辨之律則，例如思想三律（同一律，排中律及矛盾律），它們基本上指出A=A，即存在就是存在，不可能同時是不存在。由此，哲人往往將思想律則看為存在之本質，從而否定經驗感性之作用，視感性與料（sense date）所給予的是變易不定，不具真理性，甚至是虛幻，不能藉之以探求「本體」之真義，因為「本體」的根基是恆一不變的。

3.2.1.2 西方希臘哲者以理性對「本體」之探求

柏拉圖（Plato）強調只有憑着理性（Reason），我們才能認識「本體」的存在、（是）客觀的真理，這些「真實的存在」柏拉圖稱為理型（Forms）。柏氏的理型論深受前哲人巴門尼底斯之影響（Parmenides, 544?–501? B.C.）。巴氏認為「唯一」、「不動、不變」才是萬物的真象。所有的變動都有問題，因此他把人的思想分為兩種，一為「感官世界」，另一個是「理念界」。巴門尼底斯只承認思想的唯一性，把世界的雜多性根本除去，認為感官的世界全部都是虛幻的（巴門尼底斯用女神權威口吻，指出人如何才能找到真理，即：除非人把握住「存在就是存在，不存在就是不存在」的思想法則，否則他永不能得到真理）。在巴門尼底斯的哲學中，我們可以用兩句話來說明：「精神等於存在，物質等於虛無：精神和物質的二元無法相通，那麼存在和虛無的二元之間也無法取得和諧。」而真實的存在

（從知識論說），即「**本體**」（從宇宙論說），它是唯一，不生、無限、不變、不可分的，且永恆住於自己之中，是不動的存在（The sole truth that could be discovered about the permanent Being is that it IS）（THE WAY OF TRUTH and THE WAY OF OPINION, Parmenides of Elea s.515-c.456B.C.）

　　由此，柏拉圖開闢了他的二元論，揉合了赫拉克利圖（赫氏肯定人從感官中所得之感覺與料及其不斷流轉變化乃真實無妄，所以認定感官世界是真實的。由此，當他追求宇宙「本體」（Being）時，他以「水」來表達宇宙事物之最終原理原則。所以，當他抽足再入水時，他說：「投足入水已非前水」，因此刻之水與前水已不同了。再者，他以火之變動不息表徵了宇宙萬境之生滅無斷。變化代表了有無彼此之對立，所以赫氏以 Logos，來調和彼此之對立而歸於統一，使宇宙之變化有節有度，不致陷於雜亂無章之中。Logos 代表了宇宙萬境之終極原理，是一，是全。從這個道理中，見人類之心靈在肯定經驗界之同時，亦追求終極之和諧統一。中國儒家、道家所提出之「道」，亦是一大宇宙心，它是宇宙萬物生化之本源。萬物由此「道」而出，成就了紛繁之現象世界。這萬境是為我們感官可觸可覺，是變化無息的經驗世界。但在此變化不斷之世界中卻有超越之原則在指引中，它是宇宙之大秩序──「道」，故萬物在紛繁中見調和，雜多中見統一。此外，儒道兩家所展現之「道」，其方式卻互有不同，前者是美善之大「道德心」，成就了千姿百媚之世界及美善之人性；後者是「無」，「無」而出有，萬物自成生自長自滅，自然無為。故大家所提出之生

命觀也盡有不同，前者是徹盡本身之美善之德而成就人格，而後者是無為而為而逍遙遊於世間。由此見道與是超越現象界，同時是融合內在於現象界中，故有「天人合一」之說）和巴門尼底斯之哲學思想，認為「理念」（Idea）是獨立於個別事物和人類意識之外的實體，這種神秘而永恆不變的「理念」乃是個別事物的「範型」（Form），是現象界個別事物的「影子」和「摹本」（於此可見西方思想將本體與現象分開，而中國思想則將本體與現象相融）。「理念」世界真實，完善，而現實世界乃不真實，不完善。在「理念」世界中，「善」的理念（The Idea of Goodness）是一切理念的泉源，是愛洛斯（Eros）追求之目的。由此，柏氏將世界分為「理念世界」和「現象世界」。「理念世界」以世界靈魂為最高主宰，乃世界所以完美、秩序的根源，可以說，是宇宙萬物之「本體」；而「現象世界」則反覆無常、卑微低下，為「理型」之「摹本」。他之二元論，影響後世至深至遠，直下至中古時代之宗教也不離其右，更成為以後基督教神學理論的先聲，基督教神學的唯心主義，目的論即建基於此。

3.2.1.3　西方哲學以理性追索「本體」之意義，難有道德生命之了悟

　　西方哲學以追求「外延真理」，並將「現象」與「本體」分割以追求人生哲學，使人覺得有支離缺憾不全之感。例如西方希臘第二期哲學家雖注重人生道德方面的問題，如蘇格拉底所言之正義、美、善及勇敢等概念，柏拉圖所主張之「至善」理型（Ideas or Forms of Goodness-in-itself）及理想國，及亞里

士多德倫理學所講的至善、中道、公平、道德意志之類時，他們均以對待自然之方法處之，採取邏輯分析，追求「**外延真理**」之態度，以純理性之思辯，把道德之美、善視為「**本體**」，與現象分割開來，作為客觀的求真對象。這理智之追求方式來探討道德觀念或概念之意義，乃將人生真實之生命感掛空下來，將道德之實踐性割裂開來了。最後，所得者是對觀念下了明晰之定義，進而肯定建立知識之可能，命題真假之判定，這樣除了奠定邏輯學及知識論之可能及意義外，不可能將生命與德性本身掛搭上來。

當蘇格拉底之「**知即德說**」（Knowledge is virtue）申述其道德理論時，可以明白其道理。在倫理學中，他將「**幸福**」（Happiness）和「**德**」（Virtue）的概念分析得很詳盡，構成一個完整的體系。他以智慧（Wisdom）統攝諸德，以「**知即德說**」為其倫理學理論的主旨。他認為明智之人，能明是非，別善惡，在平時的行為實踐中，必預先在理論上知道何謂善，何謂惡。沒有人會故意作惡的，因為理性使他明悉地知道善必須遵行。所以，人之所以作惡，皆由於愚昧無知。由此，智慧是為唯一之德，愚昧是唯一之惡。這就是蘇格拉底「**知德合一**」的理論張本，他把知識和道德二者，看作是一而二、二而一的事了。但將道德實踐納入知識之範疇裏，始終有其不妥當之處。因為道德行為不是知性上對真假之了解，而是情意上之肯定及推動，對善惡作出選擇及實踐。

在蘇氏的「**知即德**」的理論下，他認為：如果人能夠運用

理性徹底了解自己道德之所在，洞察自己行為的未來後果，批評並調和自己的欲望，針對更遠大的目標，使從渾沌中導入更富於創造的和諧境界。這種理性的反省也許可給予人們理想的道德標準，但對於那些愚昧無知的人，便無法建立起他們的道德反省，唯有使他們不斷在知識追求下，增加他們對是非善惡的判斷力，才能實踐善的行為。

蘇氏承認客觀真理之存在。他以道德為具體的間架，以知識為抽象的內容，從而建立一表裏兼容的體系。他以「**友誼**」、「**勇敢**」、「**謙遜**」等為道德之概念，以擴展個人之道德人格，而這一切繫於觀念知識的充實，不是從人本性上或主體行為上對美善作出之踐行。而蘇氏之「**知汝自己**」（know thyself）或內省（insight）只是理性上的認知作用，不是從行為實踐上對美善作出之肯定。

蘇格拉底常與人以詰問法討論有關道德問題，這種方法以理性探索「**外延真理**」，有下列的幾種特點：

3.2.1.3.1 從懷疑中探索真理，蘇格拉底認為一切知識，均從疑難中產生。由懷疑而引出問題，這不是表示蘇格拉底傲慢自大，或自命為智者。事實上恰好相反，蘇氏本是非常謙虛的。他常說：「**我知道自己的愚昧，我非智者，而是一個愛智的人。**」蘇氏所謂「**懷疑**」是研究學問和討論問題的方法，有別於古代希臘懷疑論者之所謂的「**懷疑**」。蘇氏以懷疑為方法，作為探求真

知的手段；而後者以懷疑為目的，始於懷疑，而終於
懷疑，結果則毫無所得。

3.2.1.3.2 從對話方式中獲取真理，這是詰問法的第二特點。
在討論時，採用談話的方法，以辯論為技術，而尋
求真理和概念的正確定義。其真理的發現，是在討
論和問答法中進行，所以有人叫這種方法為「**產
婆法**」，為知識接生的藝術（The art of intellectual
midwifery），以為知識原存在於對方的心靈內，不
過他自己因受其他錯誤的觀念所蔽，而沒有發現罷
了。蘇氏自比產婆，從談話中用剝繭抽絲的方法，使
對方逐漸了解自己的無知，而發現自己的錯誤，建立
正確的知識觀念。所以，這是一條以理性求真理之道
路，是智之運用。他與人在問答中，要把許多模糊的
概念和定義釐清下來。他常問：「**何謂正義？**」「**何
謂名譽？**」「**何謂德性？**」「**何謂道德？**」「**何謂愛
國？**」「**何謂你自己？**」蘇氏這種堅持精細的分析態
度，目的要使概念獲得正確的定義。這基本上是以理
智探求「**外延真理**」。這與中國倫理學之「**內容真理**」
有別，與中國儒、道之「**道德實踐性**」之「**生命之道**」
大異其趣，從理性思維去探索真理，可以在知識論上
開出一套思想來，但卻難以成就在道德實踐上。前者
是「**外延真理**」之追求，是講求客觀、明晰之觀念，
對真、假之辨解，是「**智**」的運用。但「**道德實踐**」
是「**內容真理**」，是主觀意志之感興，是對美善之追

求，善惡之選擇，是「行」之投入。所以蘇格拉底之「知即德說」，對「富與貴，是人之所欲也，不以其道，得之（以不正當手段得之），不處也（不取也）。貧與賤，是人之所惡也，不以其道，得之（以不正當手段去之），不去也（不為也）。」（孔子·《論語·里仁篇·4.5》）之道德實踐，對道家之「清靜為天下正」，「無為、好靜、無事、無欲」及「無待、無累、無患」的心靈轄達開放莫知所以。

西方哲學信服「物本體」之存在，源於在現象以外求「存在之終極原理」，以理性思維向外探求客觀之實體，往往與從主體性興發而來之道德情意相違和，故在西方哲學裏，「知」與「行」劃分為二。而中國儒家、道家卻無正式承認「象外有體」之觀念，即：於「現象界」以外尋覓「本體」，只有「現象」與「本體」相融攝，即「現象」與「本體」不離。人主體之道德意識與「本體」相融攝，二而為一，而對「本體」之探求多以直感直悟，「默而識之」為進路，不求理念上之清晰明辨，故「知」與「行」可以和而為一，「天人相合」。

3.2.1.4 中、西方思想對「自我建立」之歧異

在西方倫理中，人之「精神自我」是靈魂（soul），是神所創造。所以靈魂雖具「自覺性」及「湧現理想而立定志願」之自由意志，卻非「道德」之源或「人格完成」之源。相反，若以此

而肯定個人「**人格之完成**」，則犯了驕恣大不諱抗逆神之罪。

蘇格拉底在《申辯辭》（Apology, Plato (427-347)）中說：「**我聽從神之意旨，完成我的使命，指出他人之無知**」。他因此而受審，而被判死刑。但蘇格拉底卻從容就義。他坦然面對死亡，因為他的精神生命，理想價值，道德人格，生命圓滿，即他之真「**我**」在遵從神之意旨中完成了。蘇格拉底之「**我**」之完成，其上達之「**真實世界**」全在依從一個外在絕對之道德標準（Virtue and Truth and Beauty-in-itself）。他向外追求，祈望神賜與他恩典，使他完成對雅典人之使命感，以及對自己人格之完成，而這一切來自神祇之恩典。所以他以自己為牛虻，甘冒殺身之罪，去刺醒「雅典」這頭在沉睡之大馬，因為他覺得有一聖靈之呼喚，必須服從。

蘇格拉底之「**我**」之完成，乃依仗神之恩典，人之「**內省**」及「**自覺性**」，無異於聆聽神之聲音並遵行其意旨。所以在西方，一切理想價值不是依本能欲望，亦不是出於「**靈魂**」之「**精神自我**」，而是順隨神之意旨。所以「**道德主體性**」在於神，不在於人，人之道德生命，全由上帝所賦與，人於人格德性有所成就時，「**一切榮耀歸於主**」。人之求成為「**我**」，要在德性上完成，品格上完成，必須在上帝處覓取。在天主教之《祈禱文》（《馬太福音・6》）已將這觀念清楚地帶了出來：

Our Father in Heaven, Holy be thy name.
Thy kingdom come, Thy will be done on earth,

as if it done in heaven. Give us today our daily
bread, forgive us our sin as we forgive those
who sin against us. Do not bring us to the test,
but deliver us from evil. Amen.

> 我們在天上的父，
> 願你的名被尊為聖，
> 願你的國度來臨。
> 願你的旨意行在地上，
> 如同行在天上。
> 我們日用的食糧，願你今天賜給我們。
> 願你饒恕我們的虧欠，
> 如同我們也饒恕了虧欠我們的人。
> 不要讓我們陷入試探，
> 救我們脫離那惡者。
> 因為國度、權柄、榮耀，
> 全是你的，直到永遠！阿們。

　　反觀中國，人要求成為「我」，要在道德性及品格上有所完成時，必須從自身處覓取。唐君毅先生之《人生之體驗（續篇）》，亦可說是扣在「**自我完成**」上說。其所說之「**真實世界**」，乃在人主體道德性及自我品格上之完成而立論。此道德品性之完成，全成就於自我之精神生命與他人之精神生命在道德意識上互感互通，從而除去人我之限，而起一「**大我之心**」。此「心」亦是孔子所言之「**不安之情**」，孟子所言之「**不忍人**

之心」。由此可見「**自我**」之完成亦如唐君毅先生在《人生之體驗（續篇）》一書裏「自序」中言：「**意在轉化人生之上達之阻礙之反面事物，以歸於人生正道**」。

　　人活在「**現實世界**」裏，往往受其束縛，這是宇宙人生一件無可奈何之事。但我們之「**精神生命**」卻可超越此「**現實世界**」以外，不受其限制與決定。此所以唐君毅先生肯定自己之人生可以從「流俗世間」中拔出之可能（《人生之體驗（續篇）》）。

　　在中國，有「**立德、立功、立言**」三不朽之說。然立功、立言須有際遇、條件，或隨順「現實世界」之規格而得。只有立德，不為條件際遇所限，所限者乃自己能否率「**自我超越性之道德理性**」而行，而此「**性**」皆內在於我中，由我所把持及掌控，人人均可順之而行並呈現於道德行為上。故每一個人均可「**立德**」，不需俯仰於「**現實世界**」。「**立德**」與否，不在上帝，不在他人，乃在於己。堯舜之道德人格，為人人所企望。此道德生命之完成，是堯舜所得者，但亦為人人所能得。此所謂「**人人皆可為堯舜**」，即你我均可「**言堯之言，行堯之行，斯亦堯而已**」，這與西方之宗教道德觀不同，基督教之耶穌為救贖世人之罪，犧牲自己上十字架，此道德人格可為我們所企望，但不為我們所企及，我們均不成為耶穌，不能上同於上帝，只能成為他的信徒，這與中國人主張之「**自覺精神活動求實現理想於客觀環境及自我生命中**」（《人生之體驗（續篇）》）有極大之歧異處。

在中國，「**我**」之完成，不須靠勢位權力，不須依仗外在之神祇，一般販夫走卒，運水搬柴幹粗活者，皆可立德成德。我雖非一國之君，未能在治國平天下之分位上，潤澤膏民，但我卻可以在運水搬柴的份位上，盡心盡意去完成它，日常生活間只要做到仰不愧於天，俯不怍於人，職盡心安，堯舜為我者，亦不外如是，故此運水搬柴，滿街熙熙攘攘者，在德性上均可自勉而可企於聖人之列。

上述這種聖人之德性，必須首先在人人德性之大同處加以肯定，方可肯定人人皆可成就聖人之德性。我之所以為我，不在於專業或財富或權勢上有大成就，因為未必人人皆盡能之。我之成為一我，當使我成聖成賢，而我聖我賢，是人人所能企及的。此亦唐先生論及「**立志成道**」及「**人生之顛倒與復位**」（《人生之體驗（續篇）》）之可能根據。

人活在社會中，此「**我**」之完成，必須在社會人群之中完成，眾德目如孝、悌、忠、恕，均須在人類社群中方可達至。舜與周公之最品德性格之完成在其孝，其最高品格為一孝子。沒有父母，何來子女之身分？更何從有孝之德性之表現，與孝之品格之完成？當知父子相處，方可見人倫之德。父之慈，其事在父，不在子。若為子，一心汲汲要父之慈愛；為父者，一心汲汲要子之孝賢，如此向對方要求，若求之不得時，必生怨忿之心，從而產生對立相爭而終歸於不和，這樣何來孝慈？要父慈子孝，為子者，不問父之慈否，先盡自己之孝；為父者，不問子之孝否，先盡我之慈。自我若能反身自求，子能孝，為

父者必欣然對之，由此即可誘導感染父之慈，而父之慈亦同時可誘導感染子之孝。這說明了凡事先盡其在我，則可產生「禮」。孝、悌、忠、恕亦不外「禮」之客觀表現。所以若人人能盡其在我，則可以上達「真實世界」；若專向外求，求之不得，退一步便只有防制，從防制中便產生了法律。法律是外在之規範，是強制性的，達不到要求，要遭受懲罰的。但「禮」之本意不在防禦人，而在誘導人，透過內省而成就一個「我」。所以中國聖人常主「循禮不恃法」。孔子說：「克己復禮為仁，為仁由己，而由人乎哉？」（《論語‧顏淵‧12.1》）其義亦應於此而導出，亦凸顯了中國哲學之道德主體性，而異於西方之道德觀。

3.2.2 中國思想之現象與本體融攝論

中國哲學中也有它的本體論，然它與西方不同，不將本體與現象分開，在中國哲學上與本體相當之字有「道」、「太極」、「玄」、「理」等，但它們沒有一個含有「現象以外的東西」之意。道家老子說：「人法地，地法天，天法道，道法自然」。「法」者乃效法，有相融相合之意。中庸說：「可離非道也。」「離」者乃離於現象界或具體人生之意。這兩句話清楚顯示了本體與現象不離。《易繫辭傳》言：「易有太極」，見太極不離「易」，即不離變化無息之現象。況且，循着「道」、「太極」、「玄」、「理」之本義而觀之，「道」所指者乃人之所言所行，「極」者不外言行之至盡也、「玄」則黑白混和不分，而「理」所指者乃埋於玉之紋理，均無西洋所謂「本體」（Substance, Logos, Thing-in-itself）之獨立外在之意。

3.2.2.1　中國儒、道之現象與本體融攝論所開出之獨特道德哲學

中國哲學家既承認本體與現象不二，即：根本上毋須撇開現象以求本體，即從「**現象**」中可以明「**本體**」。故此，「**本體**」非現象所能遮蔽，我們對「**本體**」不能有所感覺者，純出於我們自身之障礙。由此，要體悟「**本體**」，不是去除現象界客觀障礙，是應靠「**祛除自身習氣所做成障蔽**」之努力。這「**工夫**」所涉及之主要範疇，就是滌除日常之習氣。對治習氣須從興發本來之面目而努力。這雖然是形而上學之問題，同時也是人生哲學問題，道德哲學問題。故此，中國哲人言「**本體**」必相對於「**工夫**」而言，如：言「**道**」必言「**修道**」，言「**理**」必言「**理得**」，《易》言太極，必歸於人生凶吉大業，宋明儒尤好言「**離工夫外無本體**」之說。道家老子更將「**人法地，地法天，天法道，道法自然**」之默識體證推演開去，而要人效法「**道**」本身對宇宙萬境「**生而不有**（雖雄長萬方，不據為己有），**為而不恃**（不以之為己功），**長而不宰**（不自居於主宰之位）」之「**玄德**」（大德）而「**無為而為**」。而莊子則要人「**心**」達至虛靈靜穆，蕩除一切「**成見**」，以「**心知神明**」之見，體悟「**道**」之朗照，對紛繁世事，應付裕如，使形骸生命於形色世界中同行並運，「**緣（順）督（中）以為經（常）**」（讓無涯的心知靈明運行於有涯的自然形骸生命中，不見有阻礙，就像循着身背中的督脈運行，適得其中以為常），「**無厚入有間**」（指刀至薄，遊刃於牛之骨骼隙縫中而不毀，此喻人於紛繁利害之世事中，逍遙無礙，自由自在）。由此而可以「**保身**」，「**全生**」（保全天性），「**養親**」（可以涵養精神），「**盡年**」（《莊子·養

生主》）。

此「道」、此「理」既與現象人生相扣接起來，人的生命之運轉亦在「道」中，最終轉化成為天道即人道之説。

3.2.2.1.1 儒家在「現象與本體融攝論」之道德哲學

《易經》主要講天地變易之道，當追索《易經》的原本人生之道時，則見其旨要建立「仁道」人生。於《易經乾象》見：「**乾道變化，各正性命**」，而「**性命**」者，並非莊子所言之「**特犯（承也）人之形而猶喜之**」之氣質生命，那是自然生命之性，「**氣命**」之性。而《易經乾象》之「**性命**」乃天命流行之實體直貫下來而成為人之道德創造真機之「**性**」，是一種價值意義之性，正如《易繫辭傳》所曰：「**一陰一陽之謂道**（萬物係由陰陽所構成，而原本陰陽二元，明潔純淨，故無不善），**繼之者善也**（這種純然不雜之氣，所化合而成的生命元素，當然承繼原本之純善），**成之者性也**」，這「**成之者性也**（再由生命元素構成人與萬物，在人生成之後，上天所賦予之性，必然是純淨之善性。孟子主張性善論即本於此。是從道體之善推衍到人性善的一種說法）」所指者，就是要成就這道德意義之「**性命**」，也就是《易·説卦傳》所曰：「**窮理盡性以至於命**」，即要窮盡這道德價值之「**性**」，能窮盡成就此「**性**」，方見人之所以為人之本質，方能建立「**仁道**」之人生。

此「**性**」既由「**天**」而來，故亦曰「**天性**」，盡「**天性**」而行，自然會踐仁行義，實踐道德。故此，人生之道即「**天道**」。

當孔子説：「知我者其天乎」，説明了「仁義行」適與「天道相銜接」，是人真實生命之圓滿。這生命之圓滿，是生命之感通至完全之境，在西方宗教而言，是人投進上帝之懷裏，是人與上帝之互相喻解。但在儒家裏，與天道相喻解感通，須要肯定自家踐仁行義之本體，自我徹底實踐道德之工夫方可。孔子窮其大半生，至五十才敢説「知天命」。能體悟「天命」，則往往會「居易以俟命」，對自己之困窘遭遇而處之以平常心，只要求凡事行道於天下，故可以「不怨天，不尤人」，只問自己是否能把道德理想實現於當下。故這「俟」之態度，是一種求命運以外的「心安理得」態度，這亦是孟子所言：「莫非命也，順受其正」（《孟子·盡心上 13.2》），教人守義安命。人之苦樂榮枯、壽夭窮通，非自己所能決定，但順受義理之正而為之。

孟子之「天」富倫理色彩，亦是一種「道德秩序」之本體。我們遵守天之秩序，誠如我們遵守的自然秩序一般。所以，孟子説：「知其性者，則知天也」，及後更説：「存其心，養其性，所以事天也。」（《孟子·盡心上 131》），所要説明者就是「天」是一道德法則，廣泛地涵蓋了家庭、社會、乃至政治上的一切最高秩序。這富有道德意義之「天」，不失其「神明之性格」，即：人通過道德理性的自覺重新契接上古代「形上天」的信仰，並賦予一項道德意涵之解釋。

這一切見「天性」即「人性」，「天道」即「人道」，相互融攝。故「天理道德」由心而顯，故「性」和「心」便成為儒家哲學的中心點。而誠敬則成為體現「天道」之修養工夫。

「敬」就是「臨事而懼，好謀而成」（《論語‧述而‧7.10》）之戒慎恐懼唯恐有失之道德踐行之態度，故有「敬德」一詞。

「天命」在這裏有超越之意義，亦具一道德標準。這「道德標準」不單超越於天，亦見於人之性內，人之行為上，這裏直睹「現象與本體融攝論」之道德哲學。

3.2.2.1.2 道家老莊在「現象與本體融攝論」之道德哲學

道家之「道」渾然為一，先於天地而生。它生化萬物，已自然地在萬物中提供了其本身生化之功能，故「道」非離於萬物之外，而是內在於萬物中。

在化生萬物中，它顯示自己於萬物內部之生化作用上，這作用又無迹可尋，自自然然表露於天地萬物的自為、自成、自化的法則。宇宙萬有之形成與消滅，是它自我本然的功能所起之作用。而這生化萬物，並非有意而為，不過自然如此而矣。故此，所謂「道」或「本體」，縱使是「曰夷（看不見）、曰希（聽不見）、曰微（摸不着的）」，卻顯現自身於它所創造的萬物萬境中。由此，「本體」與「現象」之關係，是萬物生於「有」，「有」生於「無」。「有」，「無」二者是一而二，二而一的。

由此，老子之「道」或「本體」，是超越性的，同時它亦是蘊藏於萬物之中，而成為萬物之「德」，此「德」在萬物成長中顯示出來。然而，這種生養萬物之功能，卻無為而有為（任

萬物自生自長，不加干預，故「無為」；見宇宙萬物生生向榮，見「道」「有為」之功），自然如此。萬物就在「道」之「**生而不有，為而不恃，長而不宰**」（《道德經・第 51 章》）中自我發育，苗壯，成長。「**自然**」者，自己如此也，自然而然也，不加有為之舉措也。

由此，老子之道德觀，是和「**道**」相冥相合的生活觀，亦是以無限之「**道**」，即「**本體**」，作為人生之根基和歸宿。玄德之人，是和「**道**」合為一之人生，自然無為之人生，是藉此從人生中以見「**本體**」。萬物依「**道**」而生，而「**天之道**」要使萬有均衡發展，故損有餘而補不足，這天地之「**義道**」見萬物循「**道**」之往返規律而「**成、住、敗、滅**」，始而終，終而始的循環不息。萬物始於幼嫩，天地摧發之，使之苗壯，及後繁衍而至衰敗，無不是體現了「**天之道，損有餘而補不足**」（《道德經・第 77 章》）。人若循之，則要人間義道充盈，使不足者盡得其所需。但可惜的是，在人世間裏，「**天道**」往往落失，而由「**人道**」代之，而它只利富足者而損貧瘠者，財富不見均衡，從此「**朱門酒肉臭，路有凍死骨**」，人間由此見艱苦困頓。

莊子之「**道**」亦是萬物之根本，但它不是超離萬物，而是化為宇宙事物，無所不在，無時不有。一切萬物，由它而生，由它而顯，莊子說：

> 「夫道，於大不終，於小不遺，故萬物備。
> 廣廣乎其無不容也，淵乎其不可測也！」（《莊子・

知北遊》）

　　「東郭子問於莊子曰：『所謂道，惡乎在？』
莊子曰：『無所不在。』東郭子曰：『期而後可（必
定得指出具體存在的地方才行）。』莊子曰：『在
螻蟻。』曰：『何其下邪？』曰：『在稊（音啼，
草名）稗（音敗，用作餵養畜牲之草）。』曰：『何
其愈下邪？』曰：『在瓦甓（音僻，磚的別名）。』
曰：『何其愈甚邪？』曰：『在屎溺。』東郭子
不應。」（《莊子‧知北遊》）

　　在《養生主》裏，莊子更清晰的將現象與本體融攝一起，
他認為悟「**道**」之人，於其心靈中，「**神明**」自出，成為人之「**真
君**」，人之「**主**」。人要「**養生主**」，須將自我「**心知神明**」——
「**道**」與「**自然形軀生命**」兩者同流並運而不損折。當人之「**心
知神明**」受「**形骸生命**」之習氣所攀落而成固蔽之「**成心**」時，
則會汲汲求知，與人爭辯，使其形化，就如人之為善者一落入
求名，人為善之高尚性即消失殆盡，故說「**為善無近名**」。而
更甚者，人往往把「**生之主**」，即「**真君**」，由習氣之攀落而
終成「**害生主**」了。莊子說：

　　　　吾生也有涯（形骸生命有限制），**而知也無
　　涯**（而「道」，即「心知神明」則無涯畔，這裏
　　顯示了「道」在人之形骸中）。**以有涯**（以受限
　　制之自然生命）**隨**（「隨」即隨從在後，即有限之
　　生理心理所引發之習氣在心靈背後拉扯）**無涯**（所

指者乃不受限制之「心知神明」），**殆已**（「殆」，窮困解；心知活動受有限之形軀生命所牽扯，心靈生命就陷於危殆，因為它已失去了本來之靈明自由）；**已而為知者**（若以為受自然形體攀落下來的心知活動就是「心知神明」的本來面目），**殆而已矣。……緣**（順）**督**（中）**以為經**（全句指出要讓無涯的「心知神明」運行於有涯的自然形骸生命中，不見有阻礙，就像循着身背中的督脈運行，適得其中以為常），**可以保身，可以全生**（保全天性），**可以養親**（可以涵養精神），**可以盡年**（天所與之年，任其自盡）。」（《莊子·養生主》）

這裏指出人之兩面性：「**形骸生命**」與「**心知**」；「**知**」即「**心知神明**」，即「**真君**」，即「**道**」，它寄寓於「**形骸生命**」裏。然「**形骸生命**」受時空有限制，而後者卻可以超越時空伸展無窮，故曰：「**吾生也有涯，而知也無涯**」。當「**心知神明**」寄寓於「**形骸**」時，易受「**形骸生命**」習氣之攀扯而黏滯於此而失其活潑靈明自由之生意，所以説：「**以有涯隨無涯，殆已**」。於此，莊子正要指出，人之「**心知神明**」，即「**道**」與「**形骸生命**」相互融攝，所以兩者活動須相調適，同流並行而無礙，使「**道**」或人之「**真君**」不沾着形骸生命（即感官上，知識上之因果習慣及機械反應），從而擺脫形軀的牽引。否則，本來生機活潑的「**真君**」為身軀的習氣所攀落，靈台下墮，終至如《齊物論》所言：「**一**（人一旦）**受其形**（若不能體會人因宇

宙「氣化」以成形體，形體既生之後），**不亡以待盡**（惟人受形以來，往往心靈不能顯發，執著形體以為自我，心中雜亂思緒不寧，忘其所受；縱有「真宰」，也只能讓心靈生命坐待氣盡。縱然形體不忘，也不過糊塗一生，坐待死亡之降臨罷了），**與物相刃相靡**（與外物相衝撞相磨擦，如刀刃相碰而折損），**其行盡如馳**（雜念妄進，如歲月之行，快如電馳，使心不得其息），**而莫之能止**（而不知猛醒卻步），**不亦悲乎？**」（《莊子‧齊物論》）

人要「**養生主**」，不為形軀之習氣所牽制束縛，不為心理生理習氣攀落成一固蔽之「**成心**」，使無涯之「**心知神明**」，運行於有涯之形軀中而不受其邊際之制約，須有一套修養工夫，這就要「**緣督以為經**」，順折「**中虛**」之道，與形軀並行而不相礙，則人之整個生命及其「**心知神明**」能「**不與物相刃相靡**」，不「**以物累心**」，「**不遣是非，以與世俗處**」，「**安時而處順**」。如此，則哀樂不能入，這正是「**人道**」與「**天道**」相調式相契合而「**可以保身，可以全生，可以養親，可以盡年**」而「**養生**」了。

此「**現象與本體融攝論**」之生命哲學，以存身而不貴身，心遂能致虛守靜，見萬境流轉之生成敗滅，乃自然而然，從而知無為而無不為。莊子之「**心知神明**」亦靈明虛空，純一不雜，捨一切成心之見，物慾之累，於無罣無礙中遊心於世。

第四章

中國儒家、道家學説
之精神生命與德性本體

　　中國哲人重德性實踐，實踐的方式初期是在政治上表現善的理想。這善的理想就是孔孟所遵循的「**道**」，是堯舜文武之「**道**」。孟子說：「**欲為君，盡君道；欲為臣，盡臣道，二者皆法堯舜而已。**」（《孟子·離婁上·7.2》）又說「**我非堯舜之道，不敢以陳於王前。**」（《孟子·公孫丑下·4.2》）堯舜禹湯文武諸哲人，兼備了聖王的身分；中國哲學之原意是明智，明智加以德性化和人格化，便是聖了。孔子有曰：「**仁者樂山，智者樂水**」，其義在指出大人君子之高尚人格性情品格。山之巍巍，雄偉，敦厚，無異於仁人君子之守仁存義和堅貞。而水則默默滋潤萬物生命，它流向低處，蜿蜒曲折順勢流向一定的方向；就像正義一樣，它時而細涓長流，遇阻則避，但卻不能損其向前之志；時而洶湧澎湃沒有止境，即使跌進萬丈深淵，也毫不畏懼。它柔弱，但卻無所不達，萬物出入於它而變得清朗潔淨，像向世人作出教化一樣，同歸於正，這正是智者的品格了。

　　故此，「**德性實踐**」者是以自己之生命本身為對象，因此能正視生命。而這生命亦非我們之感性生命或自然生命，而是道德實踐之生命，或自我之精神生命，是「**德性實踐**」之「**道德主體**」，是唐君毅先生所言之發乎內，直指「**自覺的自己支配自己，是為道德生活**」（唐君毅《道德自我之建立》頁37。見《唐君毅全集》卷一），即：「**德性實踐**」者是「**道德的問題，永遠是人格內部的問題；道德生活，永遠是內在的生活；道德的命令，永遠是自己對自己下命令**」（唐君毅《道德自我之建立》頁24。見《唐君毅全集》卷一）。這是道德人格之生命展現，

是自律的、自發的，毫無外來的因素，是見孺子入井而起惻隱之心而搶救的生命，非要見譽於鄉黨朋友而為之也。故此，「**德性實踐**」是一「**生命之學**」，是實現「**道德主體**」之學，而這「**真實自我展現**」之學往往要忤逆情慾生命之欲望方可，至極時更會犧牲其自然求生之本能而成全之，這就是孔孟所言「**殺身成仁、捨生取義**」之意義了。

儒家與道家是中國哲學兩大主流，開出不同之生活方向，提出不同之人生價值觀。儒家要我們成就道德人格，用仁義來完成自我之人生。孔子德慧充盈，滿腔文化理想，在生命中呈現出溫良恭儉讓的德行。孟子要人「**仰不愧於天，俯不怍於人**」，以軒昂道德氣魄矗立於天地之間，所以見大人君子恃仁義、秉正氣，如峻嶺巍峨，屹立不倒。

道家則發現人在生活裏，往往膠結於是非、得失、榮辱之中。人心糾纏於成見，陷墮於心思情慾及世俗社會之價值裏，難有自得自樂之感。所以老子要我們以澹然虛靜退斂之心去除一切世間造作，捨掉人為智巧，像嬰孩般天真漫爛，坦然自在，從而解放心靈之桎梏，要它高遠清虛，灑脫放達、愉悅自適，不累於物，不在俗世中奔馳，不浮動氣躁，喜怒不隨物轉，不受形軀習氣之紛擾。老子說：「**何謂貴大患若身**（自然生命之情慾）**？吾所以有大患者，為吾有身**（情思欲望）**；及吾無身，吾有何患？**」（《道德經·第 13 章》）。所謂有大患之「身」，乃根植於自然生命之情慾。能滌除之，則可跟無限之本體「**大通**」（與之融合義）而達至「**至虛極，守靜篤**」之超越心境。

由此，靈台能保持其本然之自然活潑，對外物迎拒自如，如河流溪水之順勢高低曲折，終通江海。而莊子則教人不要以「**成心**」黏滯於得失，不要隨順世俗標準，陷溺於權勢、功名、利祿之追逐中。由此，我們之心不蔽於功名利祿，能去除得失彼此之見，以「**無功、無名、無我**」而逍遙「**遊**」於天地。這一切需要「**忘**」之修養功夫。當莊子說：「**墮肢體**（墮，毀廢），**黜**（黜，退除）**聰明**（離開計較，除掉心知），**離形去知**（身體沒有感覺，沒有思想妄念），**同於大通**（總上二句：冥同大道，天人合一），**此謂坐忘。**」（《莊子·大宗師》）這是將「**情慾生命**」去掉，是另類獨見之「**生命之學**」。

　　莊子透過「**忘**」去追索人生之價值意義。他借顏回三次向孔子表示自己修養有所得益，第一階段是「**忘禮樂**」，即忘掉外在的實踐規範（禮），忘掉外在的教化（樂）。第二階段是「**忘仁義**」，即是忘掉由心思情慾而來的道德感情和道德理則。「**仁義禮樂**」在莊子看來是人性的枷鎖，尤以內在地對自己的規限（仁與義）更是構成「**天刑**」的重要部分。所以要忘記它們，即使它們存在，也如不存在一樣，在主體身上不再發揮作用。第三階段的「**忘**」，就是「**坐忘**」。「**坐忘**」可謂前兩「**忘**」的基礎，也可說是前兩「**忘**」的完成。

「顏回曰：『回益矣！』
仲尼曰：『何謂也？』
曰：『回忘禮樂矣。』
曰：『可矣，猶未也。』

　　他日，復見，曰：『回益矣。』

　　曰：『何謂也？』

　　曰：『回忘仁義矣。』

　　曰：『可矣，猶未也。』

　　他日，復見，曰：『回益矣。』

　　曰：『何謂也？』

　　曰：『回坐忘矣。』

　　仲尼蹴然曰：『何謂坐忘？』

　　顏回曰：『墮肢體，黜聰明，離形去知，同於大通，此謂坐忘。』

　　仲尼曰：『同則無好也，化則無常也。而果其賢乎！丘也請從而後也。』」

　　　　　　　　　　（《莊子‧大宗師》）

　　這「坐忘」也即《齊物論》南郭子綦「隱几而坐，仰天而嘘，嗒（音答，忘形貌）焉似喪其耦（耦，形骸也，即忘掉形賅）」的境界。「喪耦」，即破除對偶性，齊物我，一生死，也即「離形去知（無情慾心知），同於大通（與道合一）」。人能去「知」，則見「道通如一（宇宙萬境如一）」，萬物無別，根本沒有彼此之分界，故「因是因非，因非因是（有因而是者，即有因而非者；有因而非者，亦即有因而是者）。是以聖人不由（「不由」：就是不用，即聖人既不站在單一是的一面；亦不站在非的一面），而照之於天（不從彼此之相待看，而明照之於「天」。「天」者即「道」也，即明白這是與非、可與不可的「自然」分際，這「分際」非出於主觀之成心偏見）」（《莊

子‧齊物論》）。當聖人不爭論、不分辯是非而照之以「天」時，頓悉宇宙之本然──無彼此之分是以聖人不依從。

若超越「身見」的執著，拋開知識的成見，一若「形如槁木，心若死灰」，如此則不出「成心」，無「彼」「此」之分劃，不在「有我」之情識上見我是而彼非。所以沒有了種種主觀的是非爭執、意氣之見。由此「彼」，「此」相忘，是非相泯。解除「彼」「此」之分，而莊子就可直下說：「是亦彼也，彼亦是也（「此」莫非「彼」，「彼」莫非「此」，「是」與「彼」均不能有客觀化存在）。彼亦一是非，此亦一是非（「此」既自是，「彼」亦自是；「此」既非「彼」，「彼」亦非「此」。故各有一是，各有一非）」（《莊子‧齊物論》）。明乎此，則人之心靈可入於「道」之「樞紐」。樞紐圓通，居環轉之中央，可左可右，不黏滯於一方，以此看待世間一切的語言爭辯，也就無所不應，互相無有障礙。所以「坐忘」者乃將物與我的分別隨形軀及知識的執著去掉而不復存在。

4.1 儒家所言之「精神生命」與「情慾生命」（「道德自我」與「現實自我」）

人類有道德行為，皆因人人須對自己之所言所行負上絕對的責任，這是說人是自己實踐道德的主體。但在現實世界裏，人仍有行惡去善之行徑，有姦淫擄掠之敗行。有時，其兇殘之性更甚於禽獸。人類這矛盾之「性」，又如何解釋呢？人既有善德之行，也有罪惡之舉，故人自己本身可劃分兩範疇來講，

即唐君毅先生所言之「**道德自我**」與「**現實自我**」。唐君毅先生認為人是跨越本體界與現象界的存在，即：人有雙重身分。一方面，他是感性存在者，以現象的身分隸屬於感性世界，是氣質生命，從屬於因果律，受到自然律之制約，如飢即覓食，寒則加衣，樂則舞之，憂則哀之。唐君毅先生說，這存在是「**現實自我**」，是「**陷溺於現實時空中之現實對象之自我，為某一定時空間之事物所限制、所範圍之自我，亦即形而下之自我**」。但另一方面，人亦有「**道德自我**」，這是人之「**精神生命**」，能夠擺脫一切經驗因素之規約，而只從服本然之要求，可以求死以存仁義。唐君毅先生給此下了一個定義：「**能判斷吾人之活動之善不善而善善，惡不善之自我，即吾人道德理性自我，亦吾人之良知**」。這「**道德理性自我**」在唐君毅先生而言亦是「**道德理性**」、「**精神自我**」、「**超越自我（**此「**我**」是自然生命之「**現實自我**」）」，他並把這一組概念等同於傳統儒家的「**性**」與「**理**」，認定這「判斷吾人之活動之善善，惡不善之自我」是「**性**」，是「**理**」，是「**不忍人之心**」，是「**惻隱之情**」；此「**性**」惟由天賦，故稱「**天性**」，亦稱「**天理**」。於此，唐君毅先生說：此「**理**」此「**性**」本身為內在的，屬於吾人之心之「**能**」的，而不屬於吾人之心之「**所**」的。故此「**理**」非作為「**所與**」而呈現的，亦即非通常所謂現實的。它是吾人之心之靈明，是自身固有的。故此「**理**」此「**性**」為形上的、超越的、精神的。

「**道德自我**」與「**現實自我**」（即：「**精神生命**」與「情慾生命」）於本質上相互間極之不同。概括地說，這個形而上

的「**道德自我**」，相對於「**現實自我**」而言，是能夠主宰外在事物但卻是內在於人類的本然道德意識。它是精神的、先驗的、自足的，具有引導我們有意識地超越「**現實自我**」的功能，所以孔子方可要我們「**克己（克制自己之情慾）復禮（使言行回到「仁」上去，因「仁」乃禮之本）**」（《論語·顏淵篇·12.1》），並能夠規範人類在人文世界所作的種種活動，使之切合道德理想與價值。

正由於「**道德自我**」存在着一種超越現實事物的理想，因而有了普遍性，不同於「**現實自我**」之個別性，偶然性。

「**現實自我**」生活存在於感性世界裏，為物慾所牽引拉扯，容易陷溺於名利權力之追求中而犯罪為惡，但此種種惡行終究是虛妄的、不真實的，更是無常的。換一句話說，人之所以為惡，是因其偶然性因素所造成，惡行並不能抵消人類內心本有的道德自我的自覺。也就是說，罪大惡極的人也會有「**道德自我**」，只是這個「**道德自我**」被「**現實自我**」所蒙蔽，才不能發揮其主宰的作用，正因為這樣，惡人才可以有改過自新的意識及機會。人的行善避惡，完全是精神生命之顯露。也就因了人性的這種傾向，而使人能超越自己的每一現狀，而不斷地超升，不斷地完美自身。這與現實人生、物質人生不同。「**物質人生**」是：我這杯茶喝了，其他人就沒有得喝；這件衣，你穿了，我便沒有得穿了。但「**精神生活**」就不同了，我這一番情感，如孝悌忠信，為了你，給了你，自己更多了，更充實了，生活滿足感也更舒暢了。

這論點承接了中國儒家性善論。這可見於孟子兩段說話：

> 「人之所於異禽獸者幾希！庶民去之，君子
> 存之。舜明於庶物，察於人倫，由仁義行，非行
> 仁義也。」（孟子·《離婁篇 8.19》）「君子所異
> 於人者，以其存心也。君子以仁存心，以禮存心。」
> （孟子·《離婁篇 8.28》）

這「**幾希**」就是「**真實之常然**」的「**道德自我**」，是「**我
之主體道德性**」或「**精神生命**」。藉此，人創造出真實之常然
的「**道德**」之生命：換言之，「**道德生命**」乃潛藏於我而為我
所實現。這相應了孟子「**仁義行**」之說，即：「**仁義**」原為「**真
實之我**」之本質，是「**道德自我**」，而這「**道德自我**」是超越的、
形而上的，具有本體論的意涵。唐君毅先生將之等同了「**心本
體**」，其功能直指內在於我們心靈中的一股道德意識。而這「**道
德自我**」、「**心本體**」所指者就是一顆澄明通靈並且恆常不滅
的「**道德心靈**」。而道德之所以具有共性，就在於此「**道德心靈**」
能超越這個受限制的、不自由的「**現實自我**」，意即「道德價
值表現於現實自我解放之際」。而超越「**現實自我**」的原動力，
就在這「**道德自我**」上。

4.1.1 真實生命 —— 自我內在道德主體性

中國儒家孟子所言之「**存心**」，就是「**道德本體**」，一切
仁、義、禮、智均是此「**存心**」所制定的法則，非由外面所加。
故所言之性善必由自我道德主體發出。孟子所言之「**君子**」，

是「**有德之人**」，而其所言之「**人之所異於禽獸者**」即是「**君子所異於人者**」，所指均是就其生命中所表現的道德性而言。此道德不在於他處，而在於其「**存心**」。「**以仁存心，以禮存心**」就是義之當為而為，即為道德而行道德。「**仁義行**」是出於「**義務**」而行，是「**自律**」；相反而言，「**行仁義**」者則只求行為合乎義務，是「**他律**」。正因此故，孟子才能說：「**君子所勝，雖大行不加焉**（縱使君子的抱負實現了，其本性也不會稍有增加），**雖窮居不損焉，分定故也**（縱使他窮困潦倒，他的本性也不會有絲毫減少，因為他的本分，要為之所當為，已經是如此不變的了）」。「**分定**」者，猶言「**義之當為**」之「**義**」。這就是牟（宗三）先生所說的：「**中國哲學特重『主體性』**（Subjectivity）**與『內在道德性』**（Inner-morality）」之意義了。

4.2 道家所言之「精神生命」與「情慾生命」

道家老子與莊子之「**精神生命**」於表達上縱有其分異，但在本質上有其相通之處，即：不累於物，將自我情慾之束縛解除，不受其牽扯制約，遂得以清寧自在，不為物累。老子表現於守「**道**」及法「**道**」之「**致虛極，守靜篤**」、「**無為而為**」、「**自然而然**」。而莊子則見於心之靈明活潑，自由自在，不再桎梏於成心妄見，得失榮寵中，從而逍遙遊於人世間。

4.2.1 道家老子之「精神生命」與「情慾生命」

老子思想，以「**道**」為主軸，「**道**」生化萬物，亦內化於

萬物裏，而成各物之屬性。「**道**」既存於萬物萬境中，亦在自我個人身上，須臾不離。若人能「**反樸**」，使「**心之本然**」照見本身，不以「**有為**」污染之，則可體會「**道**」之在我。故「**道**」亦遠亦近，亦近亦遠，即：從宇宙萬境處可見「**道**」，從自我內心處亦可體會「**道**」，即見我之「**精神生命**」，真實的自我。

縱觀《道德經》八十一章，旨在要人效「**道**」、法「**道**」，以「**道**」經世致用。能體悟「**道**」而效法者，除了循天地法則仿效之，得以行人生之正路，亦是真實自我之體現，「**精神生命**」之豁發。

「**天地**」之行，作主宰者，乃「**道**」、乃「**自然**」。老子說：「**道法自然**」，「**道**」乃宇宙萬物之成、住、敗、滅變化之力量。這「**道**」就是如此這般，於不生不滅中，本然地創造了宇宙天地和萬有生命的生生滅滅等現象。它無始無終，無前無後，卻於天地中置放了時間和空間。所以「**人、地、天**」都要法「**道**」；但「**道**」並不是毫無規律，為所欲為，它還須以「**自然**」為法。而「**自然**」非「**道**」之外另一東西，而是「**道**」的精神所在。人真能效「**道**」者，則見法「**道**」乃法「**自然**」，而人之「**精神生命**」亦須循此法則而法「**自然**」了。

4.2.1.1 人「精神生命」之體現在於效法「自然」

「**道**」之法則乃「**人法地，地法天，天法道，道法自然**」。「**大地**」厚載萬物，長育我們，「**它**」無所不包，無所不載，大公無私，使萬物生生不息。所以老子說，人要「**法**」地，默

而識之，性而成之，與大地同其功用。一方面要取「**地**」健行不息之精神。生物初生，莫不至柔至弱，然卻可繁衍茁壯，生生不息，靈明活潑，人須應「**大地**」之德行，同時亦應取效大地柔弱謙下之德，要有居卑下，保柔弱之智慧。從用柔守弱中見成長剛強。當物之居於高位者，皆趨下；其處下者，則為居高者所歸趨。故此，對「**地道**」有真知者，必會悟出以謙退為德的處世之道。這就是老子所說之「**知其雄，守其雌，為天下谿**」（《道德經‧第 28 章》）之意義。「**雄**」喻在上、在高，爭先；「**雌**」喻在下、在卑，居後。再者，大地之勢趨下而見江河匯聚於大海，「**江海之所以為百谷王者，以其善下之**」（《道德經‧第 66 章》）。故大地上萬物本有一「**趨下**」、「**居下**」、「**安於下**」之法則。谿谷空靈，可容納一切。同時，它匯聚河川，而河川可養育萬物，故谿谷之德亦是生養萬物之德。老子說：「**上善若水，水善利萬物而不爭……故幾於道**」（《道德經‧第 8 章》）。然，人可將老子「**法地道**」之念頭一轉，將「**卑下守柔用弱**」結合個人私慾之利害盤算，將之轉化為手段而以爭高奪強為目標。「**守柔用弱**」本是教人修德謙下，但若為心術深沉者所利用時，則會變成一套權謀詐術，念念想着要雄勝他人，利用「**地之道**」，表面不與人爭勝而居卑下柔弱，實則自己之「**小**」、「**少**」、「**柔**」、「**辱**」只是手段，全為將來之「**大**」、「**多**」、「**強**」、「**榮**」作準備。

故此，人之「**精神生命**」須從第一層之「**地道**」跳躍至更上一層以「**天道**」以觀物，從而超越個人之私念，由「**客觀普遍廣大**」之觀點看事物。由此，物之漸長，正是「**天道**」補其

柔弱之不足，俾使他能強壯茂盛起來；而物之由壯而敗而滅，正是「**天道**」損其有餘以補足繼起者之柔弱不足。在這裏，宇宙中再沒有萬物互相排斥對抗之過程，也不見萬物爭勝逞雄之角力，只見萬物交相互補之關係，見「**損有餘以補不足**」之精神。從這大公廣闊之心來觀整體之天地宇宙，方見萬物互補相成之關係。在此變化之關係中，萬物有所成，同時必有所毀，有所損必有所益，有所舉必有所抑。而在此成毀、損益、舉抑之關係裏，得見「**天道**」之「**公平公正**」原則，對弱者不足者，興之補之，對強者有餘者，裁之損之。天補萬物之不足固然是利之，天損萬物只不過由它自生而壯而死，使開來者得之生撫育生成，這一切顯示了天道「**利而不害**」之大德。

人循「**天道**」而行，遂能消除個人過份之欲求，將個人之利慾斂抑，以「**損有餘而補不足**」之情扶救蒼生。更有進者，人之「**精神生命**」能超離此「**地，天**」兩層面而昇進至更高之一層「**道**」以觀照萬物時，則可擺脫依附世間具體個別之物勢相互轉易之見，摒除「**情思欲求**」之心，而見「**天道**」之損益萬物，不外是相續相生，大化流行，是萬物本身之自然而然之變化，萬物自生自滅是本身隨「**道**」之本然自然而然如此而已。所以，若處於「**道**」觀物，見「**道**」任萬物於自然。由此，人效「**道**」即效法自然，摒除了「**有為**」之舉，使心思不繫於世間之經驗法則，理性的思慮，及觀物時投射於萬物之「**心思情慾**」及「**識知心**」，與萬物一樣悠悠然隨「**道**」而行，自然而無為了。由此，人之「**精神生命**」遂跳離「**自然生命**」之束縛而歸於斂靜。這一切須靠一套「**損之又損**」之修道工夫。

4.2.1.2「損之又損」之修道功夫

莊子主張「**無為而為**」（《道德經・第 37 章》），認為用「**偽**」強「**智**」者，乃違自然。而老子「**為道日損**」之工夫，就是將「**為學日益**」之妄見，去了又去，不使有纖毫之存留，才算到了「**無為之境**」。

於此，方可純然與「**道**」同體，自然無為而無不為。然世人往往以「**智**」傲倪萬物；以豐裕之知識，使物質生活充盈，但同時對物慾追索無窮，要求更大滿足。由此，利慾熏心，然慾壑難填，強為之則使令精神生命因忐忑而鬱悶窒息。故道家老莊提出智慾皆去，老子提出說：

「**絕聖**（才智超人）**棄智**（指謀私利之才智。全句指棄凡夫智詐之用，則人淳厚。淳樸剛巧偽不作，無為剛矜徇（「徇」乃為求目的，不擇手段）不行）」（《道德經・第 19 章》）；

「**絕學**（指用以追逐名利之俗學）**無憂**（由此少私寡欲，則心無憂也）」（《道德經・第 20 章》）；

「**為道日損**（學道與做學問相反，要逐步減去識知心，由此方可去慾淨心，忘功利之心），**損之**（指人之情慾）**又損**，**以至無為**（不以謀略手段智巧以成有為之功業，恬淡如嬰兒，無所作為），**無為而無不為**（萬事皆依物性之自然而各自作為，則無有不能作為之事。）」。（《道德經・第 48 章》）

「**無為**」者，於立身處世，不外與人無爭而獨居其後，獨守其辱而棄守其榮，願「**受國之垢**（能為一國忍受污辱，才能成為一國諸侯）」、「**受國不祥**」（要能承受國家遭受的恥辱；要

能承擔國家的禍難）、「**為天下谿**」（甘居恥辱，方為天下人來歸之大谷，成為天下之君主）。（《道德經‧第78章》）

「**為學日益**」以自己之智巧成就功業，會自驕自傲而不可一世。但「**為道日損**」者，則從卑下微少處，顯出其高貴。

4.2.1.2.1 效水之低下卑微

儒家講陽剛，道家講陰柔，既是陰柔，則愈卑下愈高貴。孔子講水是「**逝者如斯乎，不捨晝夜**」，他看到水之「**行健不息**」，生生不已，水永遠滔滔奔流不絕，「**一江春水向東流**」，這表示天理流行，宇宙生機不斷。但老子看到的水是「**惡居下流**」，「**處眾人之所惡，故幾於道**」（《道德經‧第8章》），水自然無心向下流，流到泥土最底最低下之處，最卑微之地方，它站在生命的根部底層卑下之處，但它同時滋潤天下萬物，做宇宙間最見崇高偉大之事，使萬物生息不斷。這裏借水點出「**為善不欲人知**」之人生大道理，使受「**布施**」者不致於暴露於受人憐憫困窘之境裏。其他彰顯的例子有清代之武訓，他是乞丐，他受盡文盲之苦。他遂行乞討錢儲錢興義學，因他相信知識開創人生。他跪地乞求孩童家長讓其子女上學讀書，對老師更下跪稽首拜謝。他所做的完全是「**無心自然**」之事，不求聞達，不求己功。他站在人間最卑下之處，做人間最了不起之事。唐君毅先生說：「**他代表上帝向人間下跪。**」莊子說「**道**」遍天下，更「**在屎尿中**」。洗滌嬰兒的「**尿**」布是最卑下之事，卻表現了洗尿布的母親最崇高、最偉大之處。再看耶穌孔子跟釋迦的偉大處就是跟受苦難的人在一起。人站在高處濟世救民，惟恐天下不知，那是受人歌頌之英雄豪傑。高貴偉大之人是不

須他人歌頌的，只默默耕耘。看孔子持義奔走各國不為受用，纍纍若喪家之犬；耶穌為救世人而磔死於十字架上；釋迦為救眾生捨棄俗世之榮華富貴而出家尋道。他們都是從卑微苦難之處來成就高貴之人格。可以說，他們是水的徵象。「**上善若水。水善利**（善於利物，即善於滋潤萬物）**萬物而不爭**（水是最不爭的），**處眾人之所惡**（「**處**」，處在，居於。眾人之所惡，眾人厭惡的地方，指低下的地位），**故幾**（「**幾**」，近乎）**於道**（這種性行，正和道體相近）」（《道德經·第8章》）。水的性質，是就向下而「**不爭**」，卻能滋養萬物，然而其重點在於「**不爭**」，道家性格就在「**不爭**」中顯現出來。我們在世，所作所為，或多或少均有利萬物，但大多數人是以利萬物來跟萬物爭奪，來表現或證明自己之優越感，成就感，這是墨家俠客行道人間的英雄式行徑，老子對此不敢認同，認為此是藉「**有為**」以利天下，背後始終帶着一個「**爭奪**」的念頭。水之高貴處在於它利萬物而「**不爭**」，因它以「**無心自然**」而潤澤萬物，就像老子之「**道**」生化萬物一樣，它「**生而不有**（雖雄長萬方，不據為己有），**為而不恃**（不視為己功），**長而不宰**（更不自居於主宰之位）」（《道德經·第10章》）。水無心而滋潤長育萬物，一切是那麼自然而然，不將宇宙之紛繁美態強為己功，這是「**捨**」及「**忘**」之展現，其根源處就是「**無**」（無為而為），由此它方可以「**成己成物**」，「**為**（利萬物之生長）**無為**（無為自然，生萬而不自驕、不自恃、不自矜、不視為己功）」。

不但如此，水更能適應環境，遇方而方，遇圓而圓，但其本質卻不會隨環境之改變而改變。老子說，只要具備了水的美

德，則會：

「**居善地**（最高的善人，居住要像水那樣，
善於選擇低下的地方，無入而不自得。以下都是
老子以水的品性為比喻，勸導統治者，須具善利
萬物之胸懷），**心善淵**（「淵」，深的意思，在
此形容心境深沉寧靜，心如止水），**與**（交友、
待人）**善仁**（有誠、有愛），**言善信**（信實、真
誠），**政善治**（若掌政權，必能成績斐然），**事
善能**（做事要善於發揮特長），**動善時**（行動要
善於把握住時機）。**夫唯不爭，故無尤**（「尤」，
過失、錯誤。正因為上善之人像水那樣與世無爭，
所以才沒有過失）」。（《道德經‧第 8 章》）

這裏說出大德之人樂於處卑下之地而不見有卑下之感，安
於深隱中而不見棄於人，與人交則親和而不見有扞（音捍）格
（互相抵觸，格格不入）之事，與人言談必信實而不見遲疑之
態，從政則能以靈活之姿而幹利民之事，於處事應物時洞識人
情，應機而出，這一切如水般遇阻則轉，順勢而流。這裏所見
者，乃學水之不爭不強，必以禮讓謙退為德，與世和合，與人
無懟。此所以，「**夫為不爭，天下莫能與之爭**」。

4.2.1.2.2 「致虛極，守靜篤」以去情思慾念

在本體論言之，老子之「**道**」乃具超越宇宙萬物之上但卻
內藏於其中，它「**獨立而不殆**」，不隨物之變化而變化。人可

從萬物之自成自滅，其自然而然之處而見「道」之「無為而為」。於此，「道」展示了宇宙之法則。人體「道」後，其「精神生命」自顯，見「地道」之柔弱，不爭，居下，取後，慈，儉樸等觀念，及至「天道」之損有餘而補不足，再遞昇至「道」之生化萬物，相繼相續。更察見其按「生而不有，為而不恃，長而不宰」之規律而生養萬物，順任事物自身的狀況去自由發展，而不以外在的強制力量去橫加約束。由此，於處事應世中，去掉一切情識智巧，斂其日常心習及知識成見，不執於有為措舉。

「精神生命」若能「致虛極，守靜篤」，達至極虛寂寧靜狀態，則可恃守一種沒有心機、沒有成見的「虛」、「靜」情境，從而消除了利慾的引誘和外界的紛擾而得到的空明寧靜，得見澄澈靈明之「道」，去情思、慾念、私利之見。於此，老子說：

> 禍莫大於不知足；咎莫大於欲得（最大的災禍就是貪心利得）。故，知足之足（知足之人，無時無地都知足），常足矣（知足而足，就永遠會富足）（《道德經·第46章》）。
>
> 五色令人目盲（人若看五色太過了，於眼睛有所傷害）；五音令人耳聾；五味（人吃五味多了，於口味有所傷害）令人口爽（爽，傷害之意）；馳騁畋獵（騎馬打獵，即種種欲望追求，太過了），令人心發狂（會使人心識狂蕩過來）；難得之貨（有了難得的貨財），令人行妨（行妨，是提防之意。即提防之心頓起）。是以聖人為腹（「腹」指心

之靈明澈淨）**不為目**（「目」者，與外物相接也）
故去彼取此（不沾滯於外物，就是務內不務外。
能摒棄外物之誘惑，就是「去彼」，以確保固有
之天真，就是「取此」，相應於王弼對此之註曰：
「為腹者以物養己，為目者以物役己，故聖人不
為目也」）。（《道德經·第12章》）

可知「**大道**」無形，目不可視，只因五色亂目，使心靈失明，
墮入迷茫。大音希聲，耳不能聽，只因五音亂耳，使人失去了
「**大道**」的聲音。人貪求口福，只去滿足口感的需要，漠視了
淡而無味卻又韻味無窮的大「**道**」。又說：

　　　名（身外身後之榮名）**與身**（生命）**孰親**（那
　　一樣較親切）？**身與貨**（財貨）**孰多**（貴重）？
　　得（名利之得）**與亡**（亡失生命）**孰病**（那一樣
　　是病）？**是故，甚愛必大費**（過於愛名就必定付
　　出很大的耗費），**多藏必厚亡**（藏貨豐富，必招
　　致慘重之損失）。**知足不辱**（知足知止，見機而作，
　　才不受大辱），**知止不殆**（不遭危險），**可以長久**。
　　（《道德經·第44章》）

老子教我們若要「**精神生命**」直透生命本質，須看透情慾
名利與生命之關係。知道名韁利鎖，把人綑得緊緊的甚至連生
命也賠上了。懂得這個道理，那麼就懂了「**是故甚愛必大費，
多藏必厚亡**」。老子說：「**知足不辱**」，是人生之大福氣。人

生若知止，則可以長樂久安。老子不斷強調：「**功成、名遂、身退**」，此之謂也。

4.2.2 道家莊子之「精神生命」與「情慾生命」

老子重「**道**」，要我們守「**道**」及法「**道**」之「**清虛靜寂**」、「**自然而然**」、「**無為而為**」。這是說，人須效「**道**」之「**清虛靜寂**」，人之「**精神生命**」須退斂至虛極靜篤之境界，摒除一切「**有為**」之舉措雜加其中。又言，人要歸心於謐然寧靜，效法「**道**」之「**清虛靜寂**」，才見「**道**」，才見真我。

莊子亦言「**道**」，但他卻以「**心知神明**」以釋之，要我們之「**心**」一清到底，虛靈靜寂，不為成見所牽，情識思慾所染。莊子認為人之「**心**」至純不雜時即現見「**神明**」，即：人只要將日常之「**心智**」完全化除後，把成見、計謀、巧智、與及榮譽、權勢、名利之追求等滌除後，「**神明**」自出，人「**心**」若能「**淡然獨與神明居者**」（《莊子·天下篇》），則能把「**心知**」轉為「**神明**」。「**心知**」若能依本歸源，則成「**心知神明**」，由此人自能：

> **在己無居**（在己之心不居一偏而出成見）。**形物自著**（讓有形萬物自彰其是）。**其動若水**（它動起來會如水般因勢而去），**其靜若鏡**（靜起來如明鏡般朗照萬物），**其應若響**（感應萬物如應物迴響般那麼自然）。**芴乎若亡**（恍惚若無存，因不見其形）。**寂乎若清**（寂然湛清）。**同焉者和**（不自異於人而與物相和）。（《莊子·天下篇》）

　　在莊子而言，此「**心知神明**」就是我們之「**精神生命**」，它清寧不昧，無邊際疆域。它可以「**逍遙**」六合之內外，不為世俗社會之價值如名利、權勢所牽引困惑。故莊子要我們將「**心**」轉化成「**心知神明**」，從而將「**彼此**」、「**是非**」、「**成心**」及一切世俗之「**價值觀**」銷解之、超然之。在此境界中，既無「**彼此**」、「**是非**」、「**成心**」，則自能平齊萬物。萬物既齊一無別，即無彼此，大小，壽夭，美惡，是非，貴賤，得失，物我，死生，而達至「**忘**」的境地。此「**忘**」來自「**心知神明**」對上述一切之超越，由此方可「**乘天地之正，而御六氣之辯，以遊無窮者**」（《莊子·逍遙遊》）。對莊子而言，一切生命上之價值意義，均體現於此「**精神生命**」上。它超然於「**自然情慾**」之我，是我之「**真君**」，更是老子所言之「**道**」，它無言而衍生成就萬物。於此，莊子對這「**神明**」有如下之描述：

　　今彼神明（那「大道」神明）**至精**（極其精妙），**與彼百化**（與萬物變化合而為一）。**物已死生方圓**（萬物在變化中，生生死死，方了圓了），**莫知其根**（不知其源由）**也。扁然而萬物自古以固存**（自古以來它已自然而然地存在着）。**六合為巨**（廣披天地四方，廣闊無匹），**未離其**（大道）**內；秋豪**（秋鳥初生之毫毛）**為小，待**（依待於「道」）**之成體**（方成其形體）；**天下**（宇宙間萬事萬物）**莫不沉浮**（在變化之中），**終身不顧**（有始終存亡，然而沒有新舊之分）；**陰陽四時運行，各得其序**；**惛然**（茫昧）**若亡而存**（「道」似看不存在，然而其實在地存在着的）；**油然不形而神**（油油然而生機十足，唯不見其形）；**萬物畜**（為其蓄養着）**而不知**（而不覺有此道）：**此之謂本根，**

可以**觀於天矣**（知道這些則可以了解「道」了）！」（《莊子・知北遊》）

　　人若能體證「**道**」，了解「**道通為一**」，萬物一切與天地並生，「**比形於天地而受氣於陰陽**」（《莊子・秋水》）。人生養於自然裏，一切只能依循自然的安排，悟人生一切無非是「**氣不斷由聚而散與由散而聚的過程**」，故能「**安時而處順**」（《莊子・養生主》）。由此，人不以有為管事，不藉智巧應世，不求讚譽於世，不以成見分彼此，不為情識所擾，不落是非判斷之中。由此心無罣礙，人由此而「**無功**」、「**無名**」、「**無己**」、「**無待**」。莊子說，此聖人也：

> 　　**聖人者，原**（本着）**天地之美而達**（通達明瞭）**萬物之理**（萬物生化之理）。**是故**（由此）**至人無為**（無所作為），**大聖不作**（聖人不運用智巧計謀造作），**觀於天地**（純效法天地）**之謂也。**
> （《莊子・知北遊》）

　　這裏描述「**聖人**」直見「**心知神明**」本身之虛明清寂，抖落了塵世之名利、權位、情慾等一切雜質，還歸本來之清明面目，不受「**成心**」所染，使外間事物如其所如的呈現於前，如風過竹面，去後不留痕迹。

　　於「**心知神明**」中，人不會沉溺於俗世的生活世界裏，超離於形色世界之外，不為物累，而能「**遊**」乎物外。而莊子的

哲學可以借「遊」貫通之。人生之「遊」就當遊得自由快樂，而莊子之「逍遙遊」更是全無牽掛，無拘無束，逍遙無礙，然而此一切依賴「忘」的工夫與境界。「心知」居於「神明」中，方可入於「忘」。

　　莊子於《逍遙遊》一篇中，藉「才智之士」、宋榮子、列子、「至人、神人、聖人」等四種人物來表達「心知神明」或「精神生命」之層層遞昇，逐步剝落種種障礙，終至「神明」之境，達至「忘」之境界。這顯示了「精神生命」之步步提昇，由有待之境超拔至無待之境，心由此可以自由自在，逍遙「遊」於天地。莊子在《逍遙遊》一文中，從「拘泥於禮俗中的社會模範人格」之「心靈巧智」算起，攀上一層抖落了禮俗的堅持、盪滌了榮辱的情緒，這是宋榮子所代表的一種灑脫情懷。但「心知」仍未能去除所有雜念謀慮計度，於某程度上仍為功名所牽制。故須往上攀高一層，使「心無掛累」，「身無拘束」，將宋榮子之個人及家國情懷也一併去除，則似乎達到了「無待」的逍遙。但在莊子看來，仍未到「至人」之列，因為他仍不能「忘我」、「無己」。宋榮子的不孜孜求名，不計毀譽，雖以「無名」逍遙於四海，但他仍要立功，惠澤天下之民，心仍有掛慮，生命仍「有所待」。而列子的不孜孜求福，做到了「無名」「無功」，但他的「御風而行」，「旬有五日而後返（於往復來回還須十五天時間）」，並未有超脫形骸（有我之身），還執著有「我」，所以也還「有待」，而達不到「絕對逍遙」的境界。要達到此境界，須將「心知」轉化為「心知神明」，工夫上則要「無名」、「無功」、「無己」。

莊子以《庖丁解牛》一寓言，具體展示了「心知神明」有高於列子，適然遊於紛繁世界而不為其所礙。文章說：

　　庖丁為文惠君解牛（庖：廚房。「庖丁」即廚師，「丁」是他的名字。為：替，給的意思。文惠君：舊說指梁惠王。解：剖開、分解。），手之所觸，肩之所倚，足之所履（踏、踩），膝之所踦（「踦」音倚，用膝抵住，指出整個身體動作自然和諧），砉然響然（「砉」音或，皮肉分離的聲相應和），奏刀（提刀切也）騞然（「騞」音號，刀刃順牛而進之聲清脆可聞），莫不中音（合乎音樂節奏），合於「桑林」之舞（他解牛的姿態，可說合於《桑林》之妙舞），乃中「經首」之會（「經首」乃傳說中帝堯時代的樂曲名。「會」，樂律，節奏也）。文惠君曰：「嘻，善哉！技蓋（怎樣）至此乎？」庖丁釋刀對曰：「臣之所好者，道也；進乎技矣（進了一層，含有超過、勝過的意思。即解牛有道，非只技藝而已）。始臣之解牛之時，所見無非牛者；三年之後，未嘗見全牛也。方今之時，臣以神（任心神之運行），遇而不以目視（以心神與牛相接），官知止而神欲行（「官」，這裏指眼之所見。「知」，知覺，這裏指視覺；不用眼觀耳聽，感官皆靜止，心神自運行）。依乎天理（「天理」指自然的紋理，這裏指牛體的自然結構；刀依牛身之天然脈理），

批大卻（「卻」音谷，通作「隙」，這裏指牛體筋腱骨骼間的空隙；謂刀批進骨肉的間隙），導大窾（「導」者，引導，導向解。窾（音款），空義，這裏指牛體骨節間較大的空處；謂導入骨節之空位），因其固然（「因」，依順着。「固然」：本然，原本的樣子；順着牛的本然文理），技經肯綮之未嘗（「技」，通作「枝」，指支脈。經指經脈。「技經」指經絡結聚的地方。「肯」者乃附在骨上的肉。「綮」音慶：骨肉連接很緊的地方。「未」指不曾。「嘗」：嘗試；謂就算是幼細之枝脈經絡，骨肉交結之地方，刀鋒皆未碰到），而況大軱（「軱」音孤，大骨也）乎？良庖歲更刀（「歲」，每年。「更」：更換），割也；族庖月更刀（「族」，眾也；「族庖」指一般的廚師），折也（「折」，斷也，這裏指用刀砍斷骨頭）。今臣之刀十九年矣，所解數千牛矣，而刀刃若新發於硎（「硎」音刑，磨刀石，發者出也，這裏指剛從磨刀石上磨出來）。彼節者有間（「間」乃縫，間隙也），而刀刃者無厚；以無厚入有間，恢恢乎其於遊刃必有餘地矣（「恢恢」，寬廣。「遊刃」，運轉的刀刃）！雖然，每至於族（「族」指骨節、筋腱聚結交錯的部位），吾見其難為，怵（「怵」音速，小心謹慎的樣子）然為戒，視為止，行為遲，動刀甚微，謋（「謋」音或，牛體分解的聲音）然已解，如土委（堆積於）地，提刀而立，為之四顧，為之躊躇滿志（「躊

「躊」，悠然自得的樣子。「滿志」，滿足了心意）。
善（這裏講作擺弄、擦拭的意思）**刀而藏之**。（《莊
子‧養生主》）

解牛不單一項技術，更是「**精神生命**」之體現，更是人生
哲理。莊子以「**刀**」喻「**心知神明**」，「**刀刃**」喻「**依乎天理**」。
牛骨盤結之處是「**間**」，混濁世界紛繁之事物中也還是有空間
以「**刃**」遊於其中。庖丁解牛能遊刃於骨節的空隙，「**以無厚
入有間**」，是以「**十九年而刀刃若新發於硎**」，喻人不以情思
慾念求權勢榮寵，不以成心見是非得失，以應紛繁之世界，由
此方可不執於一偏，去榮辱之見，以清虛之心迎送外物，物來
則應，物去則忘來遊於人間世，則無論事物如何紛繁，也可應
付裕如，無傷本性，而盡享天年了。由此，自可「**緣督以為經**」，
自然也可以「**養生主**」了。

依此，「**精神生命**」是相對「**情慾生命**」而言。人若貴身、
貴己之慾而執迷於形色物質世界，於感官上追求滿足，縱放刺
激的玩藝使人心情狂亂，不能自抑，於俗世中求榮奪利，要成
就人間功業，不知道一旦沾滯於俗世價值裏，終歸陷於人世間
之得失、是非、榮辱之窠臼中，把自己之生命絞鎖在世間的「**事
功**」、「**聲名**」、「**己見**」煩憂困境裏，使我們之「**精神生命**」
失落而難得「**逍遙**」。要「**逍遙**」，莊子認為要人將日常「**心知**」
去其「**成心**」，撇是非、成見、好惡、喜怒、榮辱等，由此超
離形色世界之拖帶，脫離情慾生活之沉溺，能以「**無功**」，「**無
己**」，「**無名**」之超然心靈狀態，擺脫世俗價值，抖落塵垢中

的一種灑脫、放達、愉悅、自適的人生態度觀照人間世，見「**至人**」無己之胸襟，無自我堅持的爭逐意識；「**神人**」無功的行止，化育萬物而不為己功；「**聖人**」無名之清虛，以其位治天下，國泰民安而百姓不知有之。一切皆彰顯「**精神生命**」之高遠清虛，不蔽於「**功名以見己**」，看似「**無用**」於世，然「**大用**」卻藏於「**無用**」中。

第五章

儒家之憂患意識及疾敬德
與
道家老子虛極靜篤
及
莊子之放開心懷、遊心於世

5.1 中國儒家之憂患意識

　　中國哲學重德性，根源於憂患意識，因憂患意識可產生極強烈的道德意識出來。憂患並非小人之長戚戚不樂，憂財富權勢之不足，而是「**德之未修**」與「**學之未講**」。君子之憂患，終生無已，而永在坦蕩蕩的胸懷中。君子常憂患且能憂患，例如文王被囚羑里而能演易。易經《繫辭下》說：「**易之興也，其於中古乎？作易者，其有憂患乎**（人在憂患中方得《易》之道理）**？**」又說：「**易之興也，其當殷之末世，周之盛得耶？當文王與紂之事耶？**」（在殷朝末年，周朝革命的時候乃《易》的學問最為發達，最興盛的時刻。《易》乃於文王坐牢最艱苦之時刻所著，故稱《周易》）可見作《易》者生於一個艱難之時世，在艱難中由憂患意識鎔鑄出來。《易辭》又描述上天之道「**顯諸仁**（於紛繁萬物中見天地之生生不息，於此見天之大德大仁）**，藏諸用**（於潛藏中而出）**，鼓萬物而不與聖人同憂**（天地發育萬物謂之「仁」，可見於外，如天下萬物之形態與色彩，故可謂之外「顯」外現。但天地造化而本身卻無迹可見，故謂之「藏」，此乃「天道」之德業也。民可使令順隨天道之仁德而行仁義而見仁義之舉，但民未必知其必要如此者，知其然而不知其所以然者謂之「用」。由此故知者曰「顯」，不知者曰「藏」。然聖人之與天地，有可同者，有不可同者。「可同者」乃天地人心顯仁藏用之德業；「不可同者」天地無心，而聖人有心也。聖人有心，故憂萬物不蒙天地之仁之廣披；天地無心，因聽萬物之自生自遂。聖人仁愛萬物而獨任其憂。天地鼓動萬物而不與聖人同其所憂，聖人有愛有憂，而天地有愛無憂矣）」

（《易繫辭傳上》）。指出了「**天道**」在創生化育萬物中，道德仁義中顯露出來（天地之大德曰生。仁，「生」之德也。故曰「顯諸仁」），在創生化育中從「**潛藏**」中而出（故「藏諸用」），它鼓舞着萬物之化育，然而它不與聖人同其憂患（「天道」鼓舞以盡生化萬物之能而矣，自無所謂憂患）。上天無心生化萬物，可是聖人就不能容許「**無心**」。天地猶有所憾，何況渺小人生。人生及宇宙確有缺憾。聖人焉得無憂患之心？他所抱憾所擔憂的，不是萬物的不能生育，而是萬物生育之不得其所。這樣的憂患意識，逐漸伸張擴大，最後凝定悲觀憫人之觀念，而悲憫是最高的道德價值（唐君毅先生語）。面對天地宇宙之缺憾，及萬物之不得其所，聖人又豈能無動於衷，不生悲憫之情呢？儒家由悲憫之情而言人須積極的，入世的參天地之化育，此契合了《中庸》所說的「**致中和**」（「中和」乃儒家人生理想一大要義。人有喜、怒、哀、懼、愛、惡、慾七情，方其未發，渾然一體，未見分別，故謂之「中」。當向外而發，當喜則喜，當怒則怒，不失其分，此為外發而中節，此亦為成德立德之標準）。聖人自修身始，即致「**中和**」而立德成性就是為了使「**天地位**」，「**萬物育**」，這就是聖人憂患天地萬物孕育不得其所已。

5.1.1 人在**憂患意識**中與「天」情慧相通

　　人生何多憾？但如何處之？佛、耶二教之宗教情懷從人生負面之苦罪切入，儒家卻面對人生之正面、從人之「**道德主體性**」切入。孔子是一大聖人。在其哲學裏，他言「**天**」，有類似宗教之情懷與超越的信仰。觀其一生，處處展其抱負，但處

處不受重用。但他仍堅持「**知其不可而為之**」，為了使「**仁**」政行於四海而奔走各國。他所秉持的就是一種超越之宗教情懷，而這宗教情懷不一定要信仰一個超越人世至善至美之人格神。孔子說：「**天生德於予，桓魋其如何？**」《論語‧子罕篇》。這是將自我「**生命**」安放於「**天**」之手裏，有若基督徒將「**命**」安於全能之神手中，毋懼俗世危厄。再者，桓魋所能殺者乃其氣質自然生命，不能傷毀其天生之德。故此他可以用堅定之語氣說：「桓魋怎可以傷害於我？」又說：「**道之將行也與，命也；道之將廢也與，命也。欲伯寮其如命何？**」（《論語‧憲問篇‧14.38》）他說「**道**」之將行或將廢，自有「**命**」在，非一般人如伯寮所能左右。孔子之「**命**」是一道德精神上通於「**天**」，與「**天**」契合，故他說：「**不怨天、不尤人、下學而上達（下學人事，上達天理）。知我者，其天乎**（這裏可解作為於困厄裏，盡己性而行，終於領悟天道天命）**！**」（《論語‧憲問篇‧14.37》）。孔子這種超越世俗，在艱苦中下學上達，在奮鬥中完成自己的道德人格，對天地無所怨，所怨者乃德之不修，學之不講，終成就智慧德業。在孔子心頭裏，存心自有天知，這是一種誠敬之宗教情懷。在孔子眼中，德業成就於自己，這除了肯定自己之「**道德主體性**」外，更說明了這道德本性根本有着超越的根源——「**天**」，它是心性至善之本體，在孔孟「**仁義行**」中默默呈現，與之相通情慧。

5.1.2 由憂患意識而出之敬、敬德、明德及「奉天命」等觀念而證成了人「道德主體性」

「**憂患意識**」是一種自覺意識，是「**自我道德主體性**」所出之一種「**誠敬**」的態度。這「**敬**」之態度一方面對外處事上具「**臨事而懼**」之責任感，是孟子所言之「**生於憂患**」之安仁守義人生態度；另一方面則指出個人內在修德之自覺性，這是朱子所言之「**敬以直內**（於內守持誠敬之道德感），**義以外方**（對外則義之當為而為）」（《周易·文言》），這即是説：若內心有至誠敬之道德感，外則能「**義之當為而為**」。

中國哲人之憂患意識所持的基礎是「**人具道德之自覺性**」。中國古代的聖王涵具憂患意識而重視道德理想的實踐，從而開出人文世界的禮樂文化。換言之，人文精神的實踐乃建基於人之德性上，即：取決於自己對外界人、事、天三方面的合理與調和。所謂「**合理與調和**」，即是於人倫中，踐仁行義；於事理中，中和持正；於事天中，率性而行。而這一切，必須從自己內省修德作起，即是先要培養自我德性主體，故此必言「**正德**」，然後才可説「**利用**」與「**厚生**」。要「**正德**」必須先具「**臨事而懼**」之負責認真態度。從負責認真之態度，引發出戒慎恐懼的「**敬**」之觀念。

要「**內省修德**」，必先肯定自我之「**道德主體性**」方可。這與西方宗教不同，以基督教為例，人之道德實踐必先自我否定，把自我投放到上帝那裏去。而儒家之憂患意識是要自我肯

定，把憂患意識中之戒慎恐懼，戰戰兢兢之情懷中帶出「**敬**」之情意。這「**敬**」之情意愈懇切，則對「**自我之道德主體性**」愈肯定，即：一切須由我切切實實，認認真真，毋不自欺地去做所當做之事。這「**敬慎**」之觀念是強烈之道德感，要我們在人生中常持守着戒慎恐懼之心，不忘憂患，不要背仁違義，甚至面對命限死亡時，仍感「**死於安樂**」。

5.1.2.1 性命與天道

人在憂患意識中產生了強烈之敬謹情意，儒家認為「**天命**」、「**天道**」亦由此「**敬謹之情意**」而步步下貫至人的身上而成人之「**道德主體**」。《尚書·召誥》云：

> 「惟王受命，無疆惟休，亦無疆惟恤。嗚呼！曷其（你怎能不）奈何弗敬！」
>
> 「嗚呼！天亦哀於四方民，其眷命（要永保天命）用懋（須勤勉用力，使德行有進），王其疾敬德。」

天降命於王，授予無窮（無疆）幸福，亦隱含無窮的憂患，故此王受命於「**天**」，必須持着戒慎恐懼的態度，戰戰兢兢的心境以修德，以防「**天**」撤消其命。故此召公一再感嘆：「**曷其奈何弗敬！**」再者，天之降命，是要眷顧德行之人。故此受命於「**天**」之王，須以「**敬德**」，勤修德行，方可永保天命。

然而，「**天**」之所以為「**天**」，不只限於「**降命撤命**」上

看，當人通過敬謹使「天」卜降於人成為人之「**道德主體**」時，人須持續修德以道德人格使「**天命**」在自身上永遠呈現光明。天命下貫而成為人道德之性，在孔子前已有闡述。《詩·周頌·維天之命》説：「**維天之命**（天命即天道），**於穆**（深遠玄奧）**不已**（難以估度）。**於乎不**（「不」者，同大也）**顯**（豈不顯現於），**文王之德之純**（文王之純一不雜之德性中）。」宇宙萬境生生不息，顯示背後有一「**於穆不已**」的力量，起着這變化無息的作用。這「**天命**」、「**天道**」就是創生不已之生機，它在人而成為人之主體時，則成人之道德真機，即孟子所説之「**幾希**」（出於《孟子·離婁下》之「人之所以異於禽獸者幾希。庶民去之，君子存之。舜明於庶物，察於人倫。由仁義行，非行仁義也。」）。文王便是一個典型之例證，文王之德性生命，即是天命天道之具體顯現與印證。所以，「**於穆不已**」之天命，顯示於「**文王之德之純**」中。在這裏，天之「**於穆不已**」，見於人之「**純亦不已**（道德情操純一，毋情慾雜染其中）」，人與「**天**」在本質上由此相連起來，人德性之純亦是天道之大化，而天道之大化亦是人道德之徹底踐行，人道德之性與「**天道**」實一無二，「**性命**」，「**天道**」相貫於其中。

所以《詩·大雅·烝民》説：「**天生蒸民**（眾民），**有物**（事也）**有則**（行事之道理或原則如耳明、聽聰、父慈、子孝等）。**民之秉**（持守）**彝**（恆常之性），**好**（出於本性之善善惡惡）**是懿德**（美善之德）」。

孔子讚此詩説：「**為此詩者·其知道乎？**」（《孟子·告

子上·11.6》），孟子亦以這詩作為人性本善之依據：「乃（順著人本然之性）若其情，則可以為善矣，乃所謂善也。若夫為不善，非才之罪也。惻隱之心，人皆有之；羞惡之心，人皆有之；恭敬之心，人皆有之；是非之心，人皆有之。惻隱之心，仁也；羞惡之心，義也；恭敬之心，禮也；是非之心，智也。仁義禮智，非由外鑠我也，我固有之也，弗思耳矣。故曰：『求（持守此善性）則得之，舍則失之。』或相倍蓰而無算者（有人與別人比較下相差一倍、五倍甚至無數倍），不能盡其才者也（這差別是由於不能充分表現他的天性的緣故而已）。《詩》曰：「天生烝民，有物有則；民之秉夷，好是懿德。」（孟子·告子上·11.6）」

由此，「性命」與「天道」相通，「人道」即「天道」，成為中國哲學思想之中心。

5.1.2.2「敬謹」以明德

「天」授命予王，要他以「敬德」膏澤黎民；天同時亦授命於一般眾民，不但命他們以吉凶，歷年，更命他們以明哲。《尚書召誥》曰：「今天其命哲，命吉凶，命歷年」。天既命我之「明哲」，行義盡道乃屬於我之本份，因為那是自我恃守的領域。「道」之將廢是外在的命限，然而道之不行不僅是「實然」的領域，亦同時涉及「應然」的道德領域，因為我們在命限中，於憂患意識之情境下，仍可以在敬慎之態度裏選擇一個恰當的應對，即：我們可以選擇承受「道之不行」而知之、敬之、畏之，仍堅持道德實踐。這是「內省修德」。由此，一切客觀

外在的境遇不僅僅是「**命**」（命運解），同時亦是「**義**」之所在。在這「**義**」「**命**」相通的理解下，孔子的「**知命**」則不單知道「**道**」之廢只是客觀的限制，更知以「**疾敬德**」來承受這限制，行義以安「**命**」（以義道來應對命運之限制）。從「**敬德、明德**」及「**奉天命**」可知「**義**」之所在，亦是「**命**」之所在。由此可見，吾人的憂患意識及道德實踐，一方面是「**命**」，另一方面亦是「**義**」（命限促使我守仁行義，完成人格），是故「**義命**」兩者通而為一。而孔子亦可以欣然曰：「**天生德於予，桓魋其如何？**」（《論語・述而篇 7.22》）及「**不怨天、不尤人、下學**（行事盡義）**而上達**（上配天德）**。知我者，其天乎！**」（《論語・憲問篇・14.37》）故此，「**知我者**」，是「**知**」我以「**義之當然**」回應「**天**」之命我。莊子借孔子語，說：「**天下有大戒二：其一命也，其一義也。子之愛親，命也，不可解於心；臣之事君，義也，無適而非君也，無所逃於天地之間。**」（《莊子・人間世》）天之命我事父母以孝，事君以忠，我則以孝順父母，忠君報國來回應天命。孔子於匡被圍，但他以承繼延續周文為自任，在窮途末路之際以此為「**自命**」，這是於道窮中「**即義見命**」，是道窮於外而勉力求道不窮於內之時，是在「**知天命**」中而仍「**樂以忘憂**」。由此，「**天命**」在人之「**敬德**」中被肯定，而人在「**明哲**」中亦肯定了「**天命**」。

於此，人藉「**敬謹**」之德將「**天**」之道德秩序下貫其身，而形成自己之「**道德主體性**」。孔子所說之「**仁**」，孟子所說之「**性善**」，均由此「**道德主體性**」而出。儒家之人性論，亦由此而形成。

5.2 道家老子虛極靜篤及莊子之放開心懷、遊心於世

中國孔孟與老莊，就像巍巍崇山與繞之而流之一衣帶水。高山巍峨，像大人君子之人格情躁，大義凜然，仁披天下，矗立於天地之間，屹立不倒。水則依勢而行，或涓涓細流，或洶湧澎湃；前有沙石阻路，則蜿蜒曲折或穿插迴避，終匯聚成流，或臨崖而下，一瀉萬丈，毫無懼色。它柔弱，但能跨險越崖，迎拒適宜，退縮迴旋卻直流，這裏見退而實進，像道家在於人事複雜、世情紛繁之社會裏，以「無為」之心態處事應世、及「無厚入有間」之精神遊心於世，不為物傷。

道家要我們心靈高遠清虛，灑脱放達、愉悦自適，不累於物。人在生活裏，往往膠結於是非、得失、榮辱中。人心糾纏於成見，牽引在心思情慾及世俗社會之價值裏，難有自得自樂之感。老子要人心還歸清虛靜寂，不在俗世中奔馳，不浮動氣躁，不隨物轉，以澹然虛靜退斂之心去除一切虛偽造作，沒有了人為智巧，像嬰孩般天真漫爛，坦然自在！

莊子教人不要以「成心」黏滯於得失，不要隨順世俗標準，陷溺於權勢、功名、利祿之追逐中，滌除得失彼此之見。莊子就要我們捨掉這「有待」人生之追求，以一個「無己、無功、無名」之「無待」生命，滌盡功名之塵垢，使「心靈」回復至清澈無染之本來面目。由此，胸中灑脱、身心安然，清虛灑脱，不為情牽，不為世累，悠游於天地間。

5.2.1 道家老子之虛極靜篤

5.2.1.1 老子之「道」──無為自然

老子論「道」，與孟荀及當時其他諸子詮釋不同。他以隱晦之言說「道」，言「體用不二」，更於首章劈頭說：「道可道，非常道」，撥開所有名相概念的障礙，說明「道」是一種不能用理智及言語來表達講明的東西，而是一種恍惚抽象而又真實具體，無為而又無所不為之本體。它「寂兮寥兮，獨立不改，周行而不殆」（《道德經·第 25 章》），「寂」是「清虛」，無一點聲色形象；「寥」是廣大，遼闊無邊；「獨立而不改」超越於一切萬有之外，悄然自立，無聲無色，不因現象界之物理變化而變化，生滅而生滅。它無所不在，遍一切處。它「可以為天下母，吾不知其名，強字之曰道」（《道德經·第 25 章》），它是一切宇宙之萬有之根本（母），難以用世間語言表達，不得已，姑且稱它為「道」，以「道」之名來總括所有萬法的究竟歸處。

老子認為要體認「道」，必須上而冥思窮源，下而虛心觀物，才能了解「有無同出而異名（「有」、「無」乃道之兩面，是二而一）」的「道」。概括言之，它是「無」。天地萬物由「無」而出，而「有」，而散發於天地之間，而至大化流行，生生不息，終成萬物紛紜萬象的世界。故「道」是「本無」，是天地之原始；亦是「妙有」，是萬物萬有之來源。

老子認為萬物之「德」是具體事物之形象表現。「道」在

生化萬物中，始於「**無**」，後成於「**有**」，萬物在「**有**」中生之、長之、育之、毒之、亭之，並散開於天地間，亦同時內藏於萬物裏，而按萬物之不同而顯其不同之屬性，例如天地之「**大**」，毫末之「**微**」，土石之「**無生**」，動植之「**有生**」，乃至於具「**靈性**」之人，皆由於各有不同之「**德**」所致。故老子說：「**道生之，德畜**（畜養）**之，物形之，勢**（條件因時聚合）**成之**」（《道德經・第51章》）。「**德**」既是「**道**」之體現。故當「**道**」落實到人生的層面上，其顯現之特性而為人類所體驗，所取法時，人「**德**」顯示了人應返回原本自然的狀態，並將「**道**」作為人類行為所依循的律則，其中主要有：自然無為，致虛守靜，生而不有，為而不恃，長而不宰，用柔守弱，謙卑居下，不爭取後，慈，儉，樸等，而這均是「**道**」表現於人「**德**」的基本特性與精神。

5.2.1.2 返樸歸真——守雌守辱、為谷為溪

老子於春秋末年，眼見政治動盪、社會混亂、你爭我奪，紛紜擾攘。他不似儒家以仁義匡正天下，以道德人格撥亂反正，而是以退斂之心情歸於自然樸素，藉此沉澱人狂野之情慾。他遂提出了「**返樸**」、「**復歸於嬰兒**（嬰兒具「道」之清虛靜寂，「無心自然」之本性）」、「**守雌**（無心自然，謙下卑退）」的人生哲學、生活原則。「**樸**」是未經雕鑿之木頭，可以解釋為純真、自然、本初、純正等意。當人之樸實被滌除，成就了物質文明，就像儒家所指的「**仁、義、禮、智、信**」這些外在的規範約束，扭曲了人的本性，引致天下大亂。所以老子主張「**復歸**」，讓人們返回到自然素樸狀態，即所謂「**返樸歸真**」，

如嬰兒般不為功利寵辱所困擾，無私無欲，純樸無邪。老子以「**嬰兒**」作為理想人格的象徵，體道之士「**無知守真，順自然**」的心，不是因嬰兒有何等的修養與境界，而是因嬰兒還未走離生命純真質樸之本身，還未滲入人為的造作，所以沒有後天強加的價值觀、成見，故能超越於對立價值判斷外，故可「**不犯於物，故無物以損其全也。**」（見王弼注老子 55 章）老子認為人須「**復歸於嬰兒**」的真樸柔和，更是「**守雌守辱、為谷為溪**」，持靜、處後、守柔、內收、凝斂、含藏。由此，只要人未失去原始之質樸，才能體現生命的自我，因而接近「**道**」澹然靜寂，不執著價值利害，不與人競其爭雄逞慾之心，不易迷炫在「**五色**」、「**五音**」、「**五味**」、「**馳騁畋獵**」與「**難得之貨**」的官能享樂中，不受「**目盲**」、「**耳聾**」、「**口爽**」、「**心狂**」及「**行妨**」之迷失。但要持守這素樸之「**道**」，須捨棄人「**為目**」之外在追逐，而以「**為腹**」往內回歸，即去掉外求的路，不追尋五色、五音、五味的人為花巧，不競逐名利、不爭奪權勢，走回自己原本純樸的世界。

5.2.1.3 修道之至要——「為道日損」而「致虛極，守靜篤」

所以老子要人體認「**大道**」之際，必先體悟道之「**虛靜自然**」，進而斂其心習，歸真返樸——「**至虛極，守靜篤**」，才能體察到「**道**」的妙用，而觀其生化萬物，相續相繼，由「**本無**」而出萬有，萬有終歸於「**本無**」。老子說：

> **致虛極，守靜篤**（儘量使心靈達到虛寂狀態，
> 牢牢地保持這種寧靜。「虛」、「靜」是一種沒

有機心、沒有成見的心靈狀態，這狀態可藉消除利慾的引誘和外界的紛擾而得到的空明寧靜）。**萬物並作，吾以觀復**（萬物雜然並作，吾人也可以觀其往復循環於「道」之迹象及規律）。**夫物芸芸**（萬物紛繁茂盛的樣子），**各復歸其根**（「根」，根本，指事物本來具有的性質。「復歸其根」，即回歸本原，返回自然之本體）。**歸根曰靜**（「歸根」即是「虛靜純一」，不為世擾），**靜曰復命**（「復命」即復歸自然，這裏指回到虛靜的本性。「道」的本質虛靜，天地萬物由「道」而來，回歸本源便是回到虛靜的狀態。老子的「復歸」思想，一方面說明人性本是虛靜淡泊的，因後天的種種欲望使心靈馳騁四方，而被擾亂）。**復命曰常**（「常」，指事物變化中不變的規律，也就是永恒的法則，常道），**知常曰明**（事物的運動變化都依循着循環往復的規則，能明白這種萬物變化中之往復不斷，「由無而有，又由有而無」之自然而行，就叫做「明」）。**不知常，妄作，凶**（「妄作，兇」：不見萬物往還，有大道存在其中；不知心「明澈虛靜」之本質，往往有為妄作而出亂子）。（《道德經・第16章》）

老子強調「**致虛守靜**」之修道功夫。人須虛靜其心以觀照體悟「**道**」。在道之「**用**」興發下，即可對宇宙萬境生生紛繁不息裏除卻吾「**身**」之大患，不惑於外在形色世界，不蔽於繁

喧不息之境裏。「**虛**」極則「**自失**」,「**靜篤**」則「**忘我**」。能「**自失**」者,則覺我軀體在意念中消失,一切知覺全無。當守虛至誠,守靜至篤時,心能反觀內視,進入虛靈不昧「**忘我**」之境。人若能捨棄智巧嗜慾的活動而後復歸於原本的清靜的境地,則萬慮頓失,遊於形色世界而能去世界形相之紛擾,以不變觀萬變而息「**貴己**」之惑。這虛靜之工夫是老子常言之「**為道日損**」(《道德經・第 48 章》)的工夫。當損之又損以至極處時,則可觀照天地萬物的此生彼落之循環不息,「**往復**」無斷。

5.2.2 莊子之放開心懷、遊心於世

莊子要人從人生困境中超越出來,要將圍域着人生之障礙拆除,使人得以逍遙自在。

老子重「**道**」之「**無為自然**」,而莊子重「**心知**」之靈明,不為「**成心**」所牽帶。人有「**身之患**」而具物相、物慾,然我們的「**心知**」卻可清寧不昧,無疆無際,可「**逍遙**」自在。人生之累之困,皆因「**成心**」執著所至,不知「**道通為一**(萬物成於「道」,「道」是一,故萬物也是一,無分彼此、高下、大小、貴賤)」及生死無異,不能「**心虛**(無主觀成心偏見所雜染)」見事。

5.2.2.1 打破人生困境

5.2.2.1.1 悟「道通為一」,「知止所不知」

聖人能體證「**道**」,即了解「**道通為一**」,自己與萬物一同自生自化,與天地並生。人生養於自然裏,一切只能依循自

然的安排，悟人生一切無非是「**氣不斷由聚而散與由散而聚的過程**」，故須「**安時而處順**」（《莊子‧養生主》）。因為既將宇宙視為一體，「**氣**」為「**道**」之用，「**氣化**」之變既無倖免，則人之夭壽、禍福、是非、得失，當不由自己作主，憑聽大自然之流轉。故莊子說：「**無以人滅天**（不要用人事去毀滅天然之變化），**無以故滅命**（不要用造作去毀滅性命），**無以得殉名**（不要因貪得去求聲名。上述要我們緊守這些道理而不違失，這就叫做回復到天真的本性）（《莊子‧秋水篇》）。

　　套落在知識上，莊子叫人「**知止**（心智活動止於）**其所不知**（心知活動所不及之處）」（《莊子‧齊物論》），得「**道**」之人，可至無念之境，無道可道，因已擺脫了智慧、知識及思想之束縛。然人卻堅執主觀情識及有限之認知，執著於「**成心**（偏執之心）**」。不知由「**成心**」而成之智巧會將完滿之「**道**」的本然本態破壞殆盡，將自己本與「**道**」為一之自然純粹心境撕離而帶來紛擾不寧。由此，莊子說：

> 　　**去知與故**（「知」，偽詐也；「故」，巧也。
> 天理自然，「知與故」蕪雜於其間），**循天之理**
> （「循」，順也。內去心知，外忘事故，如混沌
> 之無為，一切順自然之妙理也）。**故曰，無天災**
> （「災」生於違「天」、違「道」。與「道」合一，
> 故無災也），**無物累**（不以成心執物，故心無累
> 也），**無人非**（與人同者，不見彼我之別，更無
> 是非之爭），**無鬼責**（同於自得，故無相斥相責）。

不思慮（心若死灰，絕於緣念），不豫謀（譬懸鏡高堂，物來斯照，不預前謀度而待機務者也）。光矣而不耀（智照之光，明逾日月，而韜光晦迹，故不炫燿於物也），信矣而不期（用天地之信若四時之運行，必無差忒（音別，過份），機來方應，毋預期也）。其寢不夢，其覺無憂。其生若浮，其死若休（動靜無心，死生一貫，故其生也如浮漚（音鷗）之蹔起，變化俄然；其死也若疲勞休息，曾無繫戀也）。其神純粹（「純粹」者，不雜也。既無夢無憂，契真合道，故其心神純粹而無閒雜也），其魂不罷（恬淡無為，心神閒逸，故其精魂應用，終不疲勞）。虛無恬惔，乃合天德（歎此虛無，可與天地合其德）。（《莊子·刻意篇》）

　　在宇宙中，人為萬物之一，在本質上和根源上同一於「天」，故須「循天之理」而「去知與故」，「無以人滅天」而以「人合天」。這「合天德」之行，須「離形去智」，否定「成見偏執」。所以，莊子極力反對世俗之「小知」，認為「大智」者似愚、以「不知」為知，不以「知」為知，因為世俗之知無非是應世的口耳之學，而墮之於智巧之知，由此而起爭奪之端，「知出乎爭……知也者，爭之器也。」（《莊子·人間世》）「智」遂成為互相爭辯的工具，成為一種機心的運用。如此「小知」者往往偏執一端、居於一隅而自以為是，即：「是其所非而非其所是（執己是、非之見而去彼是、非之持）」（《莊子·齊物論》），各以所見為知，各以所執為是，孰不知這些均「成

見」所由起。此去智之舉，乃一價值生命之所求，要「**儉樸安樂**」，要一切順乎自然，茶來舉杯，飯來張口，睏來即臥，醒來穿衣的平常心、恬靜心，達至「**心知神明**」之境，以「**知止其所不知**」。由此，莊子安身於自身「**知**」的極限，立命於「**不知**」之域中，渾然讓自己與萬物一同自生自化，用自己之生命體證之。人生養於自然裏，一切只能依循自然的安排。

5.2.2.1.2 不厄於時與命

莊子將一切事之變、運之行，全歸諸於「**命**」；「**事之變**」非我所可把持，「**運之行**」非我所能預知。

> **死生，命**（難逃遁）**也，其有夜旦之常**（與自然界之晝夜一樣，乃是萬物變化其中之環節），**天也**（命定如此，不能改也）。**人之有所不得與**（死生與夜旦等，皆由天命，不可由人變更），**皆物之情也**（人與萬物的生死往來都在一氣之化的過程中；此物之情，無需眷戀不捨）（《莊子·大宗師》）

這「**命**」不僅決定了人之生死自然大限，並制範着及預定了人的一生在社會生活中的倫理關係和貧富窮達的遭遇。於此，莊子借仲尼語曰：

> 「**天下有大戒**（大法則）**二：其一，命也**（命運安排）**；其一，義也**（合於義而行之道）。**子**

之愛親（為人子愛其父母），命也（天注定，事
必如此）不可解於心（難以理解之）；臣之事君，
義也，無適而非君也（不論身在何處，需盡力事
君），無所逃於天地之間（難於丟掉，因天下未
有無君之國）。是之謂大戒（天下兩大法則）。
（《莊子・人間世》）

「死生存亡，窮達貧富，賢與不肖毀譽，饑
渴寒暑，是事之變，命之行也（自然的運行，指
非人為造成）（《德充符》）

在莊子看來，命運之安排，「褚小者不可以懷大（「褚」
與杆同，布袋小的不可能包容大東西），綆（音梗，汲水用之繩）
短者不可以汲深。夫若是者，以為命有所成而形有所適，夫不
可損益」，即如同衣小不能懷大，繩短不可汲深，一切均不可
變。故此，一切只可「由處矣（安然處之吧）！吾命有所制矣（我
的命運注定要受制呀）。」（《莊子・秋水篇》）

從上所見，「命」與「時」是制約囿限了人，使人不能「逞
其能」，這一種客觀之必然性構成了人生困頓的因素。以「時」
而言，是一個時代於政治、經濟、道德等各方面之規限，其必
然性，要人如此不可之限制往往使人沮喪。面對「時」限，人
很難知時順命，不憂不懼，安然處之。但莊子要人於時限中，
解除大難於無意間，他說：「自事其心者（人盡力內心修養），
哀樂不易施乎（不移易）前（天之所命，而哀樂不能改變其心
境），知其不可奈何而安之若命（凡事知道是無可奈何，因命

注定如此），**德之至也**（此乃修養極高之人也）。**為人臣子者，固有所不得已**（會遇上不得已之事）。**行事之情而忘其身**（依實情辦事而不計利害得失），**何暇**（怎會有時間）**至於悅生而惡死！**」（《莊子・人間世》）

凡作物處事，只要依「**義**」行事而不累心於成敗中，使情緒如恐懼焦慮不浮沉於得失裏，即莊子借孔子之口對子高之說：「**哀樂不易**（不移易）**施乎前**（天之所命，而哀樂不能改變其心境），**知其不可奈何而安之若命，德之至也**」（《莊子・人間世》），要他「**行事之情而忘其身**（依實情辦事而忘掉自身利害）」（《莊子・人間世》），就是要他「**忘**」，忘富貴、忘功業、忘名、忘己，要在人世間，提得起，放得低。於此，人何會牽掛個人之得失？

其實，要不厄於時與命，其要旨在於「**心齋**」、「**無己**」並以此處世應事。於此，形不為勞，心不為累，因「**知其無可奈何而安之若命**」，最後人得自在，因我與人無爭，而人於我且不得所爭。世道混亂，均歸於人之智慧橫出，「**智慧橫出由於爭勝**」，人互相傾軋之源在於爭名、爭利，爭勢，故解決之方在於「**渾沌**」，方可達至「**無待**」、「**無己**」之境而不厄於時與命之中。

5.2.2.1.3 不困於「情與慾」

人除了受到生死的自然大限和時命的社會約束外，還有一個自我設置的障礙——哀樂之情和利害之慾。莊子認為哀樂之

情是人之與生俱來而不能卻的：

> 哀樂之來，吾不能御（抗拒）；其去，弗能止。悲夫（可悲呀），世人直為物逆旅矣（萬物只是我寄居的旅舍吧）！（《莊子·知北遊》）

同樣，利害之慾也是人之所不能免，為人之氣質生命所固有。莊子於《齊物論》寫道：

> 喜怒哀樂，慮嘆變慹（「慹」音接，恐懼的意思；「慮」多思，「嘆」多悲，變多反覆，「慹」多怖），姚佚（「佚」音逸）啟態（輕浮躁動奕蕩不羈）；樂（「樂」：樂聲）出虛（「虛」：如幻聲），蒸成菌（在暑熱潮濕的條件下蒸騰而生各種菌類，意指幻形），日夜相代（相互對應地更換與替代）乎前，而莫知其所萌（不知如何萌生）？

這種情慾是人的精神所以不能自由飛翔的沉重負累。《莊子》中對此有概括的表述：

> 富、貴、顯、嚴、名、利六者（富有、尊貴、顯達、威勢、聲名、利益），勃志也（這六項都是擾亂人心的東西）；容、動、色、理、氣、意六者，繆（音謀）心也（容貌、動作、容色、情理、

氣度、意欲，這六種則是心靈的束縛者）；**惡、欲、喜、怒、哀、樂六者，累德也**（厭惡、愛好、喜悅、憤怒、悲傷、歡樂，這六項是德性的妨礙者）；**去、就、取、與、知、能六者，塞道也**（去捨、從就、收受、施與、智慧、才能，這六項是道心的蔽障者）。**此四六者不盪胸中則正，正則靜**（這四種六項不擾亂心胸，就能夠平正心志），**靜則明**（心神定靜了，就會使心靈純明），**明則虛**（心靈純明了就會使心虛空無礙），**虛則無為而無不為也**（「心裏虛空」也就能夠心懷抱「道之無為」，由此沒有任何事情不能夠通達的了，因心靈能夠離去外物相誘的悖亂，沒有了束縛，道德的繫累，則可以通暢大道的阻塞，自由自在矣）（《莊子·雜篇·23》）。

所謂「**勃志**」、「**繆心**」者乃傷害、擾亂人的內心恬靜的哀樂愛惡之情慾，尤如刑戮罹難於人，困人於厄境中，使人無異於受「**刃**」「**靡**」之害，在心境上，不能超越那無可改變的變化中，不能依「**心**」的本然狀態而行止，順隨「**心**」之本質——「**虛**」之所向而生活。所謂「**虛者，心齋也**」（《莊子·人間世》）。「**心齋**」者，只是一無內容之虛靈覺照。在這覺照下，能對外在環境的種種變化或感官的知覺中不作價值判斷，故去「**此四六者**」而「**不盪胸中**」，則能夠「**中心不戚，居喪不哀**」（《莊子·大宗師》）、「**其心閒而無事**」（《莊子·大宗師》）；虛靜「**心**」如「**鏡**」，至人用之，對外界不將不迎，應而不藏，

故能勝物而不傷,「**物視其所一而不見其所喪,視喪其足猶遺土也**」(《**德充符**》),收攝一切散亂,促使身心歸零,從而使人安頓身心、明心顯德。

5.2.3 放飛胸懷之理想境界

理想人格是一種人生哲學中體現人生價值,完成人生目標的人物形象。先秦儒家各學派均有自己之人生價值及目標,極力推崇「**博施於民**(廣施恩惠於天下百姓)**而能濟眾**」(《**論語·雍也·6.28**》),其所指之聖人乃「**人倫之至**」(《**孟離婁**》上)。而莊子之理想人格則是放飛胸懷、遊心於世,超脫生死、時命、情慾之限的理想人格。

其修養在於:

5.2.3.1 去知

知識為人所重。然而「**心知**」的執著,不僅造成心靈之負累,更可傷戕身軀。宇宙大化是「**氣化**」之流行,因此在自然的狀態下,「**萬物負陰而抱陽**(萬物之成毀由於「氣」之聚合離散。氣分陰陽,陰陽相盪而見萬境之生成變化),**沖氣以為和**(萬物成於陰陽兩氣相摩相蕩互相調適之過程中)」(《**道德經·第 42 章**》),人之自然生命與自然相互感知融和。但由於「**心知**」的介入,人與物存在的和諧狀態,遂分裂不可得,人不再甘心於順「**氣**」之化,試圖有所作為,原本自然的「**受其成形**」(《**莊子·齊物論**》),遂淪為吾心驅使的對象。「**成心**」之執,造成人心不安,若外在際遇不符合吾心之所欲,則

憂患恐懼煩惱頓生，若恰巧符合吾心之所執，則喜出望外歡愉立顯；然煩惱或歡樂者，皆使人心緒不安，心情動盪，於是「**內不保而外蕩**」。陰陽之氣，在「**心知**」的驅使下，無法「**專氣致柔**」，不再有「**柔**」和的「**氣**」，遂直接造成了身體之傷害，其害尤甚於凶器莫邪（古寶劍名）。

人通過「**成心**」的執著、對喜愛厭惡，往往作出價值判斷，遂以特定的觀點，對世俗價值作出主觀的肯定。然「**夫隨其成心**（心之思慮雜念習氣，由之而有「成心」）**而師之**（以成心為師，為主宰），**誰獨且無師乎**（凡接物應事均以自己之「成心」而作判斷，那麼誰不把持自己主觀之判準呢）？**奚必知代**（何必知道更替取捨之道）**而心自取者有之**（取決於自己之「成心」不就可以了嗎）？**愚者與有焉**（即使愚昧之人也一樣有其準則了）。」（《莊子·齊物論》）一切是非之爭，皆由之而來了：

> 「德蕩乎名，知出乎爭。名也者，相軋也；
> 知者也，爭之器也。二者凶器，非所以盡行也」
> （《莊子·人間世》）。

生命因「**成心**」而桎梏心靈的自由，而不能窺道體之大全，「**功名之資，世俗之所尚，實為大道之障礙**」（《莊子·大宗師》），要窺見大道，須摒絕有心要為，仁義恭矜智能之事，方可超玄入妙而逍遙乎大道之鄉。蓋仁義智能乃功名之資，世俗之所尚實為大道之障礙。聖人與凡人不同者，使生命常順自然，以天予之「**不謀**」（智巧）、「**不斷**」（德無虧喪）、「**無**

喪」（無所失）、「**不貨**」（無買賣）等去「**人之情**」，不受「**成心**」的拘束，不受「**功名**」之累，自由自在，如「**泰氏，其臥徐徐**（睡得悠然），**其覺于于**（舒泰懶洋洋貌）。**一以己為馬，一以己為牛**（或馬或牛，一任喚之）。**其知情信**（率其真知，情無虛矯），**其德甚真，而未始入於非人**（「非人」指物；意指渾同自然，毫無物累，未始陷於物中）。」（《莊子·應帝王》）

5.2.3.2 去俗世「有用」之價值觀

於俗情世間裏，人皆有其自尊及其存在價值。然而實際上，人的價值，可由自我把持嗎？一切均見於「**對社會有用否**」，而人往往因「**無用**」而見輕於社會。莊子認為，人因「**有用**」而為社會所損耗，其「**有用**」者歸根只是用於他人，其下場必是自寇、自煎、受伐、受割、乃至「**不終其天年而中道夭**」（《莊子·人間世》）。由此，人之「**成**」，亦人之「**毀**」，人之有用，適足以成為人之損耗，此乃何等可悲可哀之事。「**人之生也，與憂俱生，壽者惛惛**（「惛」音敏，昏亂不明），**久憂不死，何苦也？**」（《莊子·達生》），人生與憂俱生、且終身憂患，皆在「**終生役役而不見其成功，苶**（音捏，疲乏貌）**然疲役而不知其所歸！**」（《莊子·齊物論》）。故「**聖人**」熟悉真正的價值，真正的大用，在於增益自己，而此「**增益**」乃見於能否捨世俗之煩憂及一切身心之累而逍遙於天下。

5.2.3.3 一任道之轉化

天道自然，萬物自生自化，但人存在之體驗，卻見種種制約及所限而無可奈何，而視生命為困苦歷程。然而人生的困苦，

生命的負累，均來自對事物所起之差別相。聖人有體「**道**」的心靈境界，見「**天地與我並生，而萬物與我為一**」之齊平。天籟的「**大塊噫氣**」（《**莊子·齊物論**》）當然是自然而發，可是當落入「**地籟**」「**人籟**」不同之形軀竅孔中，就呈現出萬物不齊的生命形態！依莊子意，此等有若人之以「**成心**」觀物，見萬物生不平等，形成了世俗之賢愚不肖的區分，然而這純粹是成形的問題。蓋凡聖賢愚劣才智賢不肖，皆秉於一。故聖非自聖，愚非自愚，智非自智，劣非自劣。故此，人受命於天，對於造化安排，就應以「**東西南北，唯命是從**」（《**莊子·大宗師**》）的態度，安時處順。若以「**他然**」的「**改變**」，根本是扭曲本性，是對天地造化的「**強悍**」抗拒，讓生命離天真自然愈遠。故此人須順一氣之化，以「**歸復**」之路，「**損之又損**」的工夫，歸根復靜，回返自然！

5.2.3.4 去生死

人之所以悅生，皆因「**特犯人之形而猶喜之**」喜出望外，同時惡死怕亡其所有，故使力「**藏**」之，結果人依「**形體之殘**」而引致「**死生之惑**」。生命一旦意識到自己的存在，原本「**其一（生）也一（生），其不一（死）也一（生）。**」（《**莊子·大宗師**》）的原始和諧，便因「**心知神明**」在「**形**」之執著造作而終告破裂，當人發現「**不勝天**」的處境，便自此陷入「**天與人相勝**」的衝突中。於是，所有生命的活動，均落在「**延生求生**」上，但這努力毫無意義，因為生必有死，假若逆之，則墮陷於「**一受其成形，不忘以待盡。與物相刃相靡，其行盡如馳，而莫之能止，不亦悲乎！**」上（《**莊子·齊物論**》），追

求長生，然徒勞無功，莊子於此批判道「**人謂之不死，奚益！其形化，其心與之然，可不謂大哀乎？**（終身承受役使卻看不到自己的成功，一輩子困頓疲勞卻不知道自己的歸宿，這能不悲哀嗎！人們說這種人不會死亡，這又有什麼益處！人的形骸逐漸衰竭，人的精神和感情也跟着一塊兒衰竭，這能不算是最大的悲哀嗎？）」（《莊子·齊物論》）世人不自覺而強求長壽，乃一愚見，不知萬物在自然中有「**成、住、敗、滅**」，人有「**生、老、病、死**」的必然過程中，如「**朝菌**」「**蟪蛄**」一樣，芒昧而終其一生。人生在世，若無法自覺生命的「**真宰**」，任靈府葆光隨着肉體的衰敗而消失，才是莫大的悲哀，故莊子曰：「**養形果不足以存生，則世奚足為哉！**」（《莊子·達生》）。

聖人者，視形神為一，與天道自然「**和諧**」而不相左。因他能以「**道**」觀之：「**夫大塊載我以形，勞我以生，佚我以老，息我以死。故善吾生者，乃所以善吾死也**」（《莊子·大宗師》）。「**大塊**」者，即「**大道**」，「**大道乃天地萬物神人之主，今人人秉此大道而有生，處此形骸之中，為生之主者，所謂天然之性**（清虛寂靜，自然而然，無心無為乃我本質本然之性）」（《莊子·大宗師》）。因此「**我**」與天地大道本來不二，天地造化「**無古無今，無始無終**」，「**萬物一府，死生同狀**」；現象上的生死流轉，俱是自然之化，自然的生、自然的滅，就宇宙「**大塊**」的本質而言，實際上是不曾改變；「**天地與我並生，萬物與我為一**」，我與宇宙自然，從來不曾離開，故我未嘗生、亦未嘗死，本無死生之別！故聖人視「**死生**」如同晝夜變化、四時遞嬗（「嬗」音善，更替貌），「**適來，夫子時也；適去，**

夫子順也」（《莊子・養生主》），在自然造化無心無為的流行中，方生方死、方死方生；何去何從，毋須深究，一切「**止於所不知**」。聖人但以虛靜觀照覺悉「**死是坦途大道**（自然而然，人必須經歷之過程），**乃至本無死生之分**」，「**以無為首，以生為脊，以死為尻**（「尻」音敲，脊骨之末端），**孰知死生存亡之一體。**」（《莊子・大宗師》）

人可透過修養而有此「**大覺**」，此「**死生原是一場大夢**」之「**大覺**」來「**心齋**」、「**坐忘**」的修養工夫，如聖人般而知生死如同大夢，死生之惑原是大迷，所以坦蕩、不藏：「**不忘其所始，不求其所終；受而喜之，忘而復之，是之謂不以心損道，不以人助天。是之謂真人**」（《莊子・大宗師》），「**安時而處順，哀樂不能入也，古者謂是帝之縣解**」（《莊子・養生主》）。由此，對生命的自然成長，故然得之欣然；對生命的自然消逝，失亦可喜；在「**不知**」的當下放開，無心不起執著，也就沒有分別，只見生命的如如流行，而不去擔心它是否有終了的一天。

聖人能忘其所忘的工夫實踐，達至「**化**」之境界，以身證道之境。於此，人在修行中形成自己的人格、自己的特色；「**靈台一而不桎**」，虛靜的「**心**」不被「**心知**」束縛，因此心境是活潑、靈動，一切回歸平常。所謂至人、真人、神人，不過是解除倒懸之苦，「**在其自己**」、「**恢復本性**」、「**忘是之適**」之人罷了！最後，「**吾生也有涯**」（《莊子・大宗師》），生命有限，生死相隨。故為聖人者，非要保養形軀，而是要保養

那不生不死之「**真君**」、「**真宰**」，即體悟「**道**」之真義。故聖人之所愛，「**非愛其形也**」，而是那「**可傳而不可受，可得而不可見（道不言說而得）**」（《莊子・大宗師》）之「**道體**」或「**真君**」。

5.2.3.5 「坐忘」之逍遙人生境界

「**忘**」是莊子人生哲學之重要課題。莊子說：「**忘足，履之適也；忘腰，帶之適也；忘是非，心之適也**（安然不掛慮貌）：**不內變**（情緒之喜怒哀樂不為外在環境或事件所牽動），**不外從，事會之適也**（心能遊於人生種種矛盾起伏困厄之中而不為所動，悠然自適）」（《莊子・達生》）「**忘言**」、「**忘足**」、「**忘是非**」都算是小命題。「**忘**」之最高境界是忘此肢體、智慧。《大宗師》篇曰：「**墮肢體，黜聰明，離形去智，同於大道，此謂坐忘**」，最後連自己都忘去；於《齊物論》中，有「**吾喪我**」之句，這即是「**忘我**」；而聖人者，乃真正達到逍遙，「**忘言**」、「**忘足**」、「**忘是非**」，最後要「**忘我**」、忘卻了自己。

莊子裏「**聖人**」之「**忘**」不是指不存留知識，不存有記憶，而是要將所有的人為造作、意念、形式、甚至於已定現成的價值觀全部忘掉，以免影響當下對「**大道**」的會通。故此，「**忘**」是一修證工夫，是契入大道（回復自我一任自然之本來面目）之進路，唯有將人為造作全部摒除，人才能回復本真，才能進入「**道**」的境界。

為聖人者，能於「**坐忘**」中將耳目聰明和心知種種有形相

的計度預謀去掉，即：忘掉形體，忘掉自我的存在，進入一種
人與自然界融為一體的天人合一境界。是以顏淵從忘懷仁義，
進而忘懷禮樂，在忘懷形體思慮，進而達到物我兩忘，無私無
我，無偏無執的境界。

第六章

儒家與道家之
「人道」歸根於「天道」

6.1 儒家之人道歸根於天道

6.1.1 孔子之「天命」與「人道」

　　孔子之言「天」，其義不在於超越的人格神裏，而是在於具有內在於人和萬事萬物之「理則」或「道」裏。宇宙四時生化，「生生之德」活潑彰顯，盡是偉大天道之流行，有若滾滾長江向東之流水，「逝者如斯乎，不捨晝夜」。天道生化萬物，孔子引之曰：「天何言哉？四時行焉，百物生焉，天何言哉？」（《論語・陽貨・17.19》）。世代雖無情，但至善之天卻有情，不過它沒有向人說話罷了，只是默默生育大地，「天地之生物為心，天包着地，別無所作為，只是生物而已，互古至今，生生不窮，人物則得此生物之心以為心。」（朱子語類・卷五十三）人既是天地一分子，人得天地之心為心，而此「心」乃「仁」，具好生之德，這亦是道德意義之根本處，亦是道德實踐之根源處。

　　此天道「生之德」落在人之性中，轉化成「道德主體性」之「仁心」。孔子默識此「天德」、「仁心」之關係，所以說：「人能弘道，非道弘人」（《論語・衛靈公・15.28》），說出「天道」可以通過人去展露出來，「天道」之宏揚須在「人道」之「道德實踐」中見。在孔子裏，此「天道」在人，亦即現於人之「仁心」、「仁性」中。所以要體現「天道」，須從「仁」之實踐而見。孟子說：「盡其心也（盡力擴充仁義禮智四端之心，亦即透過道德實踐），則知其性也（則知曉人性本具仁義禮智之性）；知其性，則知天（人之性受於天）」（《孟子・盡心篇》）。《中

庸》開宗明義説：「**天命之謂性，率性之謂道**」，説明了「**天**」賦予人的是人之本性，只要隨順而行，便體現「**天道**」了。所以美善不是平面地在外界為文化制度，卻是立體地基於仁心，本於「**天道**」。

由此，孔子於志不能伸之困境下，仍快樂寬裕，無入而不得。皆因他「**率性而行**」，以忠恕之道實踐德行。這種道德之秉持，剛強雄健，自強不息，一若天道運行，化育萬物。於此，「**人道**」見「**天道**」，「**天道**」亦「**人道**」矣。

6.1.2 孔子之「克己復禮」

「**克己復禮**」是大人君子「**憂患意識**」下之「**內省修德**」。「**克己復禮為仁**」一語的解釋不是僅指克制、約束的消極義，亦包涵了修身和道德自覺的積極義。而此句的意義也是對傳統儒家思想中兩個中心觀念——「**禮**」和「**仁**」的本質上之詮釋。

「**克己**」不僅是竭力克制私慾這一狹隘抑壓義，因為儒家並不主張禁慾。從論語《顏淵》章的通貫了解，以及孔子對「**仁**」與「**禮**」的了解及其關係來説，「**克己**」的目的是「**復禮**」。而「**復禮**」的「**禮**」是指其內在於人的根源。「**禮**」既有內在根源，就不能單重外在之禮儀規範。孔子説：「**人而不仁，如禮何？人而不仁，如樂何？**」（《論語·八佾·3.3》）可見「**仁**」是「**禮**」、「**樂**」的內在精神。於此，孔子賦予「**禮**」乃「**仁**」的新內容，使兩者緊密地關連在一起。「**禮**」既有內在的根源，便不可能只有消極負面規限之涵義。「**禮**」的修養工夫是要由

克己做起，克己工夫也就是積極的修身工夫。「**修身**」要人顯「**仁**」成「**禮**」，故「**克**」有「**勝**」和「**能**」兩解，「**能**」可以解為逐步達成自我實現的潛在的可能性。因此「**克己**」可作「**勝己**」，而「**勝己**」則具超越意義，超越感性生命之慾念，及一切徒具虛文之表象。

6.1.3 天命之下降 —— 自我道德價值之肯定

由此可見，此「**天**」雖為宇宙之主宰，生化萬物，但其內容卻不同於西方之上帝。西方上帝縱然要求人在流俗世界中依道德而行事，但最終須要信靠祂，皈依於祂，方可得救。故人除了盡道德之行，仍須依靠對上帝之絕對信仰，以絕對之信念換取施救之恩典，才得「**圓滿之人生**」。而中國人之「**天**」與西方宗教意識中的上帝卻大異其趣，在中國思想中，天之降命，乃由人之道德決定，即：「**天命**」隨人之道德意識下貫於人之「**性**」上，作為了人之主體。因此，當人通過憂患意識以至產生「**臨事而懼**」之「**敬**」時，我們即自覺到自己於言行處事上須承擔一切責任，這責任之承擔需要強烈之「**自我肯定**」，肯定「**自我**」乃一切道德行為之所本。而此「**自我**」有別於「**七尺之軀，百年之壽**」之「**自然生命之我**」，從而肯定了此「**自我**」乃超越了「**自然生命**」之我，而直感一強烈之道德感。當這道德感會合宇宙萬境之生生不息及其紛繁美態，則肯定了「**天**」乃美善之本源，同時興發了自我如此強烈之求善求美之道德感。當肯定了這天命下降於我而成為我之「**道德性本體**」時，即開出了儒家之「**道德本體論**」，道德之發用，乃基於「**天命**」之下貫而成。所謂「**人道**」、「**天道**」二而為一，人之「**性**」與「**天**

「命」、「天道」亦無異。由此，當肯定了「天」之實在性時，亦無異肯定了「自我」之實在性。於此，牟宗三先生說，我們以「如履薄冰」之「敬謹」態度踐行道德時，「天命」亦同時步步下貫於我們之「性」，成就及肯定了我們之「道德性主體」。

6.1.4 承天命以「敬德」及「明德」

在孔子以前的典籍早已有「敬」和「敬德」，進而有「明德」之觀念。《書經》言「天命」，有兩義：第一言天子受上天的命，治理人民；第二則是遵從上天行善及其規律。堯、舜和夏、商、周三代人民相信一切皆受上天亭毒（培養撫育），堯讓天下予舜，舜讓禹，禹授給自己之兒子，孟子解釋這是上天之命：

> 「萬章曰：堯以天下與舜，有諸？孟子曰：否！天子不能與天下與人。然則舜有天下也，孰與之（誰人給予的）？曰：天與之。天與之者，諄諄然（不厭倦的教導人）命之乎？曰：否！天不言（天不曾說話），以行與事示（顯示）之而已矣。曰：以行與事示之者如何？……曰：使之主祭而百臣享之，是天受（天賜予的）之；使之主事而治事，百姓安之，是民受之也。天與之，人與之，故曰：天子不能以天下與人……泰誓曰：天視自我民視，天聽自我民聽，此之謂也。」（《孟子·萬章上·9.5》）

天既賦命於帝皇以治天下，以循皇天治民之道而行，而治

國的倫理規律，典章制度，刑賞法律須以「**敬謹**」之態度遵循之。

《書經》的「湯誓」亦言：「**非台小子，敢行犒**（「**犒**」音靠，獎賞義）**亂！有夏多罪，而命殛之。……夏氏有罪，予畏上帝，不敢不正。**」（《湯誓》）天對妄行逆施的君王往往「**殛**」（「**殛**」音極，殺義）之以謝天下。故召公對其侄成王曰：「**惟王受命，無疆**（無窮無盡）**惟休**（停止）**，亦無疆惟恤**（憂）**。嗚呼！曷其奈何弗敬！**」，召公以「**奈何弗敬**」來告誡他，一切的福享均由上天所降，故他必須以憂患戰競之態度，戒慎虔謹之精神，視聽民意之所需而應之，而命方可求保，否則上天會撤消其命。召公於此深深發出感嘆之聲「**嗚呼**」，繼而再嘆「**曷**（「**曷**」音割，什麼時候）**其奈何弗敬！**」，這「**敬**」是帶着強烈的憂患意識而出。他續說：「**嗚呼！天之哀於四方民，其眷**（愛護）**命用懋**（「**懋**」音貿，盛大貌）**，王其疾敬德。**」那是說：「成王啊！上天哀憐四方受苦之百姓呀！天只降命於勤於德政之君王呀。成王呀，你趕快敬謹於德行了！」故帝王「**疾敬德**」以承天命，以應天命之所然。

帝王「**疾敬德**」以承天命，謹表示一種唯恭唯敬之態度，對行為謹慎之外在表現，似未觸及人之「**內在道德主體性**」意境。然而，人何以有這種內在必然性之道德感興？《召誥》說：「**今天其命明哲，命吉凶，命歷年。**」「**天**」不但命吉凶，命歷年，且進一步說明，天命我以「**明哲**」，這「**明哲**」就是直觀自我之「**內在道德主體性**」，而這「**道德標準**」就是「**天**」賦與我的，使我在行為上能自覺自己本身就是道德是非之標準，

即人是「**道德之主體性**」，順隨而行則不會越軌或差忒（「忒」音剔，過甚解）。這一道德之自覺就是「**明德**」，「**明**」乃「**天**」賦與我之道德本體，而一切美善皆由此本體而出。在我而言，我若好好把握以盡我的「**明哲**」，則能「**敬德**」，則可以「**窮則獨善其身，達則兼善天下**」；為君主者，則膏澤萬民，明德慎罰，使草莽之民成「**仁義行**」之君子。故此，人在「**敬德**」和「**明德**」之中，不單肯定了「**天命**」，更肯定了它亦是人之「**內在道德本體**」。

人若能「**敬德**」、「**明德**」，即能體現了天地間冥冥中有一道德秩序在，有一常存不變之標準在，這一標準秩序使我們感到在「**不得不如此**」之規範下，於行為上，一點也不應差忒或越軌。這「**宇宙間之道德秩序**」似無可名狀，但孟子的民本思想，引《尚書》「**天視自我民視，天聽自我民聽**」為論據，以闡明這「**宇宙間之道德秩序**」，冥冥中要我遵守的就是這「**天命**」，這「**道德秩序**」。「**天**」之視聽言動是由人民之生活好壞體現出來的，簡單來說，以君主治國而言，人民生活快樂幸福，人民歡欣之，天亦歡欣之。若哀鴻遍野，人民怨聲載道，終至起革命而覆倒政權，在統治者而言，這是自革「**天命**」而至。

6.1.5 「天命」與人自身之「內在道德主體性」

人既承「**天命**」，以仁義之當為而為。在道德理論而言，這是「**應當為而為**」，並非為了其他目的，這是一種道德之絕對性。當這與「**天命**」相連而言時，則人之「**道德內在性**」，

皆由天賦。以牟宗三先生語，即是「天命下降而為人之本體」，形成了人之「真實主體性」。而這「主體」不是「有身之患」的身，不是苦罪根源之臭皮囊，而是形而上的，體現價值的，「真實無妄之主體」──「天道」。

孔子所說之「仁」，孟子所說之「性善」都由此真實主體導出。這亦是孟子所說之「仁義禮智，非由外鑠我也，我固有之也」。孟子論性：

> 人之所異於禽獸者幾希！庶民去之，君子存之。……君子所異於人者，以其存心也，君子以仁存心，以禮存心。（《孟子・離婁下・8.19》）

就其「人之所異於禽獸者幾希」而言，乃從人之「道德主體性」來說，而這「人之道德主體性」乃人之「性」，承「天命」而來。

西方人性論的主流中，人性非從超越之「天」即上帝降下來而成的人之主體。根本上，人與上帝鴻溝相隔，且天堂上帝永遠高高在上，人之道德行為乃由上帝所指引規範，故是外鑠而非內在。神性永遠屬於上帝，永遠不是人性，不能成為人之主體，人只能乞求神之恩典賜與救贖，使自己已墮落的生命可與神性再度接近。而人之救贖，只能靠神之子耶穌之臨世，來「喚醒」污染了「原罪」之生命。這以神為中心之宗教精神，絕對開不出「天命之謂性」之「天人合一」之道德觀念來，從

而正視人自己之覺悟。

　　儒家言「**天**」言「**性**」，在世間人道上講，就是一種該如此如此當行之道理，盡了自己之本份，就是完成了「**天**」對自己之明「**命**」，也即是「**天理**」通過了自己之道德行為而呈現了自己。當下「**天理**」之呈現，當下「**自主**」即永恆，現在即未來，人間即天國。可以説，這是一種高度之宗教精神，不在念念得到報償於天國，而是念念順性而伸延仁愛，把「**天道**」藉「**人道**」呈現人間，將天國放於人間裏。這仁愛成為一種生發之動力，在己則「**志於道，據於德，居處恭，執事敬，與人忠**」，進一步更求愛人，求博施濟眾，兼善天下。此義擴充至極而言，可直通於大乘菩薩道：「**有一眾生不成佛，我不成佛**」之宗教精神。

6.2 道家之「人道」歸於「天道」

6.2.1 老子「天道」

　　老子要我們守「**道**」及法「**道**」之「**清虛靜寂**」、「**自然而然**」、「**無為而為**」。他説：「**有物混成，先天地生。寂兮寥兮，獨立而不改，周行而不殆，可以為天下母。吾不知其名，名之曰道。**」（《道德經・第 25 章》）「**道**」這「**玄之又玄，眾妙之門**」之東西，是萬物之本體，「**先天地生**」之實體。它「**寂靜清虛**」，無一點聲色形象，「**遼闊廣大**」，超越於一切萬變之事物之外，悄然自立，無聲無色，不因現象界之物理變化而變化，生滅而生滅。它無所不在，周遍一切。但它卻是萬物之

所由出處。

6.2.1.1　清虛靜寂

「**道**」之妙用在於謙沖不已，虛而不滿，猶如來自遠處之流泉，綿綿不絕，終而匯聚成無比的深淵。淵亦不拒傾注，永無滿盈故無止境。這沖（虛）而不盈之妙用，生生不已。這一切比喻「**道**」本身澄澄湛湛，和而不雜，同而不流，若存若亡於其間。

> **道沖**（「沖」解作盅，盅虛而不滿，源遠流長，綿綿不絕）**而用之或不盈**（道體為虛而作用無窮）。**淵**（道體淵深寂寞，但它能化育萬物）**兮似萬物之宗**（生化萬物之宗主，為萬物所依歸）。**挫其銳**（收斂鋒芒）**解其紛**（消解紛擾），**和其光**（隱藏光輝），**同其塵**（混同塵俗），**湛**（「湛」者乃沉、深貌。形容道體隱而未顯）**兮似或存，吾不知誰之子**（「道」非無物，然不見其形），**象**（似）**帝**（創造天地之萬物者）**之先**（「道」先天地而生）。（老子‧道德經‧第4章》）

天地萬物始出於虛空而深邃之「**道**」，亦終回歸至出處去。它不露鋒芒，隱藏光耀，混同塵俗。它無形無體，卻能創造萬有，似乎自古而存在。這萬有大帝要強名之，老子說：「**難言之**」，姑且名之曰「**象帝之先**」，即「**道**」，一個虛狀的道體，萬物之根源。

　　「道」看而不見，聽而不聞，又觸摸不到的混元一體，本無名相可言，老子姑且以「夷」、「希」、「微」釋之。它似明還昧又似昧還明，似無還有，又似有還無，似有象卻觀之無形無象，若存似亡，若亡似存，故以虛空清靜言之，說它惚兮恍兮，難明其狀，超越時空，來無所從來，去也無所隨，「**迎之不見其首，隨之不見其後**」，無始無終。

　　此「道」若「虛谷」，中空以實還虛，似有實無，卻可生妙有之功用。正因其虛靈不昧，所以生生不已，生而無生，有而不有，若存若亡，永恆不死。

6.2.1.2 無為自然

　　「道」雖然無聲無形，幽隱不現，其法則乃獨立而自然，既不受支配，也不容許更改。「道」本身就是自然，萬物之變化往來無不自在自然，前者逝去，後者繼來，均各然其所然，順其所然，不見因果痕跡。由此，天地萬物皆在按它自身之情況下生滅變化，它本身有各種潛在力量，世人不可按自己之意念去干預、左右它。有若農夫種稻，須掌握稻米本身成長之規律，讓稻米自生自長，所謂「**按時播種，適時耕耘**」，稻自有它創造生長之道，農夫不過是順其道罷了，「**自然而然**」而毫不強求。

　　「道」「**生而不有、為而不恃**」，它無心而成萬物，並蓄養之。秋霜自殘萬物，以及春雨滋潤萬物，純是自然之變化，無心自然之為，「道」絲毫不加以制約。宋朝詩人蘇東坡：「**柳**

綠花紅真面目」，就是在告訴我們柳樹的翠綠，紅花的艷麗，都是明「道」歷歷毫不隱藏的顯露於外，成就了宇宙萬物，一切是那麼自然而不矯揉造作，這天地之色，以老子的言說，便是「道法自然」，「無為而為」。由此，所謂「自然」者，乃山川草木，不加入人工修飾的自然；亦自動自發的，不造作、不強求表現出來的謂「自然」，天地萬物各按其「自身之法則」運行不息，生滅變化。而天下萬物在這自然之道裏，自興自發，自長自消，如四時行，百物生，無有妄為而強執。

6.2.1.3 「人道」歸於「天道」

「道」體虛靜，所以能總攝萬事萬物。人若能體「道」而行，恃「致虛」「守靜」的工夫，到了極篤之境界，也容易從芸芸萬物中，觀其循環往復的迹象，體察萬物由「道」而出，在宇宙中勃發興盛至極時，則歸敗滅，而重返於「道」。老子說：

> **致虛極，守靜篤**（儘量使心靈達到虛寂狀態，牢牢地保持這種寧靜。「虛」、「靜」是一種沒有心機、沒有成見的狀態，這種狀態是消除了利慾的引誘和外界的紛擾而得到的空明寧靜）。**萬物並作，吾以觀其復**（既已「致虛極」，「守靜篤」，則能看清楚這宇宙法則，即「復觀」；萬物都在蓬勃生長，我因此觀察到了循環往復的規律）。**夫物芸芸**（「芸芸」，紛繁茂盛的樣子，形容草木繁茂），**各復歸其根**（「根」，根本，指「道」萬物之根源處）。**歸根曰靜**（「靜」乃本源之「道」

處）。**復命曰常**（「常」即常道。指宇宙萬物由
無而有，由有復歸於無的行為法則），**知常曰明**
（事物的運動變化依循着循環往復的規則，對這
種規則的認識，就叫做「明」）（《道德經・第
16 章》）。

人可從萬物之自成自滅，自終而自始，其自然而然處而見
「**道**」之「**無為而為**」，與及萬物「**從無到有，又由有歸無**」——
「**夫物芸芸，各復歸其根**」，見萬物都在交錯互變之過程中展
示了宇宙之法則。又由此「**往復**」之過程裏，見萬物變化中之
往復都是「**道**」在自行「**生而不有，為而不恃**」之過程，自然
而然。人須以虛靜之心，方見此大道在其中，心真知此萬物所
依之大道，而心明澈，抖落習見，乃可稱「**明**」，一種慧眼之見，
見變化之奧秘，即老子所言之「**反樸**」，使心之本然照見本身，
不以「**有為**」污染之。人處世間，往往為自己耳之所聞，觸之
所及，心之所思所蒙蔽，只有體會「**道**」之法則，「**執古之道**（把
握着早已存在之道），**以御今之有**（來駕馭現在之紛繁人事）。
能知古始（則能夠了解宇宙之原始），**是為道紀**（便見道的規
律了）」（《道德經・第 16 章》），才切見萬物萬事自古以來
變化之總原則在於「**任自然無為而為**」，鄙薄「**予智自雄**」、「**師
心自用**」，即：於處事應世中，去掉一切情識智巧，斂其日常
心習及知識成見，不執於有為舉措使心歸於虛靜，有若「**道**」
之化生萬物，一任其自生自長，功而不有，為而不恃。

當這觀念體現在人生修養方面，自會沖虛謙下，永遠不盈

不滿，隨順自然，來而不拒，去而不留，流存無礙而不住，對呆滯不化的心念，須頓挫而使之平息。由此，則可以與世俗同流而不合污，「**挫其銳**（收斂鋒芒），**解其紛**（消解紛擾），**和其光**（隱藏光輝），**同其塵**（混同塵俗）」（《道德經・第4章》），自掩光華，混迹塵境，此身此心，保合太和而澄澄湛湛，「**湛兮似或存**」，活活潑潑，周旋於俗世塵境有無之間。處事應世，如「道」之「**若存若亡**」，不執著，我即非我，誰亦非誰，一切只是應物無方，不留來去痕迹，「**外示狂夫**」，實在「**被褐**（音喝，黑布衣）**懷玉**」。

由此，人按此「**自然之道**」處事應世，乃天地間本來應有之舉，不應由我雜加任何「**有為**」舉措。所謂物物不失本性，於治身治國，也應自然而行。老子説：

> **載**（處於、運作、拘攝）**營**（人之元氣，即魂）**魄**（身軀）**抱一**（使人之精魄合一，不致渙散；即指抱「道」；意謂能夠拘攝魂魄，使與道體相合），**能無離**（不分離）**乎**（能讓它們不分離嗎）。**專氣**（統攝其氣不至消耗）**致柔**（把體氣涵養到柔和的境界），**能嬰兒乎**（就能像嬰兒一般純真無欲）。**滌除**（洗淨塵垢邪惡言）**玄鑒**（形上的鏡子，指復返光明澄澈的心體而言。意指洗滌清除玄妙遠照的心境），**能無疵乎**（能使它純粹無瑕嗎）。**愛國治民，能無為乎**（表現於無知而知，無為而為之大成就）。**天門開闔**（「天門」指耳

目口鼻等感官，指感官的運用，心智的運用，亦智周萬物），**能為雌乎**（「雌」晦昧，無知無識之境；能守雌應「道」者，是應而不倡，無為而為）。**明白**（洞悉事物，明白事理）**四達**（通達四方，無所障礙，對天道能大澈大悟），**能無知乎**（不用巧智，因私智好損人以利己）。**生**（創生）**之，畜之**（化育萬境），**生而不有**（雖雄長萬方，不為己有），**為而不恃**（不為己功），**長而不宰**（不自居於主宰之位），**是謂玄德**（大德）。（《道德經‧第 10 章》）

「**天道**」之運化，「**地道**」之生成，以及「**人道**」的立身處世均有常軌，能循其常軌而得其「**自然**」之妙。天地之道是如此，而人道亦是如此。人若能保持這本來的面目，自然而然，不加矯揉，「**去其妄**（私心計謀），**而存其真**（無計慮及人工智巧）」，各安其份，順其自然，不貪不妄，無處而不自然，必定能無往不利，從自然之中，而悟其大道，「**順萬物之自然，道便在其中**」（《道德經‧第 64 章》），也即是「**道法自然**」之寓意。老子對得「**道**」而無為，任萬物之自然者有下列之描述：

「**道常無為**（不以私心作為行事，一切順萬物各自之法則而運作）**而無不為**（便能成就各功業），**侯王若能守之**（帝王若能執守「道」體，效而法之），**萬物將自化**（萬物將會各順其法則，自然演化）。」（《道德經‧第 37 章》）

「故聖人云：我無為（不以私心作為）而民
自化（各人民將會因其性，而自我化育），我好
靜而民自正（因體道而心清靜無擾，不妄加制度
而人民自會歸於正道而自正），我無事（不妄加
制度，無事無欲以治天下）而民自富（自然富足），
我無欲（無私慾）而民自樸（民則隨我而質樸）！」
（《道德經·第 57 章》）

「是以聖人不行而知（足不出戶而能知曉萬
事），不見（不必親見）而名，不為（不以私心
運作，順事物之理以治事）而成（看似無所為，
卻大有所成）。」（《道德經·第 47 章》）

「是以聖人無為（不以私心妄作）故無敗，
無執（不執著於有成）故無失（故沒有所失）。」
（《道德經·第 64 章》）

6.2.2 莊子之「天道」與「人道」

6.2.2.1 順應「天道」之「天地有大美而不言，四時有明法而不議，萬物有成理而不說」

老子重「道」之清虛靜寂，要人清虛自守。而莊子則言「心」
之自由逍遙，要人遊心於天地間。莊子之「心知神明」有若老
子之「道」，它生化萬物，亦內藏於萬物。他說：

今彼神明（那「大道」神明）至精（極其精
妙），與彼百化（與萬物變化合而為一）。物已
死生方圓（萬物在變化中，生生死死，方了圓了），

莫知其根（不知源由）也。扁然而萬物自古以固
存（自古以來自然而然地存在着）。六合為巨（廣
披天地四方，廣闊無匹），未離其（大道）內；
秋豪（秋鳥初生之毫毛）為小，待（依待於「道」）
之成體（方成其形體）；天下（宇宙間萬事萬物）
莫不沉浮（在變化之中），終身不顧（有始終成
敗然而沒有新舊之分）；陰陽四時運行，各得其序；
惛然（茫昧）若亡而存（像不存在而實在存在）；
油然不形而神（油油然而生機十足，唯不見其形）；
萬物畜（萬物為其所蓄養着）而不知（而不自覺
有此「道」）：此之謂本根，可以觀於天矣（知
道這些則可以觀「道」了）！」（《莊子·知北遊》）

「道」生化萬物，各得其序，自然而然，各守其位。

　　吾師乎（這「道」真是我的大宗師呀）！吾
師乎！齏（音擠，碎也）萬物而不為義（裁制萬
物而不見其理由依據），澤及萬世而不為仁（素
秋霜降，碎落萬物，非有心斷割而為義。青春和
氣，生育萬物，並非情義恩愛）長於上古而不為
老（「道」先於萬象之前而有，並日新不窮）。
覆載天地、刻雕眾形而不為巧（「道」覆天蓋地，
生化天地萬物，形態巧美各異而不見其功）。此
所遊已（這就是「道」生化天地而不求名、不求功、
不見己之自然無為）（《莊子·大宗師》）。

「道」生之不為己有，育之不矜其名，成之不恃其功：

> 「天地有大美而不言，四時有明法（顯明之法則）而不議，萬物有成理（固定之成規）而不說（何曾向人說明）。（《莊子・知北遊》）

「道」無所偏愛，任物自生、自成、自長、自育，一切自然而出，自然而逝。由此，莊子說，當人之「心知」達至極純不雜時即見其「神明」，即「道」。換言之，人只要將日常之「心知」——即成見、計謀、智巧，與及榮譽、權勢、名利之追求等一一化除後，「神明」自出。人之「心知」若能「淡然獨與神明居者」（《莊子・天下篇》），則能依本歸源而轉為「神明」，成「心知神明」。

由此，人不以有為管事，不藉智巧應世，不求讚譽於世，不以成見分彼此，不為情移物擾，一切不落入是非判斷之中，心無罣礙，人由此而「無功」、「無名」、「無己」、「無待」，這裏直見「心知神明」之虛明清寂，抖落了塵世之名利、權位、情慾等一切雜質，還歸本來之清明面目，不受「成心」所染，使外間事物如其所如的呈現於前。

這「道」「原（本着）天地之美而達（通達至）萬物之理（萬物生化之理）。是故（由此）至人無為（無所作為），大聖不作（聖人不運用智巧計謀造作），觀於天地（純效法天地）之謂也。」（《莊子・知北遊》）

6.2.2.2　參「聖人、神人、至人」之「無名、無功、無己」而遊於世間

「道」遺萬物而不恃其名，不驕其功，不矜其己。「道」乃言外之物，故莊子以「聖人」、「神人」、「至人」（《莊子‧逍遙遊》）之具體形象以描述之，各自體現於「無名（不以此光耀名聲），無功（完全超然物外，化生萬物而不為己有），無己（它與萬物為一，無物我之分）」。莊子把許由喻為聖人，說他「無名」，不沾滯於功名。他拒堯之讓位，不戀棧功勳名譽，曰：「子治天下，天下既已治也，而我猶代（取代）子，吾將為名乎」，再曰：「予無所用天下為」。堯既立大功於天下而享得大名見譽於世，但他不藉功以耀其名，毅然將天下讓予許由。一以「無名」而禪讓天子位於許由，許由亦以「無名」而拒受之，兩者展示了「聖人無名」之特性。

「神人」遊於天地間，出入六合之外內。他至大至廣，成就宇宙天地無形無迹之間。他廣披萬有，包容萬境，無所作為而宇宙萬物自成自有，「之人也（那位神人），之德也（他的功德），將旁礴萬物（廣披萬物）以為一（以為全宇宙求平治天下）」（《莊子‧逍遙遊》），「是其塵垢粃糠（糟粕，即他的粗迹），將猶（足以）陶（用土燒制瓦器）鑄堯舜（燒鑄出聖人來）者也，孰肯分分然以物為事（他那裏肯把治理天下攬作為自己之事業）！」（《莊子‧逍遙遊》）他出入於六合，遊於無窮，無所作為而人世自然趨於大治，成就大功業而不自恃。所以他卑視不屑人世間之春秋大業，不懷「立功」之念。

　　老子說堯治天下，平海內之政時，以有為治國，時刻以天下為己任，及至他到姑射之山汾水之陽，拜見了得道之人以後，才頓有所悟，頓然「窅（音杳，深遠貌）然喪（放棄）其天下焉」」，深覺自己「求有功」之偏，才知天下原乃身外之物，實是不足為治及留戀。但能忘天下者，須先忘己，若自身不忘，勢必如「宋人資（貨也）章甫（殷族人的帽子）而適越」，不見「越人斷髮文身，無所用之」。

　　「逍遙遊」乃莊子學說的最高理想，是莊子哲學的重要觀念。關於「逍遙」二字，其義原為徘徊、翱翔之意。徘徊為行的自由，翱翔為飛的自由，逍遙是行止的自由。憨山法師解釋「逍遙」為「廣大自得、廣大自在」，將「逍遙」提昇到了精神自由的層次。王先謙《莊子集解》裏說：「言逍遙乎物外，任天而遊無窮也。」在莊子而言，我們的「心知」與「道」原為不二，無邊無疆，故人可以「逍遙乎物外」。但人有其形相物慾，往往為名利權勢所牽引，而將其「任天地而遊無窮」本然之性攀落。

　　在莊子而言，人之心至純不雜時即見其「神明」，不會沉溺於俗世的生活世界裏，超離於形色世界，不為物累，而「遊」乎物外了。這天人合一之境，見「至人」無己之胸襟，無自我堅持的爭逐意識；「神人」無功的行止，化育萬物而不為己功；「聖人」無名，以其位治天下，國泰民安而百姓不知有之。一切皆彰顯「心靈生命」之高遠清虛，不蔽於「功名以見己」。這裏但見「逍遙」者胸中灑落、身心安然、行止自由，心境清

淨無掛，不為世累。

由此，在「心知神明」絕對自由之境中，自能平齊萬物，無大小，壽夭，美惡，是非，貴賤，物我，死生。萬物既齊一無別，即無彼此，無爭奪，無得失，而達至「忘」的境地。此「忘」來自智巧之退去，現出了「神明之心」之自身，由此方可「乘（遵循，憑藉）天地之正（乘天地之大道），而御（順着）六氣之辯（駕陰、陽、風、雨、晦、明六氣之變化），以遊無窮者（遊於六合之外）」（《莊子·逍遙遊》）。於此入與天地相忘，於「人道」見「天道」，「天道」見「人道」。

6.2.2.3「道通為一」

當人之「心知」至虛靈靜穆，則會轉化成「心知神明」，能體悟「道」之朗照，見萬物大同，天地為一，終至於「上與造物者遊，下與外生死者為友」，由此而照見「道通為一」，「凡物無成與毀，復通為一」，視一切事物都是渾圓的整體。在萬物中，一切之「成」乃由「毀」而來，將枯草燒掉則成肥料，將葡萄摘下擠壓成汁則可釀出美酒。所以用「成」與「毀」去分割事物，源於人的「成心」之價值觀加上支配慾，將天地間本來融和合一之關係強行分割開來。「道」是「一」，宇宙萬境根本上是「齊平無異」，沒有彼此之分，成毀之別。至於宇宙之本質，則須以「一」、「齊」作為衡量之標準。

聖人能懷「道」，與物無對，故能與「天地並生，萬物為一」。既如此，聖人對「道」默而識之，不視為知識之對象來

論述。故「**六合之外，聖人存而不論；六合之內，聖人論而不議**」（《莊子‧齊物論》），至於莊子自己之議論不外是言中「**無言**」，「**知止其所不知**」，懂得順物之本然而不要去加以分別判斷。得「**道**」者，則知曉「**不言之辯**」及「**不道之道**」，默識「**無言**」之境，因當「**道**」一落入語言中，便會虧損破裂，如藉愛彼此而顯示仁，則失其圓融渾一之妙。

但人往往離「**道**」而起「**成心**」，堅持己見而與人爭辯，但於「**是非**」之爭辯中只見愈辯愈混淆，離「**道**」愈遠，令「**道**」虧損愈深。世人之爭，不外「**彼亦一是非，此亦一是非**」。要平息之，須「**物無非彼，物無非此（應視彼此如一）**」，「**是亦彼也，彼亦是也（彼此無別）**」。若「**彼**」，「**此**」相忘，是非相泯，莊子就可直下說：「**是亦彼也，彼亦是也。彼亦一是非，此亦一是非。**」明乎此，則人之心靈可入於道之「**樞紐**」。莊子說：

> **彼是莫得其偶**（「偶」，對比互反也；事物如一，不存在彼此之區分），**謂之道樞**（「樞」，要也。於道樞中，在天之照朗下，彼此超出了對待，都在「道」之樞紐中，體夫彼此俱空，是非兩幻，共得其樞要，凝神獨見而無對。是非由此兩化，而「道」存焉）。**樞始得其環中**（握「道」之樞，以遊乎環；「中」，中空也。「道」居中間，得其樞紐，左右運轉，是非反復，相尋無窮，若循環然，是非因而相泯），**以應無窮**（彼此遊

乎空中，不為是非所役，而後可以應無窮）。**是
亦一無窮，非亦一無窮也**（由此，天下莫不自明
而不相非，故一是一非，兩行無窮；因此聖人不
走劃分正誤是非的道路而是觀察比照事物的本然，
也就是順著事物自身的情態而觀之。事物的這一
面也就是事物的那一面，事物的那一面也就是事
物的這一面。事物的那一面同樣存在是與非，事
物的這一面也同樣存在正與誤）。**故曰莫若以明**
（唯本明之照以應無窮）。（《莊子·齊物論》）

樞紐圓通，居環轉之中央，可左可右，不黏滯於一方，以
此看待世間的一切的語言爭辯，也就無所不應，互相無有障礙。
由此，人之「**心知**」去除偏頗而轉化為「**心知神明**」，此「**心
知神明**」可去除人對事物之「**概念化**」，「**是非觀念**」，並化
解了「**分別判斷心**」，直悟天地之整體為一，見「**天地一指也，
萬物一馬也**」，宇宙不過像一根指頭，何有大小之別？萬物無
異一馬，何有多少之分？

6.2.2.4 體悟「天道」以去「成心」

人應當修養其心智，以達至「**未始有物**」之「**虛靜靈台**」，
其修養之方乃在斂其才智而不用，將之藏於平凡之言行中，不
與人爭智。此一「**滑疑之耀**」方可使人體現大道之「**全一**」。

但人往往困圍於「**因其是其而是之**」，則「**勞神明為一，
而不知其同也**」，辯者強行擇其片面而辯說，並以己見求一致，

竟不知本來就是同一的整體，故「**聖人不由而照之於天（道），亦因是也**」。是以「**聖人和之以是非而休乎天鈞（道），是之謂兩行。**」莊子用「**和**」的整體包涵之法，去順應自然固有的均衡，使得物與我均以整體面貌互相融合而兩者兼行。「**天鈞**」的原型是渾一不割裂。「**是非之彰（彰顯）也，道之所以虧也（因道本身已虧損了）。道之所以虧，愛之所以成。**」渾圓一體的道，由於從中分割出「**是**」與「**非**」而遭損壞。而是非之端，出於人的主觀的私愛偏好。如將「**萬籟**」納入其大化之流行中之「**天籟**」裏，使之諧和融合一起，而各不失其音韻等色，卻可成全萬賴一體和諧共鳴之樂曲。

　　莊子於《齊物論》裏，以「**萬竅怒呺**」以喻百家爭鳴，彷似大地各個形狀不同之竅穴。各聲音均具獨特性而平等。我們不能以某一聲音作為眾萬之地籟人籟標準，更不能剷平所有竅穴而息止它們之聲。唯一可能，就是保留萬籟之際，同時體察這萬籟之源，即：吹動萬竅之宇宙長風，將萬籟納入其大化流行之中之「**天籟**」，使之諧和融合一起，而不奪各音韻之特色，則可成全萬賴一體和諧共鳴之樂曲，如「**前者唱于而隨者唱喁**（前面風聲低低嗚嗚唱着，後面風聲急急呼呼和着）**。泠**（「**泠**」音伶，細流的水聲）**風則小和，飄風則大和**」（《莊子·齊物論》）。此喻以「**道**」之超越境界觀各家之爭鳴，不遺各家之言卻能去其「**彼是**」之見、是非之爭。

　　莊子要人當修養其心智，以達至「**未始有物**」之「**虛靜之靈台**」。由此，「**聖人和之以是非而休乎天鈞，是之謂兩行**」。

他用「和」的整體包涵之法，去順應自然固有的均衡，使得物與我均以整體面貌互相融合而兩者兼行。「天鈞」的原型是渾一不割裂。「**是非之彰也，道之所以虧也。道之所以虧，愛之所以成**」。渾圓一體的「**道**」，由於從中分割出「**是**」與「**非**」而遭損壞。而是非之端，乃出於人主觀的私愛偏好。「**心知**」因相對性而有小、大之分，「**言**」而隨之有小、大之別。情識若執著於自身之知見名言，忽略了彼方之不同見解時，則人不單撕裂了「**道**」之渾圓一體，更會投入於「**彼是**」之爭鬥中，伴隨而來必是心理的憂恐疑懼，這樣會趨使生命陷溺於「**發**」、「**留**」、「**殺**」、「**溺**」、「**厭**」之過程中而萎靡，最終會導至「**喜怒哀樂，慮嘆變慹，姚佚啟態**」之茫昧狀態中。這一切因「**成見**」之執著往往拖累生命於困頓中。

故此，人們應不去追求是非，不強分彼此才合乎「**道**」。那些孜孜求知的學者，爭是爭非之辯者，只會徒勞神明，與爭「**朝三暮四**」還是「**朝四暮三**」（因三加四與四加三均是七，沒有分別）的猴子一樣。止息是非，就要「**和之以是非，而休乎天筠，是謂之兩行**」。「**兩行**」者，乃「**是非**」通而一，有若得道之聖人「**無是非**」、「**無彼此**」。

修養之方乃在斂其才智而不用，將之藏於平凡之言行中，不與人爭智。此一「**滑疑之耀**（對任何觀點持懷疑的態度，看起來像動作像滑頭，但是在懷疑推敲的過程中思想往往就會放出光芒，使眼界更為開闊明晰）」方可使人體現大道之「**全一**」。聖人之心靈如天府，人「**知有所止**」，有「**不言之辯**」，「**不**

道之道」之境界。這無言默識之德，能兼體萬物而懷抱萬物，心靈有如「天府」。它任萬物傾注而不滿溢，酌取而不枯竭，光芒無限而自斂於內，亦名曰「葆光」。

　　莊子以「莫若以明」去彼此是非之成見，郭象以「以明」要「儒墨反覆相明」。因儒墨等之爭辯，出於「是其所是而非其所非」，故此須要徹底改變成「是其所非而非其所是」，使彼此不處於對立狀態，從而彼此肯定其所否定，與及否定其所肯定。彼此能達到「無是無非」時，則能反覆相明，是者非是，非者非非，爭辯由此自能休止。所聽得者，乃萬籟一體和諧共鳴之「天籟」。唐君毅先生釋「以明」，說「明」者指日月之相互輝映。儒墨之言論不同亦當如日月在天上之同運，各是其是，而不相非，不相礙。由此，人之成見、情緒雜念減少，使成見習見消失，則易見人之「是」，而不見人之「非」。彼此不見對方之「非」，如是則爭論息止。世間事莫非「因是因非，因非因是」，是「有待」而互相對立存在的。故此觀物偏而不全，「自彼則不見此」，「彼」永遠不是「此」，而「此」永遠不是「彼」。由是，「彼是莫得其偶，謂之道樞」，旨在以「以明」息人間之是非爭辯。「明」者指日月之相互輝映。言論意見之不同亦當如日月在天上之同運，各是其是，而不相非，不相礙。由此，人之成見、情緒雜念減少，使成見習見消失，則易見人之「是」，而不見人之「非」。彼此不見對方之「非」，如是則爭論息止。世間事莫非「因是因非，因非因是（堅持「是」者必有其原因，而堅持「非」者亦如是；有因而非者，即有因而是者）」，是「有待」而互相對立存在的。故此觀物偏而不

全，「**自彼則不見此**」，覺得「**彼**」永遠不是「**此**」，而「**此**」永遠不是「**彼**」。故莊子說「**物無非彼，物無非是**」，「**彼出於是，是亦因彼**」，「**是亦彼也，彼亦是也**」，故須藉「**以明**」息人間之是非爭辯，自覺到「**是亦彼也，彼亦是也。彼亦一是非，此亦一是非**」。

第七章

儒家、道家
對於人「本然之性」之觀點

7.1 儒家對人「本然之性」之觀點

中國儒家對人「**本然之性**」的規定，大體可分兩路而言，即儒家《**易傳**》、《**中庸**》一路，及「**孟子**」另一路。

儒家對「**性**」之規定，以「**天道**」將其美善之德下貫於人而成美善之性，見《中庸》「**天命之謂性**」一語，可作為結集《**易傳**》之思想。這一思路不從仁義內在的道德心講，而是從「**天命**」、「**天道**」下貫於人，而成人之真實本性講。這是從宇宙心出發，將人心之「**仁德**」等同宇宙「**生生之德**」。依牟宗三先生語，這一進路可稱為「**宇宙論的進路**」。另一路是從孔孟仁智之觀念以言「**即心見性**」之性善說，這進路可以「**孟子**」為代表，中心思想為「**仁義內在**」，即心說性，堅持仁義內在於人心，這一思路可稱為「**道德的進路**」。前者所言之「**性**」抽象難把握，因始終是通過「**天道**」來說人之性善，不能直接從人之「**性**」本身着手，說道德之美善就本在「**人性**」之中說，或直接說「**人性**」就是美善之身。然而，兩者開始縱有不同，但終結處卻有相同之會合點——人性美善。

從「**天道**」以其美善之德下貫於人而成美善之性者，可說是「**內在的遙契**」，即遙契「**天道**」，如宗教信徒遙契上帝般，但所不同者，儒家再將「**天道**」美善之德收進為自己內在的本性上，即：一方面視「**天道**」為「**形上之實體**」，另一方面則將它視為自己「**內在性之實體**」，這是自我遙契「**天道**」而同時存在於自己之「**性**」裏，故此是「**內在的遙契**」。

　　要進一步細言「**內在的遙契**」，首先可了解「**天命之謂性**」之兩種意義。

7.1.1 天之「明命」不能改

　　「**命**」，在中國哲學裏，為一個相當重要的課題。在民眾當中，更是一個切身的問題，諺語說：「**人窮則呼天**」。在眾人當中，「**命**」是上天所規定不能改變的。人間冤屈苦痛，只能問之、呼之。在《書經》裏，凡是「**命**」，或天命，或天意，或命運，都是上天所定。而「**命**」之範圍，包括貧富、窮達、壽夭、才質。這些是命定而沒有人能予以改變，也不能反抗。此「**命**」可名為「**命運**」，它如是實現，超乎常人之理解，亦往往出乎人意料之外。《詩經·小雅·節南山章》說：「**昊天**（浩浩蒼天）**不傭**（通融，明也），**降此鞫**（窮極之意）**訩**（訩，昏亂）；**昊天不惠，降此大戾**（暴戾，災難）。……**不弔**（對人之禍患不聞不問）**昊天，亂靡**（衰敗）**有定。**」《巷伯》章說：「**蒼天！蒼天**（蒼天蒼天你在上）**！視彼驕人**（管管那些害人精），**矜**（憐憫）**此勞人**（可憐可憐受害的人！）《詩經》刺人傷時的詩章，都以災禍由天所定，抱怨上天之不明不聰，而人竟受此傷害。由此，上天之「**命**」，就像皇帝下一道命令，定了職分，定了命數一樣，人只能順而受之，不可違抗。這種命是宗教式的律法，極富權威性，相反顯出人之無能卑下。

7.1.2 具道德意義之「天命流行」義

　　「**天命流行**」之「**命**」，不是「**命運**」意義之「**命**」，是「**生**

物不測」之天，以其創造真機貫注於人自己之生命去而成就自己之本「性」，成為自我之真實本體。

這裏所指「天命」純是一條生化之流，易經說「生生之謂易」（《繫辭上‧第五章》），而天地之大德曰生。《中庸》第二十六章說：「天地之道，可一言而盡也，其生物不貳（不停息），則其生物不測（神妙莫測）」，此「天道」流行不息，「於穆（深邃）不已（連綿不斷）」，其不斷在生化萬物。天地以生化萬物為心，而當此真實的創造之幾流貫到我的生命時，便形成我之「性」，成為我「內在道德主體」，美善之源；以儒家而言，孔子對之曰「仁」，孟子對之曰「四端之心」。人既得此「天地之道」、天地之心而為「心」（此「心」即人之「性」），故本然上具有「仁愛」之道德性。由此，我之「性」與及他人之「性」，同源於宇宙之生機，具有普遍性。《易傳》續曰：「天地之大德曰生，聖人之大寶曰位，何以守位，曰：仁」（《繫辭下‧第一章》），「仁」和天地生生之大德相連。故《易經‧乾卦文言》曰：「夫大人者，與天地合其德（美善之德）」。「大人」者，即至善之人，也即是聖人，聖人之德可比併天地生生之德，因其美善，源於天地美善之德，而他能以仁義圓滿成就天地之大德。

7.1.3 天德流行

《中庸》曰：「天命之謂性，率性之謂道」人若「率性而行」，則能體現「天道」。若能徹盡「天道」之意義，即見「天德流行」。

　　人之存在有着雙重意義。一方面，這存在是「**現實自我**」，是陷溺於現實時空中之形而下之自我。但另一方面，人有其獨特之「**性**」，這是從「**天道**」創造真機而來之「**性**」，成為我「**本然之性**」、「**道德自我**」，亦是自我之「**真實生命**」、「**精神生命**」。這「**真實生命**」能夠擺脫一切經驗因素之制約，而只從服這從「**天**」而來之本然要求，能作出道德之判斷，要求「**善善而惡惡**」，這是「**率性而行**」所得的「**不忍人之心**」，「**惻隱之情**」。此「**性**」惟由天賦，故稱「**天性**」，亦稱「**天理**」。故此「**理**」、此「**性**」為形上的、超越的、精神的。這「**形上自我**」，實即儒家孟子所謂之「**本心本性**」。這「**本心本性**」，就是「**道德心靈**」，亦是唐君毅先生所言之「**心本體**」，在儒家來說是有定然的「**善善惡惡**」之價值方向。這個形而上的「**道德自我**」，同時亦是內在於我們的本然道德意識，它能夠主宰「**現實自我**」之心思情慾。它是精神的、先驗的、自足的，具有引導我們有意識地超越「**現實自我**」的功能，並能夠規範人類在人文世界所作的種種活動，使之切合道德理想與價值。

　　「**現實自我**」生活存在於感性世界裏，為物慾所牽引拉扯，容易陷溺於名利權力之追求中而犯罪為惡，但這不善之行終究是偶發性的及無常的；也就是說，就算是罪大惡極的人也會有「**道德自我**」之呼喚，只是這個「**真實自我**」偶然被「**現實自我**」所蒙蔽，才不能發揮其主宰的作用，正因為這樣，不善之人才可以有改過自新的意識及機會。

　　《中庸》首語：「**天命之謂性**」，說人性是天所賦予，人

不僅是天之所造物，在「**人性**」而言，更直與「**天**」契合，此「**人性**」即天性。但人在現實的處境中，有氣質之性，所以在實踐中，須克服感性之氣質方可體現此「**本心本性**」，此孔子所以說：「**克己復禮**」。此「**本心本性**」在實踐中若能擴充以至其極，則人之「**真實自我**」可全幅實現其道德本性，儒者稱之為「**復其天地之心**」、「**天德流行**（天道像大流一樣，流貫天地而化生萬物，成就萬物，當流貫於人時，更成就人美善之本性。人率性而行，則會將「天道」之美善呈現於人之行為舉止上，見仁義禮智之種種德行，直與「天道」或「天德」同行並運。）」或「**從心所欲不逾矩**」等。

人具「**氣質生命**」，要克服之、超越之，必須以克制私心慾念，興發「**道德之本體**」功能，以其一股不容己的力量，「**義不容辭**」、「**責毋旁貸**」來踐行道義。此「**義不容辭**」、「**責毋旁貸**」之不容己是道德「**本心本性**」之本然呈現，是「**心體**」、「**性體**」之流露。所以，在中國儒家立場來說，不需要將人的道德實踐定然地、強制地規限於義務範圍，而是在現實的生命領域裏，依「**本心本性**」之自發則可，此所謂「**復禮**」。「**復禮**」者乃超越「**現實自我**」，直見「**本心本性**」之道德實踐，或經道德實踐之歷程時，使「**本心本性**」自己恢復得完完全全，觀照自己全幅是「**美善**」之顯現，最後終見「**天德流行**」。「**流行**」者「**即順行不息，無有阻隔**」之意。孔子自言「**七十而從心所欲不逾矩**」，即是說當遇事而自覺是對的，應然的，則自然要求實踐之，道德法則與其意志，相融如水。於此，我們可從孔子之具體生命，實證「**道德心**」、「**性體**」、「**天命**」在超越「**氣**

質生命」下全幅「**自由**」呈現，這是「**天德流行**」。換言之，「**天德流行**」即「**仁心**」昭顯，並感通出去，而天下事物亦在「**仁**」的感通涵潤中而歸而於「**仁**」，而歸於「**天道**」。

孔子曾說「**富與貴是人之所欲也，不以其道得之，不處也。**」（《論語·里仁篇·4.5》）。孔子說「**不處也**」，是強調凡事需義之當為而為，不能以爭取「**富貴**」為條件而行事，這是超越現實自我之表現，所以他說：「**飯疏食，飲水，曲肱而枕之，樂在其中矣。不義而富且貴，於我如浮雲。**」（《論語·述而篇·15》）孔子又說：「**富而可求也，雖執鞭之士**（當執鞭之賤職者），**吾亦為之；如不可求，從吾所好**（順仁義之性而行）」（《論語·述而篇·7.11》）。其所言之「**從吾所好**」，亦即是「**率性而行**」，亦是「**天德流行**」。

這具道德意義之「**天德流行**」義，可見於《中庸》的幾段話：

7.1.3.1 「仁」與「至誠」之天

「**唯天下之至誠，為能經綸天下之大經，立天下之大本，知天地之化育。夫焉有所倚？肫肫**（誠懇而真實無妄）**其仁，淵淵其淵，浩浩其天。苟不固聰明聖智達天德者，其孰能知之？**」

《中庸》於此對「**誠**」之人作了一個生動美妙的描繪。聖人能與「**天命**」打成一片，因為他有「**肫肫**」篤實誠懇的樣子，有淵淵之深度及廣度品德，有如「**天**」之浩大深遠廣邈。生命如此誠篤深廣，自可「**聖智達天德**」，與天契合無間了。上面引述的一段話可用「**仁**」與「**至誠**」，帶出全段之意義來。

「肫肫其仁」者，是說天以篤實之心化育萬物。朱熹說天地以化生萬物為心，故「仁」，「仁者，天地生物之心」（朱子語錄·卷五十三）「天命」「肫肫」，「淵淵」及「浩浩」，正表示了它是一道生命之洪流，暢通在萬物中，一切生命便是來自這有好生之心及好生之德之「天道」。《中庸》說：「如是者，不見而章，不動而變，無為而成，天地之道，可一言而盡也，其為物不貳，則其生物不測。天地之道，厚也，高也，明也，悠也，久也。」（《禮記·中庸·第 26 章》）天地這些自然現象，表明了天命所蘊藏的化生萬物的神妙力量，宇宙萬境之所以生生不息，顯示了天道這「好生」之德。人秉承了此德，而有美善之性。「好生」為美善之本質，因「好生」才有不忍他人、他物墮毀敗壞之情，而起惻隱憐憫之心。於此，才能說「天地之大德曰生」，「天地以生物為心，人物得天地之心為心，故仁」。

「至誠」者，直指聖人「法天」，和天地之生生大德相合，參天地之化育，即「經綸天下之大經，立天下之大本」。所謂「法天」，即聖人以「安不安」之情懷將天道落實於道德倫理行為上，其敦誠之態，「博配地高，明配天厚，悠久無疆」（《繫辭上·第 26 章》），「溥博（廣大貌）如天，淵泉如淵（聖人思慮如淵，難以測量）」（《繫辭上·第 31 章》），所以「能立天下之本」。「大哉聖人之道，洋洋乎發育萬物，峻極於天」（《繫辭上·第 27 章》），這表現出「至誠」者有天高地厚的愛心，如天地常能生化萬物。人乃天地萬物整體一部份，人生之道亦天地變化之一部份。《易傳》說：「易之為也，廣大悉備，

有天道焉，有人道焉，有地道焉」（《繫辭上・第 10 章》）「人道」和「天道」密密相連，成為三才之道，「天地之道」為生，「人道」為「仁」。「天地之大德曰生，聖人之大寶曰位，何以守位，曰仁」（《繫辭上・第 1 章》）。於此，「仁」和「生」相連。故此，才能有所謂「大人者，與天地合其德（大人之道德情懷可與「天道」相合相融，於「人道」中見「天道」，「天道」中見「人道」）」。

於此可見，儒家對天超越遙契，發展至《禮記・中庸》，轉化到內在之遙契，而成為「天」下貫於人而與人相接，開出「人道」即「天道」之道德觀念。

7.1.3.2 「天道」與「人道」

「唯天下之至誠，為能盡其性；唯能盡其性，則能盡人之性；能盡人之性，則能盡物之性；能盡物之性，則可贊天地之化育；可以贊天地之化育，則可以與天地參矣。」（《中庸・第 22 章》）

語指「天下至誠」之聖人可以盡己、盡人、盡物之性，因而可以參贊天乎之化育。

萬物既由「天道」而出，生命彼此相連，互有次序，「生有先後，所以為天序。小大高下，相並而相形焉，是為天序，天之生物也有序，物之既形也有秩。」（正蒙・動物）然而天序天秩，不把物分開，而是把萬物的次序中合為一整體，在人倫上，「乾稱父，坤稱母，予茲藐焉，乃渾然中處，不為把物

分開，故天地之義，吾其體，天地之帥，吾其性，民吾同胞，物吾與也。」（正蒙·乾稱篇西銘）這種萬物一體，須由人心去體會，「大其心，則能體天下之物。……聖人盡性不以見聞梏（限制）其心，其視天下，無一物非私。孟子謂盡性則知性知天，以此，天下無外，故有外之心，不足以合天心。」（正蒙·大心）這亦是孟子所說之「萬物皆備於我。」

於此，「天道」是要通過人去弘揚發大，故此「天道」就在「人道」中，亦在四時行百物生的事事物物之中。在孔子而言，此「天道」在人，亦即在人之「仁心」、「仁性」裏。所以孔子處處強調「仁」，「仁」是人內在本性之流露，亦是「天道」之呈現。《禮記·中庸》開宗明義說：「天命之謂性，率性之謂道」，正說明了「天」賦予人的便是人之本性，祇要循着人的本性，便合乎天道或體現了「天道」了。所以美善不是平面地在外界為文化制度，而是立體地基於「仁心」，亦即基於「天道」。由此，外在的成敗得失，又如何能動搖得聖人君子的志向？人若精誠所至，即可承接下貫而來美善之天德而不斷向外感通，造成一條連綿不斷的「感通流」，從親親而仁民，仁民而愛物；即：從自我「修身」做起，向外推衍則齊家、治國、平天下，將大同世界安置宇宙中，成仁義之天堂，這就是「贊天地之化育……天地參矣」（《中庸》）。這是人與天地相契接，與天地打成一片而成之大同世界。這種遙契不單是超越的，更是內在而顯揚於外所至的。這是儒家「天人合一」之旨，是把「天道」呈現人間，將天國置放於人間裏。

儒家説「**天道**」乃萬物之根源，即：差別性之萬物，本是一體無窮之「**天道**」所生化為。此「**道**」與物無對，有對立就有執著、有成心，與物無對則天地之用，皆我之用，一切天理，自然自爾地在此。宋代大儒程明道（即程顥）曰：「**閒來無事不從容，睡覺東窗日已紅，萬物靜觀皆自得，四時佳興與人同。**」萬物皆有春意，靜觀則見宇宙之創化生息及感悟人內心要成聖成賢之情懷及體現美善之本性。

儒家借「**天**」言「**性**」，在世間人道上講，就是一種「**天**」命要我如此如此做之道理。盡了自己之本份，就是完成了天對自己之明「**命**」，也即是天理通過了自己之道德行為而呈現了。當下天理之呈現時，當下即永恆，現在即未來，人間即天國。可以説，這一種「**內在之遙契**」，同時見於高度之宗教精神裏。但儒家「**天道**」之思想，不在念念得到報償於天國，而是念念順性而行伸延仁愛於人間。

明代王陽明（1472—1528）更是據此以闡發人與天地萬物為一體的「**心外無物**」之説，進而肯定「**良知即是天理**」，人能「**致良知**」就能呈現天理。這即是説：要體現「**誠**」，須從「**誠之者**」之進路而去。如此，則萬事萬物將被遍照無遺，一片澄明。「**孔學主求仁，仁心之存於中者，明睿澄然而絕系，惻隱油然而無緣，憂樂不違，動靜匪二**」（熊十力・《體用篇》）。依熊先生的看法，仁心本不限定在我之一身，實遍乎天地萬物中，由此證悟仁心就是宇宙本體。人若能體悟這宇宙本體並「**隨感而通**」，就能「**常於一己之外知有人倫**」。簡而言之，「**仁**

心」是本體，道德實踐是一種現象，而本體與現象是融洽無間。由此，「仁心」為道德實踐提供了形而上的根據，道德實踐則呈現「仁心」周流全體的功能。孔、孟以降的儒者，如《禮記·中庸》等，他們據此以發展人與天地為一體的「心無外物」之說，認為人可感悟形而上的本體（天、心、性、誠）來實踐道德修養。因此道德倫理不僅僅是存在於感官經驗世界中的一種社會現象而已，而有其道德本體之依據。

如此，傳統思想中高高在上的天道，經過《中庸》《易傳》的發展，天命「內在的意義」可以完全由「仁」與「誠」的意義去證實它為一「生化原則」，或「天命流行之體」，落於人「性」中成為「內在道德性主體」。

依牟宗三先生語，這是「天」下貫於我而成我之「性」，而證成了我之「內在道德性主體」，而這「內在道德性主體」就是「真實的自我」。中國儒家之「性善論」亦由此而出，帶動了中國主流思想，開出中國之道德觀，並將形上之本體論套用於其中。

7.2 人由本性之道德心而上達天德

7.2.1 孔子由自身之道德心之發揚而上達天德

這論說指出人可由本性之道德心，充盈推衍，可外向遙契超越的「天道」。這方面可見於孔子的《論語》之表述：

（i）　「子曰：莫我知也乎（沒有人知道我吧）！子貢
　　　　曰：何為其莫知子也？子曰：不怨天，不尤人，下
　　　　學而上達，知我者其天乎」？（《論語・憲問篇・
　　　　14.37》）

（ii）　「五十而知天命」（《論語・為政篇・2.4》）

（iii）　「畏天命」（《論語・季氏篇・16.8》）

　　孔子是一大聖人。在其哲學裏，所言之「天」，有超越之宗教情懷與信仰。觀其一生，為了使「仁」政行於四海而奔走各國，但處處不受重用，往往無功而還，但他仍堅持「知其不可為而為之」。他有其終極理想之企盼，為此而奮鬥不懈，要為一個「道德生命」之實現而努力。對孔子而言：困厄境況，何毒於我？凡事「心安」自然理得，重要者乃「知命」而「立命」，處困難中仍堅持理想，恃志而行，默默耕耘，在艱苦中下學上達，行當行之事，義之當為而為，刻刻奮鬥，完成自己的道德人格，成就智慧德業，存心自有「天」知。這是堅恃踐仁行義而上通於「天」，是聖人如孔子者「下學」中與天相通情慧。

　　孔子窮其一生，至五十才敢説「知天命」，能體悟「天命」，則往往會「居易以俟命」，對自己之困窮遭遇而處之以平常心，只要所作之事是行道於天下，不期望其道之必行，一切盡其責而已。由此，他可以「不怨天，不尤人」，只問自己是否以把道德理想安放於現實之世界裏，這「俟命」之態度，是一種「心安理得」之態度。這亦是孟子之所言：「莫非命也，順受其正」，

只要事得其正，命運要是怎樣來，就怎樣來吧。

孟子就是順此條路向由人性之善向上推演到「**天道**」之美善，即由人之美善之性而出道德實踐終而上達天德。

7.2.2 孟以「盡心」、「知性」而上達天德

《易傳》及《禮記·中庸》提到「**天命**」乃創造性之真機，以天地之心生化萬物，故人於天地之中，亦具生生之德，但「**生生之德**」涵攝了其善美而下貫於人性中而轉化為「**仁**」，但這道德之涵義，要到孟子出，卻另轉一條路出來。孟子將人之「**性**」與道德合併起來，視人「**性**」為「**道德的善**」的本身。其次，他視人「**性**」本為「**道德性**」之「**性**」，即從人之「**內在道德性**」說人之本然之「**性**」。

《易傳》、《禮記·中庸》以「**天命**」、「**天道**」賦與人之善德，有若西方之道德觀念從宗教的神或上帝而來，極具道德之原始形態。但是，道德必須有其自身之建立處，故須從建立「**道德的善本身**」之「**善**」以及「**道德性本身**」之「**性**」去申延論述。

7.2.2.1「**道德的善本身**」──**道德意識**

「**道德的善本身**」必須通過內在的「**道德意識**」，方可顯露道德上善與不善。人之「**氣質生命**」往往使人陷溺於罪惡之中，要離惡遷善，人一方面須要有「**罪惡感**」，另一方面又要有道德意識，使人在罪惡中親身感受「**不安**」之折磨，通過這

主觀之感受，引發了道德意識，才可對道德的善與惡有一個清徹之概念。

所以，宇宙間，本無罪惡可言。所謂罪惡，純粹是由道德意識中的道德的善映照出來。例如説謊，本身只是唇舌之活動；又例如偷盜，從客觀而言，僅是物體在空間之移動。然而，經過道德意識中的映照，感覺到説謊及盜竊是一種罪惡，是一件可恥的行為。由此可見，罪惡不是「**正面的存有**」，而是經過道德意識的映照才呈現於人心的。此「**道德意識**」乃王陽明所言之「**無善無惡之心體**」，是我們之「**良知**」，為絕對之至善。即使宗教上的上帝，其至善亦須人心中的道德意識去證實。

孟子就是從這「**道德意識**」去建立他的性善論。

7.2.2.2 孟子之「**心**」、「**性**」觀

承上所説，這「**道德性**」之「**性**」只能直接從人的道德意識去建立。人犯罪而感不安，這不安之感是出自下墮於罪之道德性。不安於罪表示心中有一從罪躍起的心願與能力，這心願與能力可以説是道德創造性力量。生物生命的創造性只是機械的，而道德的創造性是精神方面的，它同時代表着我們要實現理想的力量。世人慣説的理想只是對未來的希求，其「**理想**」不外名利權勢之追求，這不是理想，只是私慾或欲望。凡稱得上理想者，必然是從「**不安於罪惡中躍起的心願**」這個根源上説。

孔子之生命為一踐仁之生命，「**仁**」是一切德性之所從出，

它亦統攝諸德，包含着恭、忠、敏、惠、禮、義、廉、恥等德目。孟子則由此仁心之全而説人之性，直指「仁」乃人「性」之本質，而此「本性」即我們之道德意識，亦即「道德心」。孔子論語中未曾有「心」，「心」之概念由孟子提出。孟子主張，「心」有天生的仁、義、禮、智之端，又天生有仁、義、禮、智等行為之「能」，此「能」亦即「良知」、「良能」。王陽明講「致良知」，就是講孟子的「良知」、「良能」。孟子言「心」，直指人之「內在道德主體性」，即「道德意識」。具體言之，孟子之「心」，乃「仁、義、禮、智」四端，即是人性，孟子有下列之表述：

> 「所以謂人皆有不忍人之心者。……由是觀之，無惻忍之心非人也，無羞惡之心非人也，無辭讓之心非人也，無是非之心非人也。惻隱之心，仁之端也；羞惡之心，義之端也；辭讓之心，禮之端也；是非之心，智之端也。人之是有四端，猶其有四體也。」（《孟子‧公孫丑上》）

> 「口之於味也，目之於色也，耳之於聲也，鼻之於臭也，四肢之於安逸也，性也，有命（氣質生命之本質欲求）焉，君子不謂性也。仁之於父子也，義之於君臣也，禮之於賓主也，智之於賢者也，聖人之於天道也，命（天明命於我之善善惡惡之道德意識）也，有性（是我本然之性）焉，君子不謂命（不屬氣質生命本然之性）也。」（《孟子‧盡心下》）

　　「仁、義、禮、智」根於心，是「良知」，「不學而知謂之良知，不學而能謂之良能」，是天性之本有。孟子屢言「君子」，稱他們為「有德之人」，亦是「君子所異於人者」。這一切所指均是就其生命中所表現的道德性而言。道德不在於他處，而在於其「存心」。

　　若能「以仁存心，以禮存心」，則見「盡其心者，知其性也。知其性，則知天矣……所以事天也。」（《孟子·盡心上》）「心」之本處 就在我們自己的身上，具是非判斷之能力，是一「道德心」。所以，「盡心」者，是一「自求」、「自反」，是一道德實踐，即充盡「惻隱之心」以知仁，充盡「羞惡之心」以知義，充盡「恭敬辭讓」之心以知禮，充盡「是非之心」以知智。故「知性」者乃在「心」之求充量表現出來而見此「仁、義、禮、智」之性，繼而知心性之本原為「天」也。此「知天」之「知」，非測度之「知」，而是一種實證之知。孟子之「天」富倫理色彩，是一種「道德秩序」。我們遵守此道德秩序，誠如我們遵守的自然秩序一般。所以，孟子說「知其性者，則知天也」，指出「天」是一道德法則，廣泛地涵蓋了家庭、社會、乃至政治上的一切最高秩序。所以當「盡心、知性」之工夫至乎其極，而達於王陽明所謂「仁極仁，義極義，禮極禮，智極智」時，便直見這一切純是天德之昭顯，天理之流行；此時，人通過道德理性的自覺，可重新契接上這富道德涵義的天，而「天」即「心」即「性」。

　　當孟子說：「誠者（這裏所謂「誠者」，是指聖人的境

界），**天之道也**（聖人是一種理想，聖人之言是道，所以聖人是「天道」的人格化）；**思誠者，人之道也時**（聖人難為，我們不能生來就性德圓滿，故必須透過「思誠」之修身功夫，即戒慎恐懼，行仁踐義，使喜怒哀樂之情皆中節合於禮，此乃「四端之心」之顯揚，聖人之所為，人道之實現也。由此見，「人道」即「天道」，「天道」即「人道」）（《孟子·離婁上·13》），他進一步解說「**天道**」本質純亦不已，故「**誠**」。而人可透過「**盡心、知性**」之道德實踐而上契於天。同時亦因「**應為而為**」，「**當為而盡為之**」之生活態度，活活潑潑將「**天道**」表現出來，這是「**思誠**」，是一種自覺反省，見道德由我而出，成「**仁義行**」之「**人道**」。

7.2.2.3 唐君毅先生之「心本體」與孟子之「存心」

唐君毅先生的整個哲學思想都是以「**心本體**」作為核心而架構起來的，其道德哲學所走者乃是以形而上規範傳統儒家倫理學的路子，而「**心本體**」就是他的道德哲學之形而上基礎。而此「**心本體**」乃師承孟子之「**良知**」、「**良能**」，「**道德心**」、「**存心**」而來，是「**道德本體**」，是人之「**精神生命**」、「**真實自我**」。

唐君毅先生常論及的「**無常、空虛、悲苦**」者，所指的是一個缺乏完美理想的感官經驗現實世界。這個現實世界是由「**現實自我**」感召而來的，鑒於「**現實自我**」是幻滅不實的，故此需要「**道德自我**」作為牽引主導。唐君毅先生說他一生追求的，是一個有理想、有目的、有方向的世界，這樣的一個世界必須

肯定一個「**道德自我**」來主導道德實踐。所以，唐君毅先生深信，除了現實世界以外，還存在一個完滿、真實、善美的價值世界，他說：

> 在我思想之向前向下望着現實世界之生滅與虛幻時，在我們思想之上面，必有一恆常真實的根原與之對照。但是此恆常真實的根原，既與我們所謂現實世界之具生滅性與虛幻性者相反，它便不屬我們所謂現實世界，而亦應超越我們所謂現實世界之外。（唐君毅《道德自我之建立》頁102。見《唐君毅全集》卷一）

唐君毅先生不是要說在現實世界以外還另存一個超越的世界，有若柏拉圖（前427—前347）所說的理念世界一般。因為人類所處的正是眼前這個活生生的世界，生活對我們來說是如此真實，仍然可以被我們所感知，盡管它是幻滅無常。唐先生說現實世界虛妄不真，是針對此世界缺乏理想而言的。他說：

> 我不願此現實世界是虛幻的，我只是被理論的逼迫，而承認其虛幻性。在我不想那些理論時，我總是執此現實世界為真實的。（唐君毅《道德自我之建立》頁101。見《唐君毅全集》卷一）

既然唐君毅先生肯定只有一個世界，那麼他所謂的「**恆常真實的根原**」就是我自認為與之同一者，即我內部之自己，這

個「內部之自己」就是「我之心本體」。可見，唐君毅先生的「恆常真實的根原」看似外在於現實世界，但是卻內在於人類自己的心中。此外，「我的心之本體，即他人之心之本體」，「我善善惡惡，善善惡惡之念，所自發之根原的心之本體，決定是至善的」，「它既是至善，它表現為我之道德心理，命令現實的我，超越他自己，而視人如己，即表示他原是現實的人與我之共同的心之本體」。至此，唐君毅先生的道德哲學就具備了以「心為本體」的形而上基礎，而他所認定之「心本體」就是孟子所言之「以仁存心，以禮存心」之「存心」了。

7.2.2.4　孟子之「存心」思路無間於《中庸》、《易傳》之思路

孟子之思路與《禮記·中庸》、《易傳》無背。試觀《易傳·繫辭下》第一章，「天地之大德曰生，聖人之大寶曰位，何以守位？曰仁。」易經講「生」，宇宙常在變易，生化萬物。宇宙之變易，由陰陽的變化而成，「一陰一陽之謂道，繼之者善也，成之者性也。」（《繫辭上·第 5 章》）。這裏正見宇宙之創新真機，這真機創生生命。創生生命稱為「仁」，此「仁」在「生生」中含蘊着生命之潛藏及發揚。我們在植物中見果仁，如桃仁、杏仁等，即可預見生命由此抽芽及茁壯，生生不息。故《中庸》曰「天命之謂性」，當落在宇宙論解說時，直指此宇宙之創生真機。但孟子亦說：「仁，人心也」，朱熹順《易傳》之意對此解釋曰，既以仁為生，在「天」曰「生」，在人曰「仁」。《易傳》說天地有好生之德，由德往前推，則可以說天地既以生化萬物為心，人得天地之心為心，人心便是「仁」，因為人

心由天地之心而來，天地之心愛物而生化萬物，人之心也就愛生命而與人「同情共感」而「贊天地之化育」。由此，「天命之謂性」落於人之生命上，帶有強烈之道德意義。唐君毅先生所言「心本體」、「道德心靈」，是具有普遍性與必然性的道德法則之本身，其意義亦包含了它是純粹先天的，無待乎任何經驗知識，但可充份決定我們的行為之道德性。

孟子在《盡心》篇云：「君子所性，仁義禮智根於心」。「根」所指者，本也。這段說話呼應了孟子《告子篇》另一段話：「仁義禮智，非由外鑠我也，我固有之也，弗思耳矣。故曰。『求則得之，舍則失之』」（《告子上‧11.6》）。將這兩段話合起來看，則見「我固有之」者，意謂「固有於心」；而孟（子）亦以四端之心說「性」，故亦可說「固有於性」。告子不知仁義禮智等道德法則根源於心，故主「義外」之說。孟子以「心」反對告子，亦正回應孔子之所言：「為仁由己，而由人乎哉」（《論語‧顏淵篇‧12.1》）及「仁遠乎哉？我欲仁，斯仁至矣」（《論語‧述而篇‧29》）。再者，孟子在《盡心篇》中所言之「盡心、知性、知天」，此「心」者乃「本心」，即「四端之心」、「道德心」、「非獨賢者有是心也，人皆有之」之「心」。由此推展，「性善」之「性」，即道德創造之「性」，因道德活動之本質是道德之創造性。於此，孟子力指——凡能充份體現其道德之「本心」者，即知其創造性之真性。所以，當他說「盡心、知性、知天」時，此「知」是實踐中之「知」，是證知，而非認知。進而言之，凡能證知其道德創造性之真性者，即證知了「天」之創造性。因為天之所以為「天」（創生萬物之創造性）與我

們之「**本心**」——真性之道德創造性實為一事。程明道於此回應云：「**只心便是天，盡之便知性，知性便知天，當處便認取，更不可外求。**」（《河南程氏遺書·卷二》）

　　孟子由道德之創造性去規定人性。用康德之術語說，這種創造性即自由。康德透過我們的道德意識去設定上帝之存在，孟子也由我們之道德心去證知天之創造性，這是由下而上之證知，認為天之創造性可直接就四端之心所認取，即由本身之「**存心**」證知「**天道**」、「**天心**」，由此知上下情慧相通。用牟宗三先生語，在智性直觀底觀照下，「**心、性、天**」均是同一實體，主觀而實踐地說，是「**心、性**」；客觀而絕對地說，是「**天**」，其實並無分別。此一實體或創造性之所至者就是宇宙萬境，因此孟子才能說「**萬物皆備於我**」（我們天性具有了人倫之理，足以判斷是非對錯，同時為萬物之理的道德心）、「**上下與天地同流**」。故此，孟子之「**盡心、知性、知天**」，所言者之「**心**」乃道德主體，其「**存心、養性、事天、正命**」可更進一步闡明其義。「**存心**」者，意謂「**操存其心，無令放失**」，此亦同於《離婁篇》所云：「**人之所以異於禽獸者幾希，庶民去之，君子存之。**」這「**幾希**」就是人底道德創造性而言。此創造性即見於道德的本心，而君子所存亦不外存此本心也。「**養性**」者即保養其道德創造之真機。故「**存心**」與「**養性**」實是一事，均使我們之道德主體不受外物之牽引而放失。順孟子之所言，只要我們能積極地存養我們之「**本心**」，其自身所具之創造力量自會湧現而出，此即是「**養性**」之道。而「**事天**」者，亦是道德性的。它在於遵從一切「**義之當為而為**」。換言之，捨去存養

我們之本心、真性、致力於道德實踐之外，別無「**事天**」之道。真能「**存心養性**」者，其命之夭壽，不足以貳其心；而專一自修其身，以俟命之降臨，自立其「**盡其道而死**」之正命。蓋人之自然生命，固與外境相接，而有其得失、利害、順逆、吉凶、禍福，而或夭或壽，固非人能自主者。此人之所能自主者，唯自盡其道，人唯自盡其道，則命得其正。而此「**正命**」，乃由人而立而已。

中國儒家正宗為孔孟，故此中國思想之大傳統的中心落在主體性的重視，亦因此中國學術思想大約可稱為「**心性之學**」。此「**心**」代表道德之主體，它堂堂正正站起來，人才能陪堂堂正正站起來，否則人之一切文化如科學、藝術、宗教、道德都無價值。這是中國之核心思想，這亦是人之學，生命之學。

7.3 道家老子對人「本然之性」之觀點

7.3.1 道家之無為自然，遊心於世

老子重「**道**」，萬物依道而生，故我們之「**性**」亦「**道**」之「**性**」，它「**無為而為**」。故當老子要我們守「**道**」及法「**道**」，亦即要我們效法「**道**」之「**清靜無為**」，用於人生上，反樸歸真，回歸本來之性，無心自然，見素抱樸，少私寡欲，謙卑處下若水，清靜為天下正，用柔守弱。然莊子重「**心知**」之靈明，以「**心**」遊於天下，住於現世而不為現世所累。人有情慾之患，然我們的「**心知**」卻可超然物外，其廣與高可與穹蒼相比。只要心不執著，人可看破世俗之價值觀，不為名利權勢所困囿，

跳出「**彼此**」、「**是非**」、「**成心**」左右而銷解之、超然之，
從而「**遊心天下**」而自由自在。

由此，老子，莊子之思想有其相通之處，縱然其闡釋有別，
前者重「**道**」之無為自然，後者以心遊於世外，大家均以生命不
為物之牽引桎梏，順其自然或超然物外，率性而行，逍遙自在。

7.3.2 老子之率性自然

老子所言之「**性**」，不同儒家所言之「**性**」，本身不具道
德意識。由此，道家所言之順性而行，有其獨特之意義，不是
要自我成聖成賢之開顯，而要求自心之清淨虛靈，退斂，效法
「**道**」之自然而然，如「**四時行，百物生**」，不曲己逢迎世俗，
盪滌胸中塵環之染，去掉情慾之網，使生命歸於自然，從而清
虛靜寂，無為而為；或順莊子意，使心超然物外，遊心於紛繁
世界中，不為左右。

7.3.2.1 人法道，道法自然

「**自然**」是知其然而然，不強加人為因素，任其自然如如
的狀態，即順「**自己如此**」而行，甚至「**功成事遂，百姓皆謂
我自然**（無為而治，不多事更張。為君者，縱使功成事就，百
姓們也不感覺是政府的力量，反而說是自己的力量所成功的）」
之義（《道德經・第 17 章》），「**自然**」於此可解說：「**然，
此也。百姓皆謂我自如此**」。再者，老子說：「**故道生之**（生
化萬物），**德畜之。長之育之**（道與德雖是長育萬物），**亭之**
（「亭」，定也，即安定萬物）**毒**（「毒」可讀作成之熟之；安也，

有苦而使其堅之義）之，**養之覆之**，**生而不有**，**為而不恃**（「道」不是有意有目的地創造萬物，亦不以萬物為己有，不以自己為功勞），**長而不宰**（不以自己為萬物之主宰），**是謂玄德**（不可測之大德）。（《道德經・第 51 章》）

「**道**」為體，有體必有用，有體有用，然後生化萬物及其形象，而「**道**」本身並蘊藏於萬物之中，而成為萬物之「**德**」，此「**德**」在萬物成長中使其顯示出自我獨特之形體及理則來（如艷花之形態有別於青草，及散發其幽香之特性）。然，「**道**」這種生養萬物之功能，卻又無為而為（無心而成萬物），自然如此，而不為己有，更為而不恃己能。萬物就在此自然而然中，自我發育，茁壯，成長。

老子說：「**希言自然**（言出成心，成見之言愈多，離道愈遠。故希言才能合於道）」（《道德經・第 23 章》）這裏所指的「**自然**」是指「**自己而然**」，「**希言**」而成者，乃不用發司號令，只任其自己自然而然地變化，不為人力強加其上而「**有**」。由此可見，「**自然**」者，自己如此也，自然而然也，不加有為之舉措也。所以說：「**自然者，無為也**」。《道德經》一書中大量地運用了「**自化**」、「**自正**」、「**自富**」、「**自樸**」、「**自均**」等等，皆要指出「**自己而然，無為而成**」的意思。因此「**道法自然**」的意思，決不是要「**效法『道』之外的自然**」，而是指效法「**道**」以「**『無為』為法**」。

人本是宇宙本原「**道**」之自然產物，是萬物中之一體，本

是「**自然**」而來，因此人要按其本於「**道**」之性，按「**自然**」之法則行事。不然的話，脫離自然，違背自然，會與人性相背，就會自取滅亡，「**不道早已**（以人力強違自然法則，不依「道」者則滅亡）」（《道德經・第 30 章》）。

7.3.2.2 為無為

人若能體道並按本性而行，即可循事物自然規律及其發展趨勢以處事作為，因勢利導，順應自然，即以「**無為**」處事應世。人若違反事物自然本性及其發展趨勢，強行妄作，此乃「**有為**」，結果是「**妄作，凶**」（《道德經・第 16 章》）。

老子說：「**道常無為**（道體常是無心自然），**而無不為**（但一言其用，又是無不可成）。」（《道德經・第 37 章》）說明宇宙萬物皆是「有」，由清靜無為自然之「道」所出。然，「道」亦無間不入。因此，「道」之「**無不為**」，闡述了它不表現於外之力量，而是顯示於萬物內部之生化作用，這作用又無迹可尋，自自然然表露於天地萬物自為、自成、自化的法則。以此無形、無情、無名之天地萬物，自自然然的自為、自成、自化，此為「道」之「**無為**」。故此，大地萬境之所生，此「**大為**」皆由「道」之「**無為**」而來。

人之行徑若受天道之「**無為**」影響而自為、自化，乃「**人化自然**」，如農作物之稻子、花木，引自然之水使之成長，過程不留造作之痕迹。此「**無為**」之行與山林中自然成長之花木無別，是老子人生觀中與「**自然**」之理念相輔相成，相提並論

的智慧。老子聖人之「無為」理念，是要去除「有為」，而這去除之內涵就是「無心而為」，這「無心」是無「成見私心」，沒有情慾蠻求、執著、機心、計謀智巧。老子說：

> 「五色令人目盲，五音令人耳聾，五味令人口爽（五色、五音、五味，是感官上的極刺激之感覺享受。老子認為過度的享樂與追求，容易使人心迷亂，如目盲，耳聾，口爽），馳騁畋獵，令人心發狂，難得之貨（財富）令人行妨。」（《道德經·第 12 章》）

人為造作的「五色、五音、五味」，它們干擾破壞了自然的感覺與美好。而物質所給與的刺激享樂卻永遠無法滿足，愈刺激則想求愈多，由此就會一直沉迷下去，所以說「馳騁畋獵令人心發狂，難得之貨令人行妨」。馳騁追逐五色、五音、五味，無息無斷。更劇者為求所得，會不擇手段奔競爭逐，強行霸有，這心之「執著」，「令人心發狂」，可知奔競爭逐，使人狂熱，運用權謀詐術，令人冷酷。當「五色、五音、五味」到最後變成「難得之貨」時，更會轉變成物欲崇尚、唯利是事，爭權奪勢，妨礙了人生自然之行程，破壞了人生自然的美好，干擾了人生自然的感受。人本可以「一簞食、一瓢飲，居陋巷，樂在其中」，只要親朋健在，基本之衣食住行沒有問題，便是人生最大之滿足。但人卻從美好之自然生活走出去，去爭名、爭利、爭權、爭勢，以對抗、打擊他人為事，自己亦為此而受傷害、然而心緒不寧。本來自然之人生，自會關懷別人，自有寬容之

心，但在社會裏，有太多之競逐，眾多之名目，人由此阻斷了相互之關懷幫助，變成彼此對抗，在「**馳騁畋獵**」下，圓融溫暖之人間由此撕裂，所以「**聖人為腹**（本來自然無為之自性）**不為目**（不為外在物質所牽引）」，反觀自照，一切順乎自然，不為五官所牽引。沒有情緒障礙，人會藉自己「**無心**」之開朗，相應於天地萬物之自然而然。

人在物慾之驅使下，「**馳騁畋獵，令人心發狂**」，故老子説：「**吾所以有大患者，為吾有身**」。人有身，所以有大憂患。為名要利皆因有我，我對自己之執著，要自己通過名利，通過權勢、通過富貴來肯定自己，用恩寵來表現自己，建立自己，成就自己。但人往往為此而寵辱若驚，害怕得而復失，得而不能長久持有，失而不能再得，終日忐忑不安，惶惶不可終日。所以老子説，要除卻人生困頓，就需要「**我不要**」，即「**捨**」，即「**不執著**」。只要「**我不要**」、不執著，我即「**無**」身，即：將自己心裏之執著，概念名目之執著，心思情慾念的介入和干擾等捨掉而歸於「**無**」，回歸至自然的樸素，由此才可將人間的煩惱虛掉過來。要明白，老子所言之「**無**」就是自然，沒有機心，智巧計謀滿足多餘的欲望，這一切是「**無為**」，「**無為**」方可「**有為**（成就一無可無不可，不為物擾之憩靜人生）」。

儒家要人有心有為，要「**為天地立心，為生民立命，為往聖繼絕學，為萬世開太平**」（北宋·張載《橫渠四句》），是人間開顯之學。而道家則叫人「**無心自然，無為而為**」才叫善。無心才不會在心裏面留下一些情意情緒上之痕迹，不會在心裏

面執著，不會有計謀，不會有籌劃，不會起奸詐，這就是無心之行，無心為善，無心計算。心無執著，由此行事處事，自會明淨如鏡，不為塵染，相應弘忍五祖的弟子神秀之偈語：「**身是菩提樹，心如明鏡台，時時勤拂拭，勿使惹塵埃**」。道家不落空相，不似佛家大乘，直見萬法乃「**緣起性空**」。道家肯定宇宙萬境之實有，參透萬物自有其自然演變之道，故行事處世下時則順應世事之推移變化而輔成之，無須以有為之舉如仁義禮智等相佐。人之自是者，自見者，自矜者，不免躁進自炫。由此，巧智計謀，一一用上，以勝他人，而違反自然之道。聖人遵守此道來治國，則民能自化自成。由此見無為勝有為，不言勝有言了。故聖人之道，縱有所為，亦須出於無為之心。

7.3.2.3 不自見、不自是、不自伐、不自矜——無心自然

老子說：「**善行**（行之善者莫過於「無為」，故「善行」即指「無為」），**無轍迹**（「轍迹」，軌迹也，行車時車輪留下的痕迹，指做大事行止高潔之士，善行不着痕迹）；**善言**（「言」之善者莫過於不言，指「善採不言之教」），**無瑕讁**（「瑕讁」，過失、缺點、疵病也；全句指一切所說，合情合理）；**善數**（指無智、無執），**不用籌策**（古時人們用作計算的器具）；**善閉**（善於閉守無言無為之人），**無關楗**（「關楗」，栓梢也。古代家戶裏的門有栓梢，栓楗均為木製，用以鎖上大門。這裏所指者乃不存巧智計謀，以防他人，即：見抱守樸）**而不可開**；**善結**（謂致虛、守靜），**無繩約**（「繩約」：繩索。「約」，指用繩捆物）**而不可解**。是以**聖人常善救人**（常教化人民，使人盡其才），**故無棄人**（沒有將人遺棄）；**常善救物**

（珍惜萬物），**故無棄物。是謂襲明**（「襲明」，即內藏智慧聰明；「襲」，覆蓋之意；「襲明」者乃襲德，謂得道之意）。**故善人者，不善人之師**（「善人」可以教化人遷善向上，故是「不善之人」之老師）；**不善人者，善人之資**（「資」者乃取資、借鑒的意思；指「不善人」可以警惕「善人」不墮落陷阱，是「善人」之借鏡）。**不貴**（尊重）**其師**（假若「不善」不尊重「善人」），**不愛其資**（「善人」不珍惜「不善人」），**雖智大迷**（雖然自以為聰明，其實還是大大的胡塗），**是謂要妙**（這個真是精要玄妙，深遠奧秘的道理）。」（《道德經》第 27 章）

這裏顯示了「**天道利人利物**」之法則。萬物榮枯生滅相繼，這是自然其然。由此，萬物之衰頹，是「**天道**」之損有餘，是從「**有**」到「**無**」；但萬物會順應自然而輪流次第出現顯明於世，這是從「**無**」到「**有**」，即「**天道**」對不及者「**補其不足**」而茁壯成長。由此可見，「**天道**」何來棄人棄物？天道只會「**利而不害**」。

人效法天道，自會順任自然以待人接物，表達了有道者無棄人、無棄物的心懷。故此，人要尊貴「**善人**」，亦要關愛「**不善人**」，並教化「**不善人**」，這不正是符合了「**天道**」之「**損有餘而補不足**」之大義嗎？「**善人**」與「**不善人**」不正是「**一體平觀**」嗎？這裏自會不自見、不自是、不自伐、不自矜。在無形、無聲、無色，於不着痕迹的情況下，救人救物，無棄人無棄物，讓萬物順應自然而輪流次第呈現於世。修養至此高境界者，善惡兩平皆清靜，平觀萬物，見「**善人**」與「**不善人**」

相輔相資為用。

　　再者，老子所言之「**善**」，可解作自然無為。這不同於儒家，儒家要我們有心有為，行「**忠恕，立己立人**」方為善。而老子要我們無心而行，無心而言，無心而數（計算）。於此不會有所期許，有所渴求，有所計謀籌策，最終人生坦然自在，不會有所執著，不會患得患失、懊惱困頓。「**關楗**」、「**結繩**」是「**有為**」，是機心策謀之運用，是約束防衛，是限制封鎖。而「**善閉無關楗**」，「**善結無繩約**」，乃無心自然，我以天真對人，沒有「**兕（犀牛）之角、虎之爪、兵之刃**」，即去掉一切詭詐、陰險、奸狡時，人何須忌我、怕我？亦為何要加害於我？正如老子在《道德經》裏所言，「**含德之厚，復歸於嬰兒**（喻真誠無偽），**蜂蠆**（「**蠆**」音滯）**虺**（「**虺**」音毀）**蛇不螫，猛獸不據，攫鳥不搏**（嬰兒不為蜂蠆虺蛇所傷，喻不為人間陰謀險詐所害）」（《道德經・第55章》）嬰兒天真純樸無計算，比喻了「**善閉無關楗**」，「**善結無繩約**」，這無心自然，不會為人間陰謀險詐所害。又，當無心自然，則心清虛靜寂，不隨物轉，何來得失之患？榮辱之憂？由此，自我生命隱退而歸於清靜。所以「**善行**」、「**善言**」、「**善數**」、「**善閉**」、「**善結**」暗喻了人無心自然，即能以不行為行、以不言為言，以不計為計，以不閉為閉，以不結為結，則不會陷溺於人間奸險及受其所害。

7.3.2.4　反樸歸真

　　老子說：「**道常無為**（「**道**」體無為，但一言其用，又是無不為）**而無不為**（「**道**」體虛靜，順應自然而為化，故曰「**無**

為」。然萬物恃之而生，因之而成，故又曰「無不為」。「無
為」指道之作用方式，而「無不為」則指「道」之作用效果）。
侯王（執政者）**若能守之**（和「道」體一樣的無為），**萬物將
自化**（萬物將順其性以自生自息，自然而化，無須外力加於身
上）。**化而欲作**（此自生自化難持保，因世事日趨於繁，於是
在自化之過程中，不免私慾萌生，智巧日出，詐偽日甚），**吾
將鎮**（竭止）**之以無名之樸**（「樸」乃道之本質。此中作用，
就在以靜制動，以質止文，以淳化巧，使其欲念將作而不得）。
無名之樸，亦將不欲（以至於無欲念邪心）。**不欲**（無欲）**以**（猶
而）**靜**（無欲則靜）。」（《道德經・第 37 章》）

「**道**」是「**清靜無為**」。人本然之性乃由「**道**」而出，故
聖人治天下，會效法天地「**無為自然**」，「**任萬物之自化**」。「**自
化**」者意謂自我化育，自生自重，一切「**無心**」，只順本性自
然發展。若以「**道**」治理國家，萬民則會順其自性而發展，不
「**尚賢**」，不「**貴難得之貨**」。由此，私心情欲熄滅而相互間
衝突矛盾止。百姓自化而成，本不相妨礙，可無衝突。但當人
之情欲私心苗然興發而不能自卻時，須持守「**大道**」以化除之，
是所謂「**化而欲作，吾將鎮之以無名之樸**」。「**樸**」是「**道**」，
也是「**反樸歸真**」。「**歸真**」及「**無名之樸**」乃原始之質樸，
猶未經雕琢之器物，樸素自然。「**反樸**」也就是歸返源頭。當
欲念生時，就用「**道**」的「**真樸**」去鎮守自化過程中衍生的私
慾。由此，「**亦將不欲**」，「**無欲**」則清靜，若能清靜，則無
一不可成。「**鎮**」之以「**無名之樸**」者乃使民「**見抱素樸，少
私寡欲**」，輔萬物之自然，任萬物之自化。由此，自我清靜無

為，無欲無依，做事隨順自然以柔制剛之道理，然而積極處事，但成敗得失不繫於心。由此私心欲念不作，而衝突息焉，「**天下將自定**」。

　　這是「**復歸**」。「**復歸**」就是要回復至本身「**無心自然**」之根源處。而「**復歸**」的功夫在於「**致虛守靜**」。「**虛**」與「**靜**」是一種沒有機心、沒有成見的心靈狀態，這狀態可藉消除利慾的引誘和外界的紛擾而得到的空明寧靜。老子說：「**致虛極，守靜篤**（儘量使心靈達到虛寂狀態，並牢牢地保持這種寧靜）。**萬物並作**（萬物都在蓬勃生長），**吾以觀復**（我因此觀察到了萬物循環往復的規律）。**夫物芸芸**（「芸芸」紛繁茂盛的樣子。常形容草木繁茂），**各復歸其根**（「根」，根本，指事物本來具有的性質。復歸其根，即回歸本原，返回自然的本性。）**歸根曰靜**（復歸本性，這裏指回到虛靜的本性），**靜曰復命**（「道」的本質虛靜，天地萬物由「道」而來，回歸本原便是回到虛、靜的狀態。老子的「復歸」思想，一方面洞明人性本是虛靜淡泊的，因後天的種種欲望使心靈被擾亂），**復命曰常**（「常」，指事物變化中不變的規律，也就是永恒的法則），**知常曰明**（事物的運動變化都依循着循環往復的規則，對這種萬物變化中之往復不斷，「由無而有，又由有而無」之自然而行，就叫做「明」）。**不知常，妄作，凶**（「妄作」，不見萬物往還，有大道存在其中；不知心「明澈虛靜」之本質，往往有為妄作出亂子）」（《道德經‧第 16 章》）。老子認為人由「**清虛靜寂**」之「**道**」而來，故其本心原是清明透徹的，只因智巧嗜慾的活動而受騷擾與蒙蔽。故人須歸返於初生時之真樸，「**無知無欲**」

（《道德經‧第 3 章》）的狀態，老子稱其為「**復歸於嬰兒**」。
（《道德經‧第 28 章》）

　　「**嬰兒**」言行自然，哭笑自然，情緒不受外在事物牽引搖動。老子以「**嬰兒**」作為理想人格的象徵，具「**無知守真，順自然**」的心。這不是因嬰兒有何等的修養境界，而是因嬰兒還未走離生命純真質樸之本身，還未滲入人為的造作，所以沒有後天強加的價值觀、成見等。王弼說：「**嬰兒不用智，而合自然之智。**」（《道德經》王弼本，28 章註）蓋嬰兒本無知無欲，是已無智可用，而對於天地之間的美醜、善惡、高下、先後等價值判斷都沒有主觀的成見和執著，正因赤子嬰兒超脫於萬物的對立價值判斷外，故可「**不犯於物，故無物以損其全也。**」（《道德經》王弼本，55 章註）老子認為人須「**復歸於嬰兒**」的真樸柔和，才能體現生命的自我，也可因此接近於「**道**」。

　　當人成長，抖落了嬰兒之純真不雜，取而代之的，則是對美醜、難易、高下、先後等價值利害的執著，於是人各競其爭雄逞慾之心，而易迷炫在「**五色**」、「**五音**」、「**五味**、「**馳騁畋獵**」與「**難得之貨**」的官能享樂中，若因此造成「**目盲**」、「**耳聾**」、「**口爽**」、「**心狂**」及「**行妨**」的迷失時，又如何能去找尋並持守這個無影、無聲、無形之「**道**」呢？「**腹**」是內在自然，「**目**」是人為往外追逐，而往內回歸叫「**為腹**」，去掉外求的路，不追尋五色、五音、五味的人為花巧，不競逐名利、不爭奪權勢，走回自己本然「**無心**」的世界。老子藉由「**歸根復命**」的觀察心得，指出我們須從復歸本心內在的澄「**明**」

做起，進而執守恆常之道，以復歸於嬰兒般的人格型態，而得到「**反樸歸真**」的理想。

7.3.3 莊子之遊心於世

莊子以「**心**」之靈明取代了老子之「**道**」之無為自然，重點以「**心知神明**」解放絕對的自由——無待、無累、無困的「**逍遙**」。他以人之「**心**」闡述了人之性，主張「**真人、神人、至人**」就是一種心靈之隨順自然，心無窒礙，擴闊開放，由之而超升現實世界，使人我與人物間之矛盾及對立滌除殆盡，沒有了人生負累之心境，這就是莊子所說的「**懸解**」，這就是「**逍遙**」。

莊子之自由逍遙，須見人「心」通往「天」而與「天」相合，這與儒家通天地而成性成就道德人格大有不同。莊子要人天合一，順大化之流而歸於自然，見生命之往來出入，安順於大化之境，處順於萬境之變化中，忘其所始，順受其終，任天地之化機流行不息，不以人事對天之所為加以增添，由此逍遙遊於天地之間。

7.3.3.1 道家老子、莊子之「天人相合」不同於儒家之「天人合一」

7.3.3.1.1 儒家之「天人合一」

在中國儒家裏，人之「**心**」或「**生命存在之自體**」源於「**天道**」。「**天道**」本美善，故人之「**心靈**」或「**人性**」亦涵其美善。天之美善無限，故人「**心**」之美善也是無限。朱子説，人之「**心**」乃同於天地生化孕育萬物之「**大宇宙心**」，人得天地

之「心」為「仁」，人「心」因而可以「**與天地合其德**」，此無限美善之「**大宇宙心**」可通過有限的現實生命表現出來，例如「**老吾老以及人之老，幼吾幼以及人之幼**」這「**同情共感**」之無礙伸延而與他人同憂共樂。通過此生命之感通，他人之喜樂悲苦有若自己之喜樂悲苦，遂而產生情同手足之感。由此，生命由天所賦與的「**主體美善之本性**」得而觸動而呈現了自己，並體現於「**仁心**」之「**不安之情**」及「**惻隱之心**」裏。而這感通不但通於人我，更可通於宇宙萬物，無有限制，遂感萬物有情。這層層之開展，契合了儒家的「**親親而仁民，仁民而愛物**」以及「**修身，齊家，治國，平天下**」等思想觀念。

聖人效法「**天道**」，以「**仁**」配天地之「**生**」，故聖人可以參天地之化育，與天地合德，這是中國人最高道德信仰之所在。這是實現人自身「**道德生命**」之全部價值理想工作，完成自心之本性及本身之真實自己。套用孟子之話來説，這就是「**盡性**」、「**成己**」之功夫，亦是盡「**人道**」見「**天道**」之意義，「**天人合一**」之真諦。

7.3.3.1.2 老子之「天人合一」

老子要人效「**道**」，法「**道**」，而真能體「**道**」者，自見萬物由「**道**」而出，亦融攝於道中，及其變化往來無不自在自然，前者逝去，後者繼來，均各然其所然，順其所然，不見因果痕迹，順「**道**」之理則而行，終歸還入於「**道**」中。人若能體證萬物在「**道**」中自生、自成、自長、自滅者，則會隨順「**道**」之自然而然而行，對一切人事應對不加人為造作，智巧計謀。

由此，「**人道**」見迹於「**天道**」，「**天道**」顯示於「**人道**」上，成「**天人合一**」之義。

7.3.3.1.3 莊子之「天人合一」

儒家以人性體現天道之美善，而莊子則以人「**心**」體證「**天道**」生化萬物，了解「**道通為一**」，見宇宙萬物為一體，自己與萬物一同自生自化，「**比形於天地而受氣於陰陽**」（《莊子·秋水》），悟人生一切毋非是「**氣不斷由聚而散與由散而聚的過程**」，「**氣化**」之變既無倖免，一切只能依循自然的安排，故能夠「**安時而處順**」（《莊子·養生主》），一切「**循天之理**」，「**無以人滅天**」而以「**人合天德**」。能「**合天德**」者，則見人之夭壽、禍福、是非、得失，皆「**成心**」之見，主觀之執著，故須開闊胸懷，任「**心**」自然流轉，不受「**成心之累**」，不落於「**氣**」之變化中，不陷墮於「**與物相刃相靡**（他們跟外界環境相互對立爭鬥，如刀刃相交），**其行盡如馳，而莫之能止**（與外境之相交相對，不綴無息），**不亦悲乎**（不是可悲嗎）」之困境。

由此，人不會陷於「**八賢**」（狐不偕、務光、伯夷、叔齊、箕子、胥余、紀他、申徒狄）（《莊子·大宗師》）之「**役人之役**（為別人所役使），**適人之適**（給別人找安適之處所），**而不自適其適者也**（而自無安息之處；彼等乃捨己救人，徇彼傷我者；為人用，快人意，然對自我真性何益）」（《莊子·大宗師》）之桎梏裏。人與天相合相應，雖居於人間世，縛於刑、治於禮，不得已而順應之，但嚴刑峻法，世俗禮儀，均可視為

我之翅膀，順應行事及世事之變幻，隨宜應付。這樣則可以遊於世間，情不牽上，以無厚入有間，哀樂不能入。

　　在莊子而言，能「天人合一」者，則見「**其一也一**（與天同者，與天混而為一），**其不一也一**（「其一」，聖智也；「其不一」，凡情也。凡、聖不二，故不一皆一；真人既冥合大道，自必抱一守真；即有時隨俗而行，處在事物紛紜中，仍使其萬殊歸於一本）。**其一與天為徒**（當他抱一守真時，是「與天為徒」，但並不離棄人事，因天理中自會涵攝於人事中），**其不一與人為徒**（當他隨俗而行時，是「與人為徒」。故此與人為徒，並不是離棄天理，因為人事中自寓有天理）。**天與人不相勝也**（天與人不相勝而相合），**是之謂真人。**」（《莊子·大宗師》）「一」者，自然、造化也。人有好惡，則有「**人情**」，有「**人情**」則「**與人為徒**」，導至了「**天人有分**（「天道」與人相分隔，不能相合）」，這就「**不一**」了。「**真人**」者，無好惡，無異同，無分天人，視好惡為同，知「**其不一也一**」，由此見宇宙萬境而萬境如一無別，人遂不困於情與慾，不厄於生與死，不苦於時與命之限，無喜樂彼此是非之分。這「**其一與天為徒**」，乃人相融於「**天**」，成「**天人合一**」之境。

第八章

儒家孔孟倡「仁義」
與
道家老莊之反仁背義、絕聖棄智

8.1 孔孟之「仁義」觀 —— 在生命中求道德之基礎

中國之道德哲學，以自生命本身求道德的基礎，其中尤愛「**德**」「**性**」兩字，這可散見於周代詩書。「**德**」字，從「**直**」從「**心**」，直指人內心之品性，而「**性**」字從「**心**」從「**生**」，可見古人已有性從「**心**」出之意念。中國古代對於道德之討論散見於典籍中，如《皋陶謨》之論九德，《洪範》之論三德等，皆從我們處事時所表現之性格與氣度上立論，從未認為這些品德均由自家生命以外之神賦與而來。然而當時之典籍雖對「**德**」視為心之所出，為內具之品性，卻未有一系統性之自覺及闡述明白。此「**自覺**」直到孔子出來將之完成。孔子深深體會到一切品德都是人自己內具的之品性，並由之而悟出「**仁**」為諸德之統會。換言之，這「**仁**」既從人自己之內心深處體悟出來，故孔子説：「**我欲仁，斯仁至矣。**」

孔子認為此自我之活潑生機，若順之而行，則可與宇宙中其他人物之生機相通相合相感。這點可從孔子之形上學觀之，他把宇宙看作生生不已的生機流行。他曾説：「**天何言哉，四時行焉，百物生焉。**」（《論語・陽貨・17.19》）又以水喻天道生機之不息：「**逝者如斯乎，不捨晝夜**」（《論語・子罕・9.16》）。同時他更説：「**人道天地之心也**」。若用心體會之，可了解孔子之「**仁**」，實不外自己之生機通於宇宙之生機，所以能夠思自己之生機可與其他一切人物之生機相通相合相感。與一切人物之生機相通，則可以説「**仁**」中含有愛與恕，所以成人成物亦即成己。故盡仁義者，就是自己從「**心之所安**」而

行，即可以流暢自己之生機，即：「**道德理想**」自我們之生命本身溢出。孔子以「**禮**」將此道德根源清楚闡釋出來：林放問禮之本，子曰：「**大哉問！禮與其奢也寧儉，喪與其易**（習熟喪禮節文）**也寧戚。**」（《論語‧八佾第三》）孔子讚林放問得好，並用了一個「**戚**」字，就將「**禮**」之本點劃出來。這相應了孟子見梁惠王，講起王不忍殺牛，謂之「**心有戚戚焉**」。「**禮**」之來源即是「**不安之心**」，也即「**仁**」心。孔子曾明白說：「**人如不仁如禮何？人如不仁如樂何？**」（《論語‧八佾第三》）禮樂在當時被僵化而徒具形式，故提倡禮樂的興作，須有真性情之表達，即：由真性情（仁）湧現出來的禮樂才是有生命的禮樂，若不以「**仁**」為本，則徒具虛文，失去生命而趨於僵化。孔子於此有更甚之言：「**志士仁人，無求生以害仁，有殺生以成仁。**」「**仁**」比生死更重要，這無疑是他的「**終極的關懷**」。於此，孔子之偉大處，在於春秋亂世中重新提倡回歸周公所建立的傳統禮教精神，並首次揭示了「**內在仁心**」之基礎，將之提昇到意識之層面，通過修養，不斷學習，將之發揚光大，建造一個偉大的人類文明，見崇尚禮樂的人間秩序。

8.2 「仁」之自我內在德性

「仁」是我們內在之德性，其培養須由自己做起，所以顏淵問仁，子曰：「**克己復禮為仁，一日克己復禮，天下歸仁焉，為仁由己，而由仁乎哉？**」（《論語‧顏淵‧12》）顏淵問孔子要怎樣才能踐仁，孔子說要克己復禮，而此功夫在「**由己**」而非「**由人**」，並非有一法則（禮）在外而我按之而行，要點

在說明「仁」本來就是人美善性情之本源，人要其性情得其正，須靠人之自覺。人之修德主要在自覺地存養其內心之「仁」而不失。故當顏回向孔子請問具體之條目有所遵循時，孔子就告訴他：「非禮勿視，非禮勿聽，非禮勿言，非禮勿動。」（《論語·顏淵·12.1》）這是嚴格之克己工夫，教人檢點日常的視、聽、言、動入手，時時警惕，自行節制，這就是仁之顯發，這一切是自律，一切自己作主，這開發了「**道德主體性**」之道德觀。

故此，孔子的「仁」之最大特點是「**覺**」。人之「**覺**」即上述所言「**自覺的存養其內心之仁而不失**」，是「**不安**」之心，是「**同情共感**」，是孟子所言之一種見孺子入於井而起之「**悱惻之情**」。孔子說：「**學而時習之**」，這「**學問**」隨了是後天之「**敬謹**」功夫外，亦是一種「**道德自覺**」之煥發，是一種我們非如此不可之情懷。

唐君毅先生說，人類之所以會有不道德的生活，完全是因為「**人心之一念陷溺而來**」。這個一念之所以使人陷溺，完全與欲望是否得到應該的滿足有關。但這並不表示唐君毅先生是禁慾主義者。他說：

> 「我並未主張你必須絕去一切欲望。只是我認為你不當自要滿足欲望的觀點，去滿足欲望。如果你只是因為你要滿足欲望而去滿足欲望，那便是不道德」。（唐君毅《道德自我之建立》頁87。見《唐君毅全集》卷一）

　　因此，滿足欲望並非肯定是不道德的。例如，吃飯睡覺是人類基本的欲望，但是自覺告訴我們飢餓就應該吃飯，困倦就應該睡覺，因此這種自覺地滿足吃飯睡覺的欲望不是不道德的。雖然這些行為可被視為是實現道德的手段，但它們本身即含有道德的目的。如果人類在滿足這些欲望的時候，悖離了它們本身所應該有的道德目的，那麼這種滿足欲望的行為就是不道德。那麼，如何才能把目的之意義貫注於手段呢？唐君毅先生認為只有「**奉行我們之自主的心所發出之應該之命令**」才能辦得到。所謂「**應該之命令**」，在唐君毅先生看來，是道德意識「**當下一念之自覺**」，絕對沒有盤旋商討的餘地。當道德意識感受到外界的刺激，就會同時發出「**應該**」施行道德行為的命令，德行亦由此而產生。所以唐君毅先生說：

> 　　「**認清當下一念之重要，你會知道從當下一念可開闢出一道德生活之世界……當下一念之自覺，含攝一切道德價值之全體，含攝無盡之道德意義，當下一念之自覺，含攝一切道德之智慧。**」
> 　　（唐君毅《道德自我之建立》頁 92。見《唐君毅全集》卷一）

　　這「**道德之生活，是一念之自覺**」，而這「**當下一念之自覺**」是人的良心之聲。而這個「**應該之命令**」的根據是在超驗界，不在經驗界。他所講的「**當下一念**」是道德的先天預設，有它，才有道德，沒有它，便無所謂道德了。唐君毅先生說：「**論道德生活欲求擴大，必須加強『應該』之意識**」。這肯定了道德

之「**善**」就是「**當為**」（ought to），「**惡**」就是「**不當為**」（ought not to），這種「**當為**」、「**不當為**」的「**定言令式**」，是從超越之「**彼岸**」（宇宙之大道德心）投入到人心中成為「**道德心**」。

　　唐君毅先生於 1939 年 6 月，在致廷光中書中説，「**他需要愛情，因為他冥心獨往，昂首天外，超出塵表所生之寂寞，要人來補足慰藉。他要實現理想，但要現實扶持，而他又不屑於與一般人一樣去追求現實。他造成他自己的矛盾衝突，他自己造成他自己之苦痛。他的性格決定他悲劇的命運。但他卻甘願承擔，並相信偉大的靈魂，需用苦痛來滋養。他隨時為自己之理想犧牲一切，為天地留正氣，以見理想之見崇高。**」這裏見唐君毅先生之「**覺**」，一種要「**實現理想**」為「**天地留正氣**」之道德精神，並以此為自己「**立命**」，即對於命有自立自主之精神。這種為理想而犧牲之精神，這是「**仁**」之興發，亦是《中庸》第十四章所言之：

　　　　「**君子素**（「**素**」，猶見也）**其位而行**（君子安於其位而行所當行之事），**不願乎其外。素富貴，行乎富貴**（處於富貴時，就做富人應做之事）。**素貧賤，行乎貧賤。素夷狄**（東西方之小數民族），**行乎夷狄。素患難，行乎患難，君子無入而不自得焉**（君子但因見所居之位，而為其所當為，即對於自己該做的，盡力去做，無慕乎其外之心也）……**上不怨天，下不尤人。故君子居易**（即居於平易之心態中）**以俟命**（行義之當

行之事，一切順命運之來臨），小人行險以徼幸」。

總而言之，盡自己之職務，去做應做之事。這亦相應了孟子所説：「莫非命也，順受其正。是故知命者，不立乎巖牆之下。盡其道而死者，正命也。」（《孟子‧盡心篇‧上》）「順受其正」者，乃正命也，即義之當為而為，這是道德之「自覺」，使其行「性命之命」。「性命之命」非「命運之命」而存於外，所指的對象，一切在我以內，如仁義禮智之端，是不俯仰於流俗世間之名位、是順應我「性命」之要求行乎「仁義」，此亦孟子所説：「求則得之（求仁得仁），舍則失之，是求有益於得也（可以成就人格），求在我者也。」（《孟子‧盡心篇‧上》）當唐先生説：「相信偉大的靈魂，需用苦痛來滋養」時，這是「覺」，是「仁」，是「順受其正」，相應孟子所説的：就是「天將降大任於斯人也，必先苦其心志，勞其筋骨，餓其體膚，空乏其身，行拂亂其所為，所以動心忍性，增益其所不能。」（《孟子‧告子篇‧下》）這是「立命」、「安命」的模階。司馬遷因救李陵而被判宮刑，在《報任少卿書》中，雖滿腹悲怨，然能自立，行「性命之命」：「所以隱忍苟活，幽於糞土之中而不辭者，恨私心有不盡，鄙陋沒世，而文采不表於後世也。」

8.3 孔子的仁與聖

孔子對古代聖人極之嚮往，並以成聖為目標，這是道德人格向上發展的最高境界，是人生最高的價值理想。故他一生欲行文、武周公之道，不為世所用而志不得伸時，則退而講學，

曉以堯舜文武周公之道，因為「**堯舜文武周公**」乃聖人也。孔子於困厄時自説「述而不作」，又言：

> 「**若聖與仁**（説我是聖者仁者），**則吾豈敢**
> （我那敢當之）！**抑**（只不過）**為之**（為學）**不厭，**
> **誨**（教導別人）**人不倦，則可謂之爾已**（則是如
> 此而已）**矣！公西華曰：正唯弟子所不能學也。**」
> （《論語・述而篇・7.33》）

　　孔子勉力學為聖人。的確，這一切「**為之不厭，誨人不**
倦」本就是學聖學仁的工夫，也是聖者仁人之實在如此。孔子
説「**十五而有志於學**」，此是學「**踐仁成聖**」。這是一個漫長
之歷程，可耗出人一生之生命，孔子自述人生之進境，説：「**吾**
十有五而志於學（孔子於十五歲時，識慮漸明，生命有所興起，
有志於學禮樂，學君子之學），**三十而立**（立於禮，使生命依
於禮而伸展），**四十而不惑**（明是非，分對錯，對詩書禮樂文
化有明澈之知見），**五十而知天命**（知命限之所在，了解人之
理想往往難以實現，但人須在困境中仍要堅持行道於天下。若
不能於仕途中潤澤膏民，則立己達己，惟有修詩書禮樂，從事
教育工作，自覺在困厄中盡一己之性去成就道德之圓滿，由此
孔子努力下學而上達天道，體悟天命），**六十而耳順**（一切大
小事理，所聞所聽在心中有所了解），**七十而從心所欲**（所做
之事，一切全合仁禮法度；所思所想，無不順應天道），**不踰**
矩（無不合於規矩法度）」（《論語・為政篇・2.4》）孔子
十五立志，至五十仍處困境，有志屈難伸之感，於此人若能無

怨，必有其智慧在，這裏見「**仁且智**」之深義了；孔子體悟天命，不順命而立命，知道一切求其在我，為聖人者，不為外在障礙所牽纏，所牽掛擔憂者乃「**德之不修，學之不講**」，學至於此，要為聖人也。到七十時，孔子體驗到聖人的生命境界「**從心所欲，不踰矩**」，凡所行所思，皆從心出發，與天道契合，與天地同序，與四時同運，這就是聖人「**天人合一**」之境。

當孔子提到七十而「**從心所欲，不踰矩**」時，則已是踐仁盡聖，契悟天道了。這裏提到「**性與天道**」，縱使孔子沒有開宗明義將天道展示出來，然而其對「**天命**」、「**天道**」早有一超越之企向，且看其三畏之說：「**君子有三畏，畏天命，畏大人，畏聖人之言。**」（《論語‧季氏篇‧16.7》）。人只要一念之自覺，便可化自己之自然生命為道德生命。人偶爾不警覺，便容易為自己之自然生命所拉扯而隨波逐浪。故聖人君子常在戒慎中，感念有一「**天命**」時刻都在自己心靈之上。對「**天命**」，人豈能不敬畏？但此「**畏**」，並非畏懼之畏，這「**敬畏**」與虔敬或虔禮相同，均具濃厚之宗教意識，表示對超越者之皈依。在西方，這超越者是神、上帝；而在中國，這超越者則是「**天道**」或「**天命**」。為聖人者，均能率性而行，以「**人道**」體現「**天道**」，以順應「**天道**」來成就偉大之人格。這超越之「**天道**」，是美善之終極。

聖人者，沒有私慾掩蔽，天理昭明，故能「**喜怒哀樂**（「喜怒哀樂」，情也，其未發，則性也，此性秉賦於天美善之德），**發而皆中節**（「中節」，合乎節度，無過與不及之意。發皆中節，

情之正也），「從心所欲而不踰矩」而「仁義行」。這裏所見，「仁」的作用便是遙契性與天道，《易乾文言》説：「**大人者與天地合其德，與日月合其明，與四時合其序，與鬼神合其凶吉。**」「**大人**」者，聖人也，不會將自己「**不忍人之心**」麻木起來，把與人感通之情蔽錮起來。如此，所見者「**天只是一氣流行，萬物自生自長，自形自己，豈是逐一粧點**（有為之打扮）**如此！聖人只是一個大本大源裏發出，視自然明，聽自然聰，色自然溫，貌自然恭。在父子則為仁，在君臣則為義，從大本大中流出，使成許多道理。只是這個一，便貫將去，所主是忠，發出去無非是去。**」（朱子語數·卷四十五）

宇宙生命之本質就是「**天地生生之德**」。而人與天地相合，即與天地之「**生**」相合，即與天地宇宙息息相通，打成一片。而仁與聖者，通情潤物於宇宙萬物，誘發他人之生命，使他人之生命相繼感通而成一仁心之宇宙。如此，「**仁**」之作用既深邃亦廣大矣，亦可代表我們真實的生命，不似我們之肉體有日隨枯草而腐。既是我們真實之生命，亦必是我們真實之本體，真正之主體，是「**真我**」，此「**真我**」可以與天地之「**大德**」相契合成至聖之人。孔子建立之「**仁道**」，把我們仁德之本，內在化成我們「**內在之道德本體**」並與「**天道**」遙契，從此「**仁道**」不致掛空而論，使成聖之企盼遠遠遙距於人，不可親近而成西方之上帝，只可感恩膜拜。

落到具體之政治上，亦不離仁心之顯用而平治天下潤澤膏民。孔子有外王之稱，外王者乃人倫道德之伸延，是推己及人

之「恕道」、「兼善天下」、「立人達人」理想之體現。當季
康子問政於孔子：「如殺無道（以嚴刑峻法對付社會上之壞分
子），以就有道（以改善民風），何如？」孔子對曰：「子為
政（以德治天下），焉用殺？子欲善而民善矣。君子之德風，
小人之德草（在位者的德行好比風）。草上之風（老百姓的德
性好比草），必偃（風吹草低，必隨風至而彎下的）。」（《論
語‧顏淵‧12.19》）孔子持德以化民，居上位者有德行作為百
姓之表率，百姓會自然受到感化向善。故孔子強調：「道之以
政，齊之以刑，民免（免受刑責）而無恥（不知羞恥之心）；
道之以德，齊之以禮，有恥且格（「格」者正也，有羞恥之心
而改善過來）。」（《論語‧為政‧2.3》），故「為政以德，
譬如北辰（如北斗星，居於天之正中），居其所而眾星共（環
抱）之。」（《論語‧為政‧2.1》）政治的最高理想為古的聖
王所體現，孔子於此讚歎說：「無為而治者（能不見有所作為
而能使國家治平），其舜也與！夫何為哉（他做些什麼呢）？
恭己正南面而已矣（關鍵所在是修德以教化平民百姓。由此，
政令不推而行，人民無不聽從，如北斗星居其所而眾星拱之）」
（《論語‧衛靈公‧15.4》）孔子的「無為而治」不同於道家；
實行有仁心為本的禮治，自無須心勞力絀去施政。為政者只要
一切出於本心，「仁」自出，「仁政」自出。

8.4 老莊之反仁背義、絕聖棄智

8.4.1 老子以「道」衰微出智巧而起「仁義」——反面説話以示病態人間

　　老子之思想深受其時代影響。當時周文疲弊而廢拙，周公所造的禮樂典章制度，到春秋戰國時代，因貴族生活之貪腐，均成了形式上之空架子。當時，聖賢如孔子於春秋亂世提仁義之説，往往為人所用，做出假仁假義，欺世盜名之事。春秋戰國時代，此病態更為嚴重。在老子看來，這些沒有真實生命的空架子就是虛偽，屬「**有為**」之束縛，對我們本然憩靜自在之生命而言，根本就是桎梏（「桎梏」音窒谷，即手銬、腳鐐），故他提出了「**無為**」之思想，將自我退居虛靜之境，而超臨萬物之上，退離現實生活中之種種紛馳。老子身處此境，才發下列之言：

> 　　**大道廢，有仁義。智慧出，有大偽。六親不和，有孝慈。國家昏亂，有忠臣。**（《道德經·第18章》）

　　智慧與奸詐，乃一線之隔。老子認為真誠之智慧於經世之用裏若合於「**大道**」，出於自然，不用智巧，則仁義自見，造福社會，此乃「**德**」之顯現。若離棄「**大道**」，奸詐狡猾用於事，則假仁假義，欺世盜名之事出，亂世滋生矣。父慈子孝，天然而有，順自然而出者則何用大孝大慈之名而家和人樂。大舜擁大孝之名，卻見父母之粗鄙頑劣乖巧。從歷史所見，可歌可泣

之忠臣事迹，無不發生於歷史混亂，生靈塗炭之悲慘年代。故一代忠臣如岳飛、文天祥、史可法等，莫不反映了一代老百姓之苦難。仁義，智慧，孝慈，忠烈，雖是好的名稱，好的行為，但這正反映出「**大道**」廢墜，人情鬼域，家庭不和，國家昏亂。這正好見「**大道**」衰微而巧智起而仁義興，並以此毀「**大道**」之正理。

8.4.2 懷抱天然樸素，循自然行無為之道，以挽「仁義禮」之失

聖智、仁義及巧利乃因「**大道**」廢墮而起，而亂世。人君治國，以仁義美名攻城掠地為尚；為人處世，以自利貪圖作姦犯科，人人皆為盜跖矣。由此，老子提出解決之方。他說：

> **絕聖棄智**（以聖智治國，乃有為而治，就不免擾民），**民利百倍**。**絕仁棄義**（以仁義教人，必因為人之不仁不義而有），**民復孝慈**（只要復返人之無心自然，便可使民回復孝慈）。**絕巧棄利**（去智巧，私利），**盜賊無有**（均使人去絕盜竊之心）。**此三者，以為文不足**（用「絕棄」仍有所不足，因為這是消極之態度），**故令有所屬**（要積極地使民心有所歸屬，使人坦白為懷，誠誠懇懇，沒有虛偽）：**見素抱樸，少私寡欲**（去其私心，寡其欲望，不至貪得無厭。果能如此，則前四者可自絕矣）。（《道德經·第 19 章》）

儒家重「仁」，孔子全部學說，就在發揮一個「仁」字。

「仁」主「彼我」「物我」之同情共感。但老子卻偏偏看輕儒家對「仁」的看法而自成一格。他以「有為」行「德仁義禮」是謬見，人因墮落而行之。他嘆息社會倫理，重「有為」而離「道」，例如以禮文建設法規來制約人之行為，以巧智來營謀個人利益，用仁義以掩忠信之薄，然這「仁義興」之社會，乃一切禍亂之開始。故他說：「失道（老子認為持「道」而行之仁義乃講求謙讓，故「失道」者乃使人之自矜、自持、自是之心起）而後失德（此「德」乃「無心而為」之德，「無為」之「上德」既失，則機心計謀起），失德而後失仁（一切已是有心之作為，不是自然之流露，由此「忠信之薄而亂之首」）」（《道德經‧第 38 章》）。

要「絕聖棄智」，「絕仁棄義」，「絕巧棄利」，須有超凡脫俗之生命情懷。他提出「見素」而行於「道」上，在思想上要純淨無雜，清明透澈，如「抱素」，如碧玉般佳質深藏，光華內斂，一切本自天成，無後天雕琢，無須仁義之添飾。由此，方能懷抱原始天然，以此處事接物，才能不落入主觀偏見。以平常心處平常事，情感自然流露。這一種「懷抱天然樸素」之生命境界，人由之，自會坦白為懷，誠誠懇懇。沒有一點虛偽，自然就會「少私寡欲」及滌除「巧智聰明」，這就是循「道」之所為，這方是「大仁」之極至。他更以「道」之「無為」而生化萬物而大有作為以顯「仁」之大義，非一般倫理之「有為」對「仁」作出之見解：

老子說：「天地不仁，以萬物為芻狗」（草紮的狗，用來

祭祀，祀畢，則棄之）。（《道德經·第5章》）

　　天地萬物之長育，出於自然。故天地是純任自然以為化，既不有所作為，也不經意創造；其死滅亦歸於自然，本無好壞。可以說，天地無心而平等生發萬物，萬物亦不由自主而終要還歸於天地。「**天地無心**」者乃天地並沒有自己定立「**仁愛**」之心而長育萬物，一切只是自然而生，自然而有，自然而歸於還滅，有若暫寄於穹蒼之下；於適時，有若「**芻狗**」還滅於自然。若以俗世間之仁義去詛天地不仁，根本不明天地萬物生而稱「**有**」，滅而稱「**無**」。這就是老子「**有、無如一**」之大意義。天地平等齊觀萬物，何有偏愛？然而人之偏頗情識，以為天地有好生之德，因而認為天地有仁愛萬物之心，故當目睹死滅者時，即悲嘆天地不仁。若天地有知，必大笑我輩癡頑愚昧。莊子在這裏說：

　　　　吾師乎（這道真是我的大宗師呀）！**吾師乎**！
　　齏（音擠，碎也）**萬物而不為義**（裁制萬物而不
　　見其理由依據），**澤及萬世而不為仁**（素秋霜降，
　　碎落萬物，非有心殘害而為義。熙春和氣，生育
　　萬物，非有情恩愛而為仁。）（《莊子·大宗師》）

　　同樣，得「**道**」之聖人，心如天地，明比日月，於世間事，義之當為而為，非求譽於世人，亦非求利於自己，一切出於自然，若四時行，百物生，自然而然。所以老子極鄙視見識之士以仁義欺世盜名。他說：

> 聖人不仁（此「仁」代表了周秦時代諸子百
> 家所標榜仁義的仁），以百姓為芻狗（聖人無為
> 而事，任百姓自然而然地生活，不強加任何法規
> 制度而要從之）。（《道德經・第5章》）

故此，老子之「聖人不仁，以百姓為芻狗」，乃鄙視當時
自稱聖人之徒，號召以仁義救世者，其實自逞一己之私慾，以
求名利權勢。老子認為真聖人者，能效法天地自然而然的法則
而應世，毋須標榜「仁義」。觀當時權勢人主，多標榜仁義以
達一己之私慾，視百姓為「芻狗」以殘民。莊子於《胠（音驅）
篋（音俠）》篇中對菲薄仁義議之聖人有着尖銳的用語：

> 故跖（音隻）之徒問於於跖曰：盜亦有道乎？
> 跖曰：何適而無有道邪！夫妄意（估算）室中之
> 藏（財富儲畜），聖也。入先（能身先同黨），
> 勇也。出後（自己最後退卻），義也。知可否（能
> 準確判斷可行否），智也。分均（盜後能平均分
> 配利益），仁也。五者不備，而能成大盜者，天
> 下未有也。由是觀之：善人不得聖人之道不立；
> 跖（盜賊）不得聖人之道不行。天下之善人少而
> 不善人多，則天下之利天下也少而害天下也多。

在《天運篇》中莊子又提到：

> 「仁義，先王之蘧（「蘧」音渠，多年生草

本）**廬也，止可以一宿，而不可久處，覯**（「覯」
音購，遇見也）**而多責**（招來責難）**。」**（仁義，
乃先王之客棧，只可以住一宿而不可久處，停留
久了便會招來責難）。

在春秋戰國之際，知識分子，奔走呼籲，號召仁義，揭示
上古聖君賢相，體認天心仁愛，以仁術仁心治天下。但又有幾
許作為，合於仁義之塗？此所以莊子有此「**正言若反**」之說。

8.4.3 上德不德，是以有德

老子說，得「**道**」之人，必效「**道**」之「**生而不有，為而
不恃，長而不宰**」之大德，故他行仁之所當行，踐義之所當為，
有「**德**」而不為人所聞見，不表現於外在形式的仁義道德裏，
忘其「**德**」終而成其「**德**」，一任自然，而仁義自出，有若「**道**」
之無為而有為，故他說：「**上德不德，是以有德；下德不失德，
是以無德**」：

> **上德**（上品之道德行為）**不德**（「不德」，
> 不自居有仁義之德），**是以有德**（所以成其大德）；
> **下德**（一般俗世所謂有德者）**不失德**（不忘自己
> 有德而自炫其德），**是以無德**（終於喪其德而化
> 為「無德」）。**上德**（於「道」有所得之人，能
> 安久於「道」）**無為而無以為**（事事自成，沒有
> 一事非他有心所成），**下德**（「下德」之人，不
> 能得「道」之全）**無為而有以為**（沒有一事非他

有心所成，既以功業有所建而自矜自許）。上仁（一切功業均出於仁心之不得已者，沒有一毫私意夾雜其間）為之（行仁踐義）而無以為（沒有一事是為回報而做的）；上義（較上仁下一等者者乃「上義」者，他欲平天下之不平，其中夾雜要利於天下之私意在內）為之（行義之當為而為）而有以為（以「有為」之舉措行義之當行之事，更要求有所成）。上禮（當仁義盡去，而求諸習氣風俗而成之「禮」以待人接物）為之（這以「禮」待人之「有為」舉措）而莫之應（得不到對方以「禮」回應），則攘臂而扔之（舞動手臂，強人遵照回敬）。故失道而後德（失「無心自然」之「道」而後有世俗之「下德」仁義禮之出現），失德（當社會道德觀敗壞後）而後仁（仁道得以倡議），失仁（當這「純以愛」行「無以為」之仁消失後），而後義，失義而後禮（由「無心自然」之「上德」而至於「仁義禮」時，跟「道」愈來愈遠，漸次由內向外，漸次捨本逐末了）。

「下德」的人縈縈於形式上的「德」，冠之以仁義，要人有所知聞而不忘之，而自己由此亦欣然自喜、自滿、自矜、自驕，更會強加造作而自炫其「德」於世，而「無為自然」之「德」亦由此而喪失而成「無德者」。「上德」之人，能安於「道」，法「自然」，不為俗世仁義所牽引拉扯，不桎梏於計謀智巧中，「無為」而事自成。由此，「上德」近「道」而「下德」離「道」。同理，「上仁」者，以仁愛成就功業，一切皆出於仁心之不容

已，沒有私慾夾雜其中，所以「**上仁為之而無以為**」，有如天地無所作而錯見它「**不仁，以萬物為芻狗**」，聖人無所作而誤認他「**不仁，以百姓為芻狗**」。「**上義**」者，不及「**上仁**」者之無私心慾念，但他有平天下之不平之心，要損天下之有餘而補不足，有成就功業之念，「**上義為之而有之為**」，此「**有以為**」者乃夾雜了心思情慾於其中，雖不是「**上德**」，然高於「**下德**」者。然「**上義**」之再下者乃「**禮**」，此「**禮**」於「**有為**」中而見「**大仁大義**」，在人情交際往來中，施報要求有其節度，「**禮之社會**」亦由此而見。但當人以「**有為**」之舉行「**禮**」而得不到回應時，不滿之心即起，爭攘亦由此開始，而溝通自會閉塞，人際之和諧關係就會破裂。

在老子而言，守禮目的是要人化除自矜、自恃、自是之心，而以謙讓待物。當「**上德**」既失，才有「**仁**」、「**義**」、「**約制之禮**」之既出，老子說：「**失德而後仁，失仁而後義，失義而後禮**」。「**禮失**」者即見「**道心唯微**」，當「**上仁**」、「**上義**」喪失後，即見人之忠信薄弱，難免起詭詐攘爭。老子要人去智，歸於樸質之自然。因為智慧容易使人自矜、自是、自驕，而遠離質樸自然之「**道**」，而變為「**道之華（花）**」，將己之見轉化為營私之手段，將「**道**」之「**虛靈**」轉化為行事之權術。由此而離「**道**」，行「**仁義**」以掩涼薄，更會損不足以奉有餘。故此，他說：

夫禮（禮儀之施行）者，忠信之薄（正顯示忠信澆薄了），而亂之首（由治平趨於禍亂的開

始）。**前識者**（專憑自己之智慧去測度未來，是
靠不住的），**道之華**（一任智巧計謀，尚「有為」
之行），**而愚之始**（乃「道」之末，人之頑愚開
始了）。**是以大丈夫處其厚**（「處其厚」即以「道」
為法，務忠信，不尚禮文，自然而然，無為而為），
不居其薄（「居其薄」者則居於「仁義禮」而落
於有為之權謀中）；**處其實**（以「道」為本），
不居其華（不怵私智，不任智巧）。**故去彼取此**
（捨去不合「道」的有為，而取合於「道」的無為）
（《道德經・第 38 章》）。

老子看出了春秋戰國時代文化出了大問題，發覺當我們的
生命落在虛偽造作的周文中，套入形式禮文典章制度裏時，即
受到最大之桎梏。故他提出「**無為**」。「**無為**」須透過「**虛極
靜篤**」之修養工夫方成。老子曰：「**致虛極，守靜篤**」（《道
德經・第 16 章》）。這是說，我們的心靈不要隨俗世的紛馳
而奔波，把心沾滯於喜怒哀樂之情緒及意念之造作上。生命要
「**虛**」，即是純一不雜，意指沒有「**識知心**」及「**人為做作**」，
生命由此清寧，不再是混濁支離；因「**靜**」，所以不浮動氣燥，
不隨物轉，心靈遂能於紛繁之現實中超拔出來。仁義者，乃擾
心亂神之舉措而矣。

8.4.4 莊子對俗世仁義之觀感

莊周處在「**王道衰微，諸侯力征**」的戰國時代。斯時，封
建制度瓦解，諸侯紛紛兼併，戰亂頻仍，思想橫議，莊子不與

其他，高逸塵外，不同濁俗。

　　莊子一生過着恬然自適，不願為富貴而束縛自己逍遙自在之意境。他一生淡泊名利，主張養性修心，要將「**識智心**」轉為「**神明之心**」，追求逍遙無待之境，以「**獨與天地精神往來**」超越人世間的成敗、利害、生死，個人情慾之桎梏及榮辱得失，不汲汲與世人相交以適應生活，終歸「**無待**」之境而「**上與造物者遊，而下與外死生，無終始者為友**（即與「道」為一，因「造物者」、「外生死」、「無始終」所指者乃「道」也）」（《莊子‧天下篇》）。他心靈豁達開放，要心靈遊於「**無待**」之境，遠離人間之毀譽，超乎榮辱之念頭，破除人世間之「**時與命**」及自我「**情與慾**」之羈絆，使心神澄清，將「**有待**」轉化到無所依恃的境地，使「**聲名**」、「**事功**」、「**己見**」視為虛妄，不以「**立功、立名**」以累心，而以「**無名**」、「**無功**」、「**無己**」自由「**遊**」於天地之間。

8.4.5 莊子以「坐忘」去仁義

　　「忘」是莊子人生哲學之重要課題。莊子說：「**忘足，履之適也；忘腰，帶之適也；忘是非，心之適也**（安然不掛慮貌）**：不內變**（情緒之喜怒哀樂不為外在環境或事件所牽動起落）**，不外從，事會之適也**（心能遊於人生種種矛盾起伏困厄之中而不為所動，悠然自適）」（《莊子‧達生篇‧13》）。「**忘言**」、「**忘足**」、「**忘是非**」固然是一灑脫，然「**忘**」之最高境界是忘此肢體、忘「**識智心**」，把一切俗世之榮辱權利，甚至仁義禮樂一起捨掉。莊子於《大宗師》篇裏曰：「**墮肢體，黜聰明，**

離形去智，同於大道，此謂坐忘」，最後連自己都忘去。於《齊物論》中，有**「吾喪我」**之句，這即是**「忘我」**。而聖人者，乃真正達到逍遙，**「忘言」**、**「忘足」**、**「忘是非」**，**「忘仁義」**，最後要**「忘我」**、忘卻了自己，方可得逍遙遊之真章。

莊子所言**「聖人」**之**「忘」**不是指不存留知識，而是要將所有的造作、意念、形式、甚至將約定俗成之價值觀如仁義禮樂等全部忘掉，以免影響當下對**「道」**的會通。由此，仁義禮智等人為造作須全部摒除，人才能回復本真，才能進入**「道」**的境界。此修養之道，在於**「坐忘」**，於**「坐忘」**中將耳目聰明和心知種種有形相的計度預謀去掉，即：忘掉形體，進入一種人與自然界融為一體的天人合一境界。是以顏淵從忘懷仁義，進而忘懷禮樂；在忘懷形體思慮，進而達到物我兩忘，無私無我，無偏無執，由此則見**「莊周蝴蝶夢」**之生命境界。莊周是莊周，也是蝴蝶，蝴蝶是蝴蝶，也是莊周，莊周之生命包含了自身之生命，也蘊藏了蝴蝶之生命。於此，人破解了心對既定價值觀或仁義禮俗的依賴，去一切由己的好惡而生發之價值，應物而動之思維活動。

當心不隨外物牽引，能夠保持心靈虛靜澄澈，即能處於不執著，無分別的狀態，即：我不執物，物不執我；我不執仁義，仁義亦不執我，亦即彼互不相限定，因此呈現**「大通」**的狀態。**「無功」**者，乃功成而不有、為而不恃的**「無功」**之境。**「無名」**之道，從聲名顯赫中，不知有名，不為名累。這種種歷程的努力，就是要把一切仁義禮節之虛名加以淨化、昇華，最終體悟

「**逍遙**」之道。

8.4.6 莊子之「禮義」

莊子引子桑戶死再加申論。子桑戶、孟子反、子琴張三為莫逆之交。俄然子桑死，孔子聞之，使子貢往侍事焉，但見孟子反、子琴張二人或編曲，或鼓琴，相和而歌。子貢趨而進曰：「**敢問臨尸而歌，禮乎？**」二人相視而笑曰：

> 「**是惡知禮意**（我冒昧地請教，對着死人的屍體唱歌，這合乎禮儀嗎？）**子貢反**，以告孔子，孔子説：**芒然彷徨**（盤桓）**乎塵垢**（塵世）**之外**（他們都是些擺脫禮儀約束而逍遙於世外之人），**逍遙乎無為之業**（逍遙自在地無所作為）。**彼又惡能憒憒然為世俗之禮**（他們怎會為世俗之禮而煩厭），**以觀眾人之耳目哉**（以世俗之禮來取悦人之觀感呢）！」子貢曰：「**然則夫子何方之依**（如此，那麼先生將遵循什麼準則來說這些話呢）？」孔子曰：「**丘，天之戮民也**（我已被禮儀桎梏了形性，離開了自然之道，無異受上天刑戮之民）。**雖然，吾與汝共之**（即使這樣，我仍將跟你們一道去竭力追求至高無尚的「道」）。」子貢曰：「**敢問畸人**（有人說遊於方外的多是畸人，畸人是怎麼樣的）？」曰：「**畸人者，畸於人而侔**（「侔」音寺，等同貌）**於天**（行事異於世俗而其德行則同於天，率其本性，與自然之理同）。**故曰：天**

243

之小人，人之君子（離棄自然，就是自然所視的
小人，但卻成為人世間的君子。即：拘於禮俗，
不合乎自然。而稱為「畸人」的，卻是合於自然
的君子）；人之君子，天之小人也。」（《莊子‧
大宗師》）

　　莊子藉子桑戶的喪禮，表達了以性情之真，作為禮之真實
內涵所反映的哲學意境。孔子聽到了子桑戶之死訊，叫子貢去
助理喪事。子貢看見死者的兩位莫逆之交編唱輓曲的景象。這
情景及其對話透露了儒道兩家對待禮儀的不同態度。莊子借子
桑戶喪禮的寓言反問儒家：「**是惡知禮意！**」在這段對話裏，
一方面透露出莊子並不真正反對禮的本身，他着意的是禮的真
實的內涵──「**禮意**」。另方面表現出莊子不滿於對儒家「**憤
然為世俗之禮，以觀**（博取）**眾人之耳目**」，這假情假意以博
眾人之耳目已成社會積弊，故為莊子所抨擊。依莊子意，禮的
真意，乃見朋友安息而歌其返「**真**」，編曲鼓琴，相和輓歌，
這才流露弔喪者內心的真情實意。

　　所以，在莊子眼中，儒家講究的是一種外化的儀節，而道
家所着意的是禮的內在本質以及人的真情之流露。莊子更藉着
孔子之口説：「**彼，遊方之外者也，而丘，遊方之內者也。**」
這是説道家超脱禮教之外，儒家則受禮教束縛。莊子重「**遊**」，
而且要「**遊方之外**」，要主體精神在困頓中獲致自由的展現，
與及主體心靈在觀照萬物中含蘊美感情懷的流露。在張揚個體
生命自得自適的前提下，不僅面對喪禮，舉凡一切禮儀規範，

如果異化到乖違人情、背逆人性的地步，都為莊子所揚棄。

　　人間社會有許多條條框框，形成了禮儀的藩籬。無可置疑，禮儀規範有時可以起人文教化的作用，但同時更會桎梏人心，而儒家所持之仁義觀念，往往更因牢人心，導致狹隘的人生觀，此尤為莊子所不取。「而（爾）已反其真」，莊子藉「反真」之說，展示他那獨特的反對儒家仁義之觀點。

8.4.7 人生安於仁、義之真義

　　莊子借仲尼之語曰：「**天下有大戒**（大法則）**二：其一，命也**（命限）；**其二，義也**（合於義而行之道）。**子之愛親**（為人子愛其父母），**命也**（是天然注定，曰命），**不可解於心**（天之注定，事必如此，固結於心而不可）；**臣之事君，義也**（君臣之關係，是一種名份，是義，故須義之當為而為），**無適而非君也**（不論身在何處，需盡力事君），**無所逃於天地之間**（這難於丟掉，因天下未有無君之國）。**是之謂大戒**（是天下兩大法則）。**是以夫事其親者**（子女事奉父母），**不擇地而安之**（不論境地何苦，惟求安適其親），**孝之至也**；**夫事其君者，不擇事**（不論事之安危）**而安之**（必求安心去做），**忠之盛也**（至忠矣）；**自事其心者**（人盡力內心修養），**哀樂不易施乎**（不移易）**前**（天之所命，而哀樂不能改變其心境），**知其不可奈何而安之若命**（凡事知道是無可奈何，因命注定如此，故隨順之而不違），**德之至也**（修養極高之人也）。**為人臣子者，固有所不得已**（會遇上不得已之事）。**行事之情而忘其身**（依實情辦事而忘掉自身利害）**！**（《莊子·人間世》）

莊子之「命」、「義」乃做人處世務之兩大戒，人之事親，情不容己，這是生命之根本相連，是「命」；為國做事，乃責任之所為，是「義」，義不容辭。人在世間，須盡其「忠孝」，「仁義」之責。故人之修養，在盡其「德」，安於「命」與「義」而已）。

為人子者，只要率真性情而盡孝，其他累心之縟節繁文，文過飾非者，可以不理。世為人臣者，依「義」以行事更要不累心於成敗中，使情緒如恐懼焦慮不浮沉於得失裏，一如孔子對子高之説：「**樂不易施乎前，知其不可奈何而安之若命，德之至也**（不受喜怒哀樂的影響，明知無可奈何還能順性命之安排而行，這就是德的極點了）」（《莊子·人間世》），要「**行事之情而忘其身**」，重點就是要「**忘**」，即忘富貴、忘功業、忘名、忘己、忘一切禮樂。於此，人何會牽掛個人孝賢名聲，禮儀規矩？

第九章

儒家與道家之會通

9.1 儒家的心與道家的心

9.1.1 儒家的心是仁愛良知

儒家言仁說義，說「**心**」是我們本然之性，生命之道德創造力，能賦與人在生命中之價值意義。人於世上能活出意義來，是心與心關懷愛意之交流，這同情共感，使人生活在情愛暖意中。而「**人生**」者，說出人之所以「**生**」，主要在於活出生命之價值。儒家說，一切「**生**」之意義及價值均來自我們的「**心**」。

儒家從「**生**」以言天地之大德，其「**德**」在於生化萬物，使紛繁世界生生不息，活活潑潑，更賦與天地中之人美善之性，興發出道德之人生，行仁踐義。「**生**」本然之義就是展現開發，例如父母「**生**」其子女，要他們成人長進，知書識禮，日後能夠造福社會；同樣，老師教學生，要使他們得其「**生**」，要他們學有所成，人格有所建立，引導他們活出美好的人生。而「**人生**」者，正要修德進學，要展現人間一切美善之情意及理想。而這一切從人之「**心**」而發。

由此，儒家從「**生**」說「**心**」是德之根本，美善之本源。儒家是通過「**心**」來說人美性之性，對「**心**」有正面積極的體驗及肯定。

但人生中卻充塞着邪惡奸險，儒家説原因不在人「心」，而在於人之形軀，它牽引出人之情慾橫流，物慾蠻求。由此，它們將「心」拖帶下來，遮蔽起來，使其不能展現發輝出來，故人生不能圓滿而有所遺憾。所以儒家要我們「克己（克制情思物慾）復禮（使仁心再現）」，説「克己復禮為仁」。克「己」者是去物慾，「復禮」者乃復我們之「心」，去慾復「心」則歸「仁」，使「人生」歸於美善。

9.1.2. 唐君毅先生之「心本體」

「心本體」是唐先生整個哲學思想的核心，他説人世間之道德倫理之所以能夠成立，處處都與「心」有直接的聯繫。唐先生説，假如沒有「心」這一個本體，那麼道德倫理將成為無根之木、無源之水，更談不上什麼道德修養了，一切只是外在的規則條約限制而已。

確實，在一切經驗中，我們所驚訝的，就是這不變的實在，亦是我們的道德觀念，更是我們面臨誘惑時所產生的是非感覺。我們可能在對錯中徘徊，但是非的感覺卻實實在在存在於我們之心內。縱使我們犯了錯，但我們卻自覺地知道做了不應該做的事，所以又再下決心要改正過來。究竟我們為什麼會發生懊悔，並重下決心要糾正過來？唐先生説這一切來自我們內心之命令，良心的囑咐，即來自我們之「心本體」。這種絕對無上的命令，使我們循規蹈矩。由此，我們自覺到那些事應不應該做。所以唐先生將人生之目的歸宿於孟子之「存心」説。孟子説：

> 人之所以異於禽獸者幾希！庶民去之，君子
> 存之。舜明於庶物，察於人倫，由仁義行，非行
> 仁義也。（《孟子‧離婁‧8.19》）

　　孟子主「仁義內在」，就是在這層面而言，即：「仁義禮智，
非由外鑠我也，我固有之也」（《孟子‧告子上‧11.6》），
亦即「道即己也」。仁義禮智之法則並非由外在的對象或事實
所決定，而是「本心」所固有，故曰「仁義內在」，此與告子
主「義外」相異。「義外」者，正是我們可由客觀的對象或事
實來決定事之可為或不可為。告子由「生之謂性」之層面說人
性，其實只肯定人之自然生命或動物性。人的自然生命是中性
的，其本身不含道德法則以決定道德之善惡。故在告子，道德
法則只能在外在的事實或對象來決定，因此他必主「仁義外在」
說。道德法則非內在於性，則性之本身無所謂善惡，故他主張
「性無善無不善」之說，他說：「性猶杞柳也，義猶桮棬也（人
之性好比是杞柳之木材一樣，仁義就好比是由杞柳之木材製成
的桮棬器具一樣）。以仁性為仁義。猶以杞柳為桮棬（以人性
造成仁義就好比以杞柳木材造成桮棬器具一樣）」，「性猶湍
水也，決諸東方則東流，決諸西方則西流（人性好比漩湍之水，
你把它引之於東方，則它即向東流，你把它決之於西方，則它
即向西流。人性亦如是，人性之無分於善不善就好像水之無分
於東西）」（《孟子‧告子上‧11.1》）。這與孟子及唐君毅
先生之「本心」乃自定法則之「道德主體」大異，因它「雖存
乎人者，豈無仁義之心哉（仁義之心人皆有之，最令人痛心的
便是每個人都不知道已擁有這一顆純淨之心）」（《孟子‧告

子上‧11.8》）。孟子於此正斥其非，要義之當為而為，只能求於我們的「**良知**」「**良能**」，即唐君毅先生所言之「**心本體**」、「**道德心靈**」，而不假外求，因「人之所不學而能者，其良能也；所不慮而知者，其良知也。孩提之童，無不知愛其親也；及其長也，無不知敬其兄也。」（《孟子‧盡心上‧13.15》）「**良知**」、「**良能**」，乃就「**本心**」的兩側面，蓋「**本心**」同時是「**善底判斷原則**」與「**仁義踐履原則**」。在本心之發用中，能知便能行，行中即有知，故此在行中知，知中行，完全發自本心自身之力量。

在「**本心**」之發用中，本然自足的「**心本體**」與外在事物互相感應之後，「**自覺**」地要求人們作出最合理、最理想的行為，於是就產生了種種德行。由於「**心本體**」所感應的對象可能不同，那麼也就產生了各種不同的德行，例如孝的對象是父母，忠的對象是君國等等。

唐君毅先生將道德倫理的本體歸於「**道德心靈**」，但這並不表示他承認在「**心本體**」之外，另有一個「**道德心靈**」作為各種德行的形而上依據。舉例來說，在他的哲學體系中，宗教往往佔有比較重要的地位。但是，唐君毅先生並不認為宗教意識會比道德意識更根本，換言之，就算是高層次的宗教意識也只不過是道德意識最高尚、最深刻的表現而已，其根本還是在於「**道德心靈**」。因此，「**道德心靈**」就是「**心本體**」的異名。依照這樣的推理，道德實踐與「**心本體**」的關係也就密不可分了。前者是因後者而顯現在現象界的一種功用，亦即是說，有「**心本體**」才能有道德實踐，兩者是不可須臾離開的。在這裏，

唐君毅先生繼承並發揮了熊十力先生本體與現象渾然不分的「**體用不二**」的學說，承認「**心本體**」與道德實踐是不相悖離的。

9.1.3. 道家之「心知」是執著

9.1.3.1 「心知」之執著，是心靈之閉塞，是人生困頓之所由

　　道家認為人生之困苦在於我們之「**心**」。我們常認為人生困頓難耐，然這困厄之感並非來自我們之形軀。「**一簞食，一瓢飲，居陋巷**」之簡單生活，可以令我們無憂快樂地活下去。道家認為我們活不下去，是由於是我們的「**心**」所帶來的煩憂困擾及壓力，例如挫折感，傷痛感、悲哀感、憂戚感，這些苦痛之感受往往要我們生無可戀。這一切不是來自我們之身軀情慾，而是來自我們「**心**」之困頓束縛。儒家認為人之「**心**」是愛之感通渠道。但道家認為儒家要人「**立己立人、達己達人**」（《論語・雍也・6.28》），行「**忠恕之道**」是一重擔。當此心志落於此時，道家認為是一莫大之壓力。這壓力帶着憂患意識，壓得人舉步維艱，如履薄冰，戰戰兢兢。然而這努力未必可以圓滿地實現自己及人間之希望與期許，故心中經常懷有失落之感。老子說，這正是生命困苦之所在，這一切源於「**心**」之執著。這是「**心**」拉着我們，限制了我們，成了我們的負擔，使我們人生困頓受苦。

9.1.3.2 從放下觀「常道」

　　老子說我們因「**心知**」之執著造作，使心靈閉塞，才陷溺於「**可道**」偏執之中，才有困頓苦厄。故此人之困苦是自己逼

出來的。假若我將爭奪榮寵之心放下，不作執持，便得到最大之解放，這是「**無心自然**」，對寵辱得失不上心頭。所以老子說：「**聖人處無為之事，行不言之教**」（《道德經‧第2章》），對事物不作主觀之判準。「**無為**」是「**無心自然**」，「**不言**」是不以主觀概念規限價值，不知美不知善。聖人行不言之教化，「**不為**」，不去規範美善，有若「**天道**」對「**萬物作焉而不辭**（順應萬物的發展規律而不橫加干涉），**生而不有**（生養萬物而不據為己有），**為而不恃**（竭盡全力而不自恃己能），**功成而弗居**（功成業就而不居功自傲）」（《道德經‧第2章》）。「**天道**」生化萬物，不以此恃為己恩，但任其自生、自成、自長、自滅。這「**不有、不恃、弗居**」就是「**不執著**」，是「**捨**」，是「**放下**」。

「**道**」自成萬物，而不以此為功。人能效「**道**」者，亦應「**功成而弗居**」，「**乎為弗居，是以不去**」。「**不去**」者，乃「**功**」之不去也，這見天地生生不息，而「**天道**」不自矜自誇而萬物自長無輟。在人世間，父母長育子女使之成人長進，老師教導學生使之學有所成，造福社會，莫不「**功成而弗居**」。能「**弗居**」者，方能體現父母老師的真情愛意，而這出自於不求回報，即：以無限之溫情暖意，自我犧性來長育下一代，不執於自己之功勞勳績。人應為自己所造就的不居其功，以「**不有、不恃、不宰、不居**」之態度處之，由此冰心對其女兒方可說：「**我愛你，不是為什麼，因為你是我的女兒。**」孩子感受到父母無瑕之美善，無條件之真情愛意，才能感恩地說：「**誰言寸草心，報得三春暉**」（遊子吟／唐‧孟郊）。當捨下福報之要求，才實現了真愛；否則，處處帶着求回報之心，愛的意義則有所虧缺了。男女之

間之情愛常帶着怨恨，總覺得對方對自己有所虧欠，縱使愛得轟烈，卻愛得悲苦。

9.1.4 儒家、道家從不同之觀點將心靈開顯出來

在儒家而言，生命之價值乃將人之美善開顯出來。孔子對武王充滿蕭殺的音樂說：「**盡美矣，未盡善也**」，直至聽到舜之音樂，見殺伐之氣全消時，才讚曰：「**盡美矣又盡善也。**」儒家以此強調對己對人對物要將此美善之真性情全部釋出，故言「**忠恕**」之道，「**盡己之謂忠**」，「**推己及人之謂恕**」。透過人心之同情共感，將美善從自身擴充伸延出去，以至「**修身、齊家、治國、平天下**」（《禮記‧大學》）。美善是我們人生所嚮往的歸宿處，是我們要實現之理想。生活很多時很困苦，但我們仍要活下去，因為見美善之理想指日可待，不得於一時，但可見於未來，故悉力以赴，要成己成人，成就了開顯之道德人生。

儒家說，美善是我們「**心**」本然之性，但是老子卻不這樣想，他認為人之「**心知**」乃人之主觀情意，人之執著，將所謂美與善的內涵，鎖定在既定之框框內。他說：「**天下皆知美之為美，斯惡已；皆知善之為善，斯不善已。**」（《道德經‧第2章》）於人世上，我們往往把美善作出了價值之規定，例如爭取別人之讚譽就是美善，但在老子來說，這一切均是「**心**」之認取，是「**心**」之執著，故此是相對的美，相對的善，即：劃分了此是美，彼是不美；此是善，彼是不善。當「**心**」從主

觀情意執著美善時，這圓融渾一之世界就受到撕裂了，心靈由此而閉塞了。閉塞之心靈使人主觀之情意執著起來，把美善限定在自家之意識上，執著人間有一絕對之美善標準。既然美善為我所恃，只要別人跟我的意見不同，就把他與我不一樣的貶抑下去，流放到醜惡的對面去，這就形成了自矜、自驕、自傲，與人對峙，猜忌，懷疑，不信任。由此產生了是非、紛爭，對抗，衝突等。由此，人間之感情、事業、友誼、道義等由此被分解。婚姻破裂的人相信對此有極大之感觸，因為圓融為一之家庭由此撕裂開來了。

所以，對老子來說，「**心知**」是執著，對「**心**」之了解，沒有儒家所講的「**一日克己復禮，天下歸仁焉**」（《論語・先進・11》）之意思。所以老子要我們不知善不知惡，走進人生「**常道**」中去。「**常道**」者，天下一體，無是非、彼此，美醜、善惡，對錯，所以老子說：「**道可道，非常道**」（《道德經・第1章》）。「**可道**」之「**可**」是主觀情意之認可，是主觀價值形成之「**道**」，是從「**心**」裏執著而來的。這不偏執封閉於一隅，就是心靈之開顯，不困圍於「**可道**」之情思意念。

老子再說：「**名可名，非常名**」。「**可名**」者，是世間之名目概念，亦是由主觀價值判斷而來。儒家將名定在名教、禮教上，所以有「**君君、臣臣、父父、子子**」之分位，分位清楚列明各人之職守，各守本份，各行其道，即：為君以愛，為臣以忠，為父以慈，為子以孝，各盡本分，從而體現人之價值。但老子認為君臣父子之愛忠孝慈，天然而有，自然開顯出來，

順自然而出者則何須用名目分位限制之。以名目分位來立仁義，孝慈，忠信，正反映出大道廢墜，人心閉塞，私心橫梗，由此人情鬼域，家庭不和，國家昏亂，大道衰微，巧智興起，「**君君、臣臣、父父、子子**」之分位由此而立。正因「**君不君、臣不臣、父不父、子不子**」，所以人君治國，以仁義美名攻城掠地為尚；為人臣為求私心圖利而漁肉百姓，甚至弒君篡國屢見不鮮。由此，老子說，「**可名**」非「**常名**」，「**常名**」是去掉禮教名份，見一切本自天然，心靈坦蕩開放，毋後天濫加名分於上。由此，方能懷抱原始天然之樸素，以此處事接物，則能以平常心處平常事，情感自然流露。這一種「**懷抱天然樸素**」之生命境界，人由之自會開顯出坦蕩為懷，沒有一點虛偽之心靈，「**見素（見素抱樸，無心自然）**」而行於「**道**」上。

老子說：「**故有無相生，難易相成，長短相形，高下相傾，音聲相和，前後相隨。**」（《道德經・第 2 章》）有無、難易、長短、高下、音聲、前後均是相對等之觀念。是一偏之見，是主觀價值，是規範。假若「**道**」只在我，不在他人，這是「**可道**」，是心靈之封閉，就是將美善封閉在我，全對在我。人間最要不得的偏見是：「**我全對，你全錯**」，這樣斬釘截鐵的將「**道**」用「**全對**」，「**全錯**」擘分開來，亦同時把生命窒息起來了。

「**常道**」是在自己既有之價值標準裏面，同時亦須以一份豁達、同情、包容、之「**心**」體貼對方，站在對方之立場來觀事，這是心靈之坦然，將世間事物之相對性，對錯分定消解。這心

靈之開顯需從「**常道**」去體悟，從一體圓融，萬物如一之態度觀物，從雜多中見純一，從分裂中見統一。

9.2 儒道之不同道德觀

仁義禮是儒家主要之道德理論，是仁義禮倫理之闡釋，而道家所講之「**無心自然**」之道德卻大異其趣。

老子所言之「**道德**」，在「**天**」來說叫「**道**」，是「**天道**」，從人來說叫「**德**」，是「**人德**」；而「**天道**」內涵於「**人德**」，所以「**德**」是人得之於「**道**」。「**人德**」得之於天，二者不分，故曰天人合一，即：我們之德是從天上而來，我們生命的自然就是「**天道**」的自然，「**天道**」對天下萬境自然無為，當落在人之生命上，人也應「**無心自然**」，故「**人德**」本然之性在「**為（去實幹）無為（不以計謀智巧奸詐）**」，「**事（事有所成）無事（無須計算謀略）**」。

道家所講之「**無為之道**」在超越性上相當於儒家所言之「**美善道德的天**」，而道家所言之「**德**」亦相當於儒家所言之「**性**」，所以儒家《禮記‧中庸》所言之「**天命之謂性**」，天道內藏於人叫人性，而儒家之性是從仁義說的，故此亦可叫「**仁性**」，因我們的性具備「**仁心**」，所以此「**仁心**」是最真實之心。老子認為此「**仁心**」是我們之心（溫情暖意）向外推衍出去，以惻隱之情與人物相感而有，但這總是有為之舉，已離「**無為自**

然」了；更由此而知做所應做之事而成「義」，持「義」則成規矩而成「禮」，「禮」之不守而出「法」，「法」就是桎梏，離「道」更遠了。人生由此而緊緊的被束縛在規矩裏，當這一切成規矩條文時，則會僵化成「規則道德」，只有外在形式而失去內涵而變成了吃人之禮教。所以，老子認為若緊守「人德」（見素守樸，無心自然），保其天真，則何須仁義禮？這一切有為之舉乃老子極為反對的，所以當孔子說：「志於道（立志行人生當行之正道），據於德（堅守美善之德行），依於仁，游於藝（游習於禮樂射御書數等才藝之學，而「游於藝」者，是將仁愛德行放在「詩書禮樂」上，使人在人文教養上得到薰陶）」（《論語・述而篇・7.6》）時，老子則說「道可道，非常道」，批評孔子之「道」非自然無為之真理「常道」；更說「上德（至高之大德）不德（不規範於外在之法則，回歸於赤子之心，一任無為自然），是以有德（方為有德之人）」（《道德經・第 38 章》）。孔子之「據」就是操守外在仁義之成規而不敢踰越半步，老子說這就是不自然，就是「不失德（緊守外在仁義之成規而不敢踰越半步），但是「下德不失德，是以無德」，所以老子說儒家之「道」是「可道」，儒家之德是「下德」。

孔子說：「吾十有五而志於學」（《論語・為政篇》），那是成德之學、君子之學、「詩、書、禮、樂」之學（孔子認為「詩」能激發人之道德情感，觀察風俗盛衰，增進感通之情及察見政治得失。而「書」者，即歷史。「禮」所指者乃「周禮」及一般之道德標準和儀節，旨在使學生學會為人處世的基本規範。所謂「樂」，即音樂。「樂」與「詩」相連，「樂」是指樂曲，「詩」就是詩歌。「樂」的作用是與「禮」相配合用於陶冶情

操。「樂」可以使人將繃緊之禮儀規範寬容下來，使人在輕鬆隨和之氣氛下養成知禮守規之習慣，更有助於消減人剛烈之脾氣及暴虐之性格，起了調節溫純敦厚之作用。）但是這一切在老子看來是「**有為**」之人文化成，意味着「**無心自然**」之喪失，天真本性之戕喪，亦即責求爭端之開始，規矩禮節之恪守。

老子於《道德經》第一章說：「**道可道，非常道**」，「**可道**」是成心而出之規則，外在之規範，是有心有為，不是「**無心自然**」之「**常道**」，故老子對儒家之道德思想仁義禮提出反駁批評。他認為「**道**」跟「**德**」是自然的無為。「**德**」之本初狀態就叫嬰兒，老子說「**含德（無為自然）之厚，比於赤子**」（《道德經·第 55 章》）、「**復歸於嬰兒**」（《道德經·第 28 章》），要我們像嬰兒，來得那麼天真，無心無慮，樸素無華，無人為智巧。但當人之天真喪失，就會從人之無心，走進仁義禮來，所以老子說：「**失道而後失德，失德而後失仁，失仁而後失義，失義而後失禮。**」（《道德經·第 38 章》）

人本來如嬰兒之無心自然，當有仁心時，便變得有心有為了；當由「**仁**」到「**義**」，就出「**知**」，就要他人按既定之標準而行事；到「**禮**」，就更而下之要他人遵照既定之規矩法則而處事，人由此而被束縛了。所以在老子而言，「**德**」是天生自然，仁義禮是人為造作，是造成人向下沉淪，遠離自家生命而向外流放了。由此，老子認為人生之理想就是守着生命之本真，回歸於「**樸**」（不曾雕琢之木）。相反，仁義禮是偽，是人為造作，是智巧，甚至是為人所操縱，並藉此做出奸詐之事

來。所以老子說:「**夫禮者,忠信之薄,而亂之首**」(《道德經‧第 38 章》),就是要指出當天生之忠厚、信實等步步由「**仁**」走向「**義**」,再走向「**禮**」,人之本然天真由此而開始薄弱了,喪失了。到「**禮**」時,會因他人不接受你所定之禮儀「**攘臂而扔之**」(《道德經‧第 62 章》),高舉雙臂,勉強他人走進你的路子去,這不是令人反感而招人反抗嗎?亂不是由此而來嗎?所以老子認為重「**禮**」時,社會已出現亂局了。然當大家之心歸於自然,互相以心交會,天真無為,大家安於自己之所好,毋須用禮儀、法規、制度來束縛自己之生命。這不是反禮法,更不是要我們歸隱山林,而是要我們在生活裏,步步「**無心自然**」,以天真交朋友,講公義,真實地守禮法,「**無心(無機心計謀)**」地努力工作,以「**為(去實幹)無為(不以計謀智巧奸詐)**」之心行所當行之事。

所以,「**道**」是「**不可道**」,因「**可道**」非「**常道**」;「**德**」是「**不規限**」,由此老子說「**聖人無常心,以百姓心為心**」(《道德經‧第 49 章》),即:聖人沒有非必要如此的規範要人遵守不可,將自己「**虛空**」掉(不強作主觀價值要人遵行)歸於「**無**」(清心寡欲,心思情慾不隨境起),才可容納百姓之所需,這就是「**聖人無常心**」及「**聖人不仁**」之意義。由此,「**不仁**」,並不是沒有愛心,而是沒有自己之主觀成見定出要人遵行之規範,這就是「**無心自然**」,如同天地「**無為而為**」,沒有執著,沒有自恃,方可成就萬物,開放萬物,讓萬物自生、自成、自長、自滅。

聖人之「**無為**」如同「**道**」之「**無為**」，是大德，由此百姓無不為，自在自得。故此老子之「**不仁**」，不是反對「**仁**」，而是對「**仁**」之提昇，「**仁**」之超越，不存在我「**有為**」之想，要人非必要如此不可，用更大之胸襟觀事觀物。

由此，老子之道德意義是「**為無為**」，與儒家之「**仁義有為**」之道德理想極不同。

9.3 儒家與道家之開顯及退斂精神

儒家思想要人成仁成義，立人達人，成就完美人格，帶着開顯積極進取之道德精神；而道家則要人清虛靜寂，無為而為，不為名以累心，去榮寵以淨心，莊子更以「**忘己**」而逍遙於天地，處處帶出一種隱退消極之人生態度。儒道兩家思想看似大相逕庭，各自有獨特之人生哲理。但往深處看，卻見其相互糾結相連，相輔相成，互益其長，互補其短。換言之，在儒家之顯、進、取之「**成仁取義**」求成己成人之道德精神裏，亦涵蘊着道家隱、退、捨之人生態度。同時，在道家之思想裏，亦內藏着儒者汲汲為民之積極精神。在人生裏，若能儒、道互為通用，則能進退得宜，「**達則兼善天下，窮則獨善其身**」（《孟子·盡心上·13》），進能為家、為民、為國，退能修身、存仁、恃義。

9.3.1 儒家之開顯、奮進之人生態度

　　儒家以孔孟為代表。他們均代表了人之道德精神，巍巍挺立於天地之間。看孔子自身介紹說：「**吾十有五而志於學，三十而立，四十而不惑**」（《論語・為政・2.4》）這裏見他要對德業有所成，努力開拓生命。他三十而立志，要「**志於道，據於德，依於仁，遊於藝**」（《論語・述而・7.6》），要「**德**」廣披天下，要「**仁**」行於六合，這是一個用世之心志。四十而明事理，辨是非。但到了五十，孔子仍處於困厄之中，不為世用。但他修德講學，通過「**下學而上達**」與「**天**」情慧相通，所以他說：「**知我者其天乎？**」由於人天相通，才可以自我興發一強烈之道德信念，所以才有「**天生德於予，桓魋其如予何？**」（《論語・述而・7.22》）及「**天之喪斯文也，匡人其如予何？**」（《論語・子罕・9.5》）之語，才有「**以文統自任**」的文化使命感。這是一種立己達己之開顯式的道德精神，更是一種立人達人之求大同世界之人生態度。

　　所謂開顯式的道德精神，所指的是自身努力進學修德，不斷奮鬥，冀道行於天下。孔子自己就是很好的例子，他說：「**學而時習之，不亦說乎？有朋自遠方來，不亦樂乎？人不知而不慍，不亦君子乎？**」（《論語・學而・1.1》）他堅持要進學不斷，而這「**學**」就是性情及德性要不斷有所培養及增進，與志同道合者於品德修養上同行並進。

　　孔子學生曾子以「**士**」稱頌孔子，說：「**士不可以不弘毅，**

任重而道遠。仁以為己任，不亦重乎？死而後已，不亦遠乎？」（《論語·泰伯·8.7》）孔子以「仁」為己任，持這種任重而道遠，至死方休之道德態度，貫其一生。他以「忠恕」貫徹其道德精神。「忠」是盡己，「恕」是推己及人。能盡「忠恕」者，必有「立己立人，達己達人」之同情共感，非弘毅者難以成之。這是一種奮進之人生態度，一種顯進的道德精神。

孔子身處春秋亂世，心有所感，通過痛陳時弊，寓經世思想於註《經》事業中；或激濁以揚清，藉解《經》以駁斥異端，訓誨世人。其中尤以引《詩》最為著例。孔子說：「詩可以興（詩可以啟發他人之心志，立於禮），可以觀（了解風俗之盛衰、得失），可以群（具有聚集士人、切磋砥礪、交流思想的作用），可以怨（有批評和怨刺統治者政治措施的作用）」（《論語·陽貨·10》）。這裏說的「興、觀、群、怨」就是一種「學而不厭，誨人不倦」（《論語·述而·7》）之道德意志，興發「立人、達人」之開顯精神。

言儒家，談孔子不離孟子。孟子則處於戰國時代，斯時禮樂崩壞，倫理價值倒塌，「禮衰道微，邪說暴行有作；臣弒其君者有之，子弒其父者有之」（《孟子·滕文公下·9》）文化理想闇然不彰，與自我道德價值生命及文化理想徹底決裂。孟子居仁由義，英氣勃勃，為人倫正對，為傳統文化的道德政治，奔走呼號。他正義凜然，在亂世中，以人本然之「仁義禮智之端」，即：「不忍人之心」，畫定新的道德標準，以浩然之氣顯發生命之光輝，操危慮患，賤縱橫、闢楊墨，斥許行，

開顯文化之理想，以應時代生命之要求，行當行之事，盡顯「泰山巖巖」之大人氣象。面對戰國諸王及霸主，在其留難與對辯中，處處顯露出其浩然正氣。在戰國霸業橫起之時代裏，由於聖王不現，士子也就亂發議論，楊朱、墨翟之言紛起。孟子憫悼堯、舜、湯、文武之業，常以對辯方式糾正之，為此而曰：「吾為此懼，閑先聖之道，距楊、墨放淫辭，邪說者不得作。」常以對辯方式糾正之，「昔者禹抑洪水（從前夏禹治平洪水），而天下平；周公兼（兼併）夷狄，驅猛獸，而百姓寧；孔子成春秋（孔子作成了春秋），而亂臣賊子懼。詩云：『戎狄是膺（「膺」音應，討伐也；攻擊意），荊、舒是懲（打擊夷人和狄人，懲戒荊國和舒國），則莫我敢承（當）』無父無君，是周公所膺也（那些無父無君的人，正是周公所要攻擊的啊）。我亦欲正人心（我也想糾正天下人心），息邪說（消除邪說），距詖（「詖」音卑，不平正貌）行，放淫辭（排斥偏激的行為，摒除淫僻的言論），以承三聖者（以繼承夏禹、周公、孔子三位聖人的大業）；豈好辯哉？（我豈是愛好爭辯呢？）。予不得已也。豈好辯哉？予不得已也（我實在是不得不如此啊）！能言距（「距」者排斥貌）楊、墨者（楊、墨等邪說），聖人之徒也。」（孟子·滕文公下·6.9）

於戰國衰亂之世，道德價值倒塌之時，文化理想不彰之際，孟子挺身而出，張顯道德理想。由此，在「邪說、詖行、淫辭」橫溢中，不得不盡徹生命之力量，激濁揚清，以「正人心」，「承三聖」。孟子以這剛毅不屈，積健雄奇，昂揚奮發之精神彰顯文化生命，所謂泰山巖巖（「巖」音癌，大山貌），所謂浩然

之氣，均由此豁然開顯而出。所以孟子不能不辯才、露才而將自己之文化生命全幅顯露。

　　孟子對孔子極為讚服，這可見「知言養氣章」（公孫丑上·2）中，他曾引曾子之言曰：「**吾嘗聞大勇於夫子矣**（我曾經聽過孔夫子說過大勇的道理）：**自反而不縮**（自己作出反省），**雖褐寬博**（縱使面對布衣百姓），**吾不惴焉**（不會感覺到害怕）；**自反而縮**，**雖千萬人，吾往矣**（假若反省而自覺「理直」，則自然「氣壯」，雖然面對千萬人，一點也不會害怕）。」（孟子·公孫丑上·3.2）但孟子之生命有異於孔子之溫潤文化生命，他要徹裏徹外，貫上通下地闢楊墨，賤縱橫，斥許行，而在「**豈好辯哉**」一語中更見其之「**我不為誰為**」之光輝朗朗。由此，孟子泰山巖巖的大人氣象，是從其「**以志帥氣**」、「**配義與道**」興發其浩然剛大之氣而來，其道德精神就是一開、顯、進之精神。就憑其盡義道而行之精神，自有一種「**當今之世，捨我其誰**」的軒昂道德氣魄，其「**道德氣魄**」就是要成就大丈夫之「**富貴不能淫，貧賤不能移，威武不能屈**」（《孟子·滕文公下·6.2》），要「**無為其所不為**」（《孟子·盡心上·13.17》），要一切所作所行「**仰不愧於天，俯不怍於人**」（《孟子·盡心上·13.20》），這非具積極奮進之「**浩然之氣**」沛然充盈於其中，難有所成。

　　人若要成聖成賢成大人君子，孟子說須「**保養本心**」、善養吾「**浩然之氣**」。這「**浩然之氣**」，「**至大至剛**」，充塞於天地之間。「**氣**」者本乃人之氣質生命，但經道義培養，則為

德性所瀰，而散溢為光輝，成一股充盈於天地間之氣，這道義之開顯成就了「**大人**」君子、成就了完美之人格。

9.3.2 儒家之退、斂、隱之生命觀

9.3.2.1 人受命限之制約

人生本來受命限之制約，縱其努力仍越不過生死、壽夭、吉凶、禍福、貧富等際遇。人對此命限，如何處之？孔子乃説，「**君子求諸己**」（《論語‧衛靈公‧15》）「**求諸己**」，則當盡其在我以立己成己，至於窮達之分，則屬於「**莫之致而至**」的「**命**」，非我所能祈求及改變。以其學生顏淵為例，他「**一簞食，一瓢飲，在陋巷，人不堪其憂**」（《論語‧雍也‧9》），然他卻能「**不改其樂**」，故孔子讚曰：「**賢哉回也！**」，這顯示顏子明白了人之「**命限**」，富貴利達不為我所左右而不強求，這才可以安貧樂道。這應合了孔子對「**命限**」之「**如不可求，從吾所好**」，即「**盡義以安命**」。「**義**」是「**事理之當然，人事之所當為**」，人須「**盡義**」才能真正體證「**命**」之限制性。道雖不行，而志於道之仁人君子，仍會「**行其義**」，這是一種「**知其不可而為之**」之明道守道精神。但在實際方面，如何遵行「**求諸己**」、「**盡義以安命**」之精神？

孔子説：「**五十而知天命**」（《論語‧為政‧2.4》）孔子一生為推衍仁道奔走諸國而為人所棄，其志難伸，處於困頓艱苦之境。在反思下，他體悟「**天命**」，知命限之大，「**萬般皆有命，半點不由人**」，孔子卻以恢宏之心量，涵其境遇。他對

道之不行，不怨天、不尤人，持守君子大道而修詩、書、禮、樂。
這是時不與我時，知「**命**」而悟「**命**」之不能違，是「**窮則獨
善其身**」（《孟子·盡心上·13》）之生命退斂。孔子在這裏
顯示了他恢宏遼廓之生命，可進可退，可放可收，在開顯與退
斂間不失方寸，所以才有「**六十而耳順，七十而從心所欲，不
踰矩**」（論語·為政·2.4），對世道人心有所契悟，所知所行，
無不仁心仁術，與天同序。

　　孔子之退斂人生觀對揚着其顯進道德精神而言，並不是退
縮，而是另闢蹊徑以伸展其道德生命，他讚美顏子説：「**賢哉
回也！一簞食，一瓢飲，在陋巷，人不堪其憂，回也不改其樂。
賢哉回也！**」（《論語·為政·24》）樂不在「**簞、瓢、陋巷**」，
但亦不離「**簞、瓢、陋巷**」。惟「**仁者可久處約**」（《論語·
里仁·4》），「**處約**」就是安於所遇，安於仁之樂。這裏見顏
子生命之剛健，雖苦在貧困中，仍精神提上，方能「**飯疏食飲
水，曲肱而枕之**（吃粗糧、喝白開水、彎着胳膊當枕頭），**樂
亦在其中矣**」（《論語·述而·7.15》），才可「**不義而富且
貴，於我如浮雲。**」（《論語·述而·7.15》）這生命之進退，
是「**七十而從心所欲，不踰矩**」所至，所以才能見孔子「**篤信
好學，守死善道。危邦不入，亂邦不居。天下有道則見，無道
則隱。邦有道，貧且賤焉，恥也；邦無道，富且貴焉，恥也。**」
（《論語·泰伯·8.13》）這裏見其道德生命因時而顯進、退隱。
他有大道必行之於世之偉大理想，才能篤信好學，持守善道。
但當理想不容於現實情景時，知「**道**」不能行於無綱紀動亂之
世時，則隱退自勵，不屈身徇利，雖貧賤困厄，道心仍篤，當

仁不讓。所以當孔子說:「**富而可求也;雖執鞭之士,吾亦為之。如不可求,從吾所好。**」(《論語・述而・7》)孟子稱頌孔子亦在於此,他說:「**非其君**(不是他理想的君)**不事,非其民不使**(使喚),**治則進**(天下太平則來做官),**亂則退**(天下昏亂則退而隱居),**伯夷也。……可以士則士,可以止則止**(應該辭退的就得辭退),**可以久**(繼續)**則久,可以速**(馬上離開)**則速,孔子也。**」(《孟子・萬章・10.1》),在隱退中見顯進,道德生命依然高照,人格依然挺立。孔子在天下無道,理想難伸之際說:「**道不行,乘桴浮於海**」(《論語・公冶長・5.6》),他於感嘆無奈中似隱退下來,但實際上他沒有避世,他仍行義以達其道,進德修業不斷,史稱孔子作春秋、刪詩、序書、訂禮、正樂、讚易,都是在他行道既窮時所作之事。

9.3.2.2 孟子之義命觀

孟子往來於諸侯間能夠無所畏懼、不卑不亢,這是氣節無畏之表現。當弟子問孟子為何無禮於齊宣王時,孟子借曾子之話說「**彼以其富,我以吾仁;彼以其爵,我以吾義,吾何慊**(「慊」音怯,不滿貌)**乎哉?**(我憑藉仁德;它們憑藉爵位,我憑藉道義,我還欠缺什麼呢?)」(公孫丑下・11)他還說:「**說大人**(看到那些大人物),**則藐之**(要先藐視他),**勿視其巍巍然**(不要被他們的大排場嚇倒)。**堂高數仞,榱**(「榱」音摧,屋上承瓦的椽子)**題數尺**(他們住大宅高樓),**我得志弗為也**(我得志才不跟他一樣)。**食前方丈**(這些大人物每餐山珍海錯),**侍妾數百人,我得志弗為也。般樂飲酒**(他們以民膏民脂整天飲酒作樂),**驅騁田獵,後車千乘,我得志弗為**

也（我得志才不跟他一樣）。**在彼者，皆我所不為也**（他們要的，都是我所不屑的）；**在我者，皆古之制也，吾何畏彼哉？**（我自有行事規章，我怕他們幹嘛？）」（《孟子·盡心下·14.34》）其敢攖（音嬰，搶奪也）鋒逆鱗，見於犀利言辭，字字鏗鏘，非依義以正命，以顯其昂揚顯進之道德生命者，難有所為也。但道德生命不能顯進時則須隱退，不屈己志以順命，而藉之以行義「**立命**」。

孟子之「**立命**」觀承接孔子之「**知命**」而發展。孟子曰：「**夭壽不貳，修身以俟之，所以立命也。**」（生命的長短，非我們所能左右，惟有修養自己的身心以等待天命，這就是立命之道了）（《孟子·盡心上·1》）。孟子論孔子的行事風格為「**進以禮，退以義。得之不得曰：『有命』**」（《孟子·萬章上·8》），這是說，人世間之福德困厄，由命運來決定，非我所能改變。但我可以依仁而進，依義而退，這一切可由我掌握。故此，退隱同時亦是道德生命之彰顯，所以他能以「**天下有道，以身殉物；天下無道，以身殉道**」（《孟子·盡心上·13.42》），當天下清明之世，道德生命隨之開顯，可澤世膏民。在昏亂無道之世，則必持道行正，寧可守正不阿，隱居市井，不失其節，甚至不惜為「**道**」而死。這「**有命**（命運之橫梗）」與「**立命**」均指出：一切道義為其在我，亦盡其在我，「**命**」於我有何限焉？這是道德生命之進退顯隱。由此，在「**命**」之限制上，同時見義之所在。盡義而行，即可將人自然生命之限制打破，在隱退中仍可行義以知命「**立命**」來安頓生命。

　　孟子知「**命**」（此命乃狹義「命運」之義）難違，但人可以自作其主，自修其身，以俟其命之臨，甚至「**盡其道而死**」，使命遂得以其正。人之價值就是「**立命**」、「**正命**」中成就偉大之人格，使「**仁人無敵於天下**」（孟子《盡心下·14.3》），大人之學往往在憂患中隱世完成，孟子所以說：「**天之降大任於斯人也，必先苦其心志，勞其筋骨，餓其體膚，空乏其身，行拂亂其所為，所以動心忍性，增益其所不能**（所以，上天將要把重大使命降落到某人身上，一定要先使他的意志受到磨練，使他的筋骨受到勞累，使他的身體忍飢挨餓，使他備受窮困之苦，做事總是不能順利。這樣來鼓動他的心志，堅韌他的性情，增長他的才能）。」（《孟子·告子下·12.15》）如此，方可「**居天下之廣居，立天下之正位，行天下之大道**（居住於仁心之廣闊大宅裏，挺立於禮義之中正位置上，走在天下最光明的道義大道裏）」（《孟子·滕文公下·6.2》）。我們在艱難困厄中，志不能伸時，則退隱存養我們之道德心志，何須怨天尤人？只要努力自持，一切視天命要我如此，我持義以守之，天使我「**行弗亂其所為**」，就是天在成全我，教育我，要我「**動心忍性，增益其所不能**」，於忍性的修養開始，並於痛苦之磨練中才能成就大事。孟子說的「**苦其心志，勞其筋骨，餓其體膚**」，就是在屈屈不得志中仍堅持自我的信念，在我行義盡道之時，天命亦由我而得以樹立，在命限之上，同時可見義之所在。

9.3.3 道家之收斂、隱退之生命觀

　　老子之《道德經》，表面上充塞着一種消極退斂之人生，要人內心清靜無為，要我們「**無知無欲**」（《道德經·第3章》），

「**復歸於嬰兒**」（《道德經‧第 28 章》）的狀態。他更要人「**致虛守靜**」，把心清靜下來，以滌除沉澱心中之習見，不累心於富貴之追逐上，置身於名利之外。

他的生命觀依於他對自然無為有極深刻之體會，認為宇宙萬境為「道」所出，「道」本身「**寂靜清虛**」，無一點聲色形象，悄然自立，無為無形。萬物在「道」中生之、長之、育之、毒之、亭之，並散開於天地間，亦同時內化於萬物裏。莊子更從天地之大美，四時之運行及萬物之變化，其中有明法、律則，說明這一切盡是「道」之體現。「道」生化萬物，為萬物之「**本根**」，然它不言不議不說，世人只能默而識之。

故天下萬物無不是「道」之顯發。「道」對萬物「**生**（創生）**之，畜之**（化育萬境），**生而不有**（雖雄長萬方，不為己有），**為而不恃**（不為己功），**長而不宰**（不自居於主宰之位）」（《道德經》第 10 章），無不是自然而然，無心而成萬物，寒冬春雨，對萬物之摧殺與滋潤，純是天地之變化，無心自然之為。

故當「道」落實到人生的層面上，其顯現之特性而為人類所體驗取法時，就要回到「**自然而為，無為而為**」的狀態，並以此作為人生所依循的律則，由此見自然無為，致虛守靜，生而不有，為而不恃，長而不宰，用柔守弱，謙卑居下，不爭取後，慈，儉，樸等之隱退、收斂之人生觀。

在莊子而言，這是指不為物擾而淨化了的「**心靈生命**」，

即將「**心知**」之「**成見**」化除，使入處「**無待**」之境，從而遷離人間之毀譽，超乎榮辱之念，使心神澄清，見一切無可無不可，與萬境接觸，如明鏡照物，物來則現，物去則無。所以莊子自比為神龜，寧「**生而曳尾塗中**」（《莊子·秋水篇》），而不願藏於廟堂之上。

由此，道家開出一套獨特之人生哲學，看透名利榮寵與生命之關係。老子主張「**甚愛必大費，多藏必厚亡**」（《道德經·第 44 章》）。而他提出的一套人生理論，與俗世價值觀相違，不求顯達榮寵。所以老子要人「**知止**」，不斷強調「**功成、名遂、身退**」，主張「**持而盈之**（自滿自誇或持有累積已很多），**不如其已**（不如及早知足的好）；**揣**（音喘，尖銳的東西，即捶東西使之尖銳）**而銳之**（矢上加尖，鋒芒盡露之意），**不可長保**（長久站得住）。**金玉滿堂，莫之能守；富貴而驕，自遺其咎。功遂身退，天之道也**」（《道德經·第 9 章》），因為「**禍莫大於不知足；咎莫大於欲得**」（最大的災禍就是貪心利得）（《道德經·第 46 章》）。在《道德經》裏，處處可見着這退斂、藏隱之精神，例如：

在修身方面，老子說「**為學日益，為道日損。損之又損，以至於無為，無為而無不為**」。（《道德經·第 48 章》）將智巧之學「**清除又清除**」，因為用「**偽**」強「**智**」者，乃違自然。在人生方面，居後自謙，用柔守弱，以無為之態行有為之事，認為「**貴以賤為本，高以下為基**」（《道德經·第 39 章》），要人卑下遜讓，守虛靜，怯卑下，守柔用弱，要人「**居其榮，**

守其辱」（《道德經・第 28 章》）。宇宙間事物之柔弱見於「小」、「少」、「寡」、「靜」、「短」、「缺」、「虛」、「屈」、「拙」、「賤」、「枉（曲而不直）」，故此，老子說：「**故貴以賤為本，高以下為基。是以侯王自謂孤**（學問淺薄）、**寡**（德行不夠）、**不穀**（沒有吃飯的資格），**此非以賤為本邪？**」（《道德經・39 章》）。所以，縱使位極人臣，仍須謙讓，持守「**孤、寡、不穀**」之道，不可以依賴自己之氣力稱強。於世間，應以守弱為用。處事方面，要「**為**（有大作為）**無為**（以無為之態度去作為），**事**（幹大事）**無事**（不用計謀智巧去作事，即無所事而事），**味**（有着無窮的滋味）**無味**（以恬淡無味當作有味。眾人是味其有味，聖人是味其無味）」（《道德經・第 63 章》）這「**守雌守辱、為谷為溪**」，包含了持靜、處後、守柔、內收、凝斂、含藏之隱退收斂精神。

9.3.4 道家之收斂、隱退生命觀包含開顯之精神

道家之人生哲學，與儒家極之不同。儒家視「**道**」為天地巖巖正氣，人須將此正氣充盈於體內，外化於仁義禮智信之道德行為中，故此是開顯的人生哲學。而道家則視一切順其自然，不強加人為造作，智巧計謀，方得人生真諦，予人一種隱退消極之人生觀。

老子說的「**道**」，不可名狀，無形無象「**惟恍惟惚**」、「**寂兮寥兮**」、「**視之不見；聽之不聞；搏**（觸摸拿取）**之不得**」（《道德經・第 14 章》），是至隱、至斂、至退以達於「**無**」

的一種狀態，但卻有無窮的潛在力和創造力，在宇宙萬境中，見「乎物芸芸」「萬物並作」，生生不息，欣欣向榮，顯現出一種澎湃的活力。老子於首章說：「**無，名天地之始；有，名萬物之母**（《道德經・第1章》）」，這是從「**無**」到「**有**」，從「**隱**」見「**顯**」，從「**斂**」見「**進**」的相續過程。由此亦見，「**道隱無名**」，它本質幽隱無形，故此是「**夷、希、微**」，但它要顯發時，則生化萬物。換言之，「**無**」蘊涵着無限之「**有**」，「**隱**」含藏於未顯發之生機。這裏見道作用於萬物時，表現了某種規律，即是「**反者道之動**」。這規律除了萬物返本復初之外，亦指點出宇宙萬境都在「**相返對立**」的狀態下形成，所以才有雄雌、先後、高下、有無等對立的狀態，「**有無相生，難易相成，長短相形，高下相傾，前後相隨**」（《道德經・第2章》）。由於體悟「**道**」由至「**虛**」至「**無**」而顯發為至「**盈**」至「**有**」，老子開出其獨特之人生觀，要人效「**道**」法「**道**」，與「**道**」合一，以退斂，隱藏之精神守雌、取後、居下、重「**無**」來順應「**道**」之客觀顯現於我們現象之生活中，自會見其培蓄待發之開顯精神。當然此精神不同於儒家之巖巖正氣，要道德人格立於天地之間。道家以退、斂、隱來消解人類之紛爭，使人能夠生活於舒然自適，自由無礙之生活。

老子之守柔用弱就是守「**道**」，是體現「**道**」之人生，柔弱並非懦弱，而是體證萬物在幼弱柔嫩中，卻可迸發出強大的內在生命力。草木萌生之時，初茬弱輕柔，但卻是發展成長的生機。這顯示了「**弱**」的謙下，「**生之徒**」，是一種能屈能伸的精神，一種柔弱卑下同時是勇猛精進的態度。這裏於柔弱中

見剛毅。「謙卦六爻皆吉，恕字終身可行」，這是清儒金蘭生氏所輯格言聯璧裏的一副聯語。因為此卦有謙卑之德，所以不論六爻如何變化，皆得亨通。學此卦者誠能謙卑自處，則吉祥止止。所以一般人借老子之所言如「**無為，不爭、謙退、虛無、清靜**」等觀念而錯誤了解老子思想是消沉厭世的。

其實，「**無為**」是順任自然，是「**道**」生化萬物之本態：「**生而不有，為而不恃，長而不宰。**」（《道德經·第 51 章》）順萬物之自生自成自長而不加干預，成就萬物而不仗恃己用。這是隱、是藏、是退，但它卻包含了不妄作強為，不巧智用謀，避免了先驕自傲，恃剛凌虐之精神，要人之精神開顯於無爭無鬥、無機心謀詐，收斂一己的情思欲望，達至舒然之人生。老子之「**生而不有，為而不恃，長而不宰**」，將顯隱二而一、一而二，一事之互為表裏。「**不有**」、「**不恃**」、「**不宰**」是隱，是退，然最終是生命盎然，活活潑潑，更如道生萬物，無為而無不為，生生不息，這正是顯、是進。

再者，他以「**嬰兒**」作為理想人格的象徵，體察「**道**」之「**無知守真，一任自然**」的心。老子要人「**復歸於嬰兒**」的真樸柔和，不要失去原始之質樸，順任其無知無欲，不用世間機巧之智，而合自然之智。由此，嬰兒對於天地之間的美醜、善惡、高下、先後等價值判斷都沒有主觀的成見和執著，從而超脫於萬物的對立價值判斷之外，不會迷炫於「**五色**」、「**五音**」、「**五味**、「**馳騁畋獵**」與「**難得之貨**」的官能享樂裏，故可「**不犯於物，故無物以損其全也。**」（見王弼注老子·55 章）。嬰兒之返樸

歸真，正是人在凝斂含藏中見生命之真諦。

老子要人學「水」，因為水善下不爭，然滋養萬物。不但如此，它更能適應環境，遇方而方，遇圓而圓，但其本質卻不會隨環境之改變而自我改變。所以老子一再稱讚，要人學「水」。人只要具備了「水」的美德，則樂於處卑下之地而不見有卑厭之情，安於深隱中而不棄人；與人交則親和而不見有扞格之事，與人言談必信實而不見遲疑之態，從政則能以靈活之資而幹利民之事，於處事應物時動識人情，應機而出，如水般遇阻則轉，順勢而流。這裏所見者，乃學水之不爭不強，必以禮讓謙退為德，與世和合，與人無怨懟。然，「**夫為不爭，天下莫能與之爭**」（《道德經‧第 22 章》），這不正是人生之大道理，處世之竅門，極開顯之生命哲學？

至於經世之用之知識、科技、名利，榮寵皆為世俗人所嚮往及追求。現今父母老師教導子女學生無不要博識廣聞經世致用，名成利就社會地位超然，為世推舉榮寵有加。這可以說世俗人生之奮鬥顯進所得之「**大用**」，但在執恃於名堂顯赫歲月之隙，可發覺亦帶着忐忑不安之心懷，使生命困頓於憂心忡忡之拖帶中。道家老子仰觀天穹，細察天道，日月經天，晝出夜沒，寒來暑往，秋去冬來，這一切都是很自然的「**功遂，身退**」的自然現象。宇宙間之花草樹木，何嘗不是默默無言完成它生命的任務，又悄然消逝，了無痕迹。飛禽走獸之生死不已，代代交替，始終無斷。自然界何嘗執「**有**」而自恃？人若能取法於自然，則了解此意義，不會在不可把捉中企求把捉，不在永

久佔有中妄圖佔有。故此自會「**功成、名遂、身退**」而恪守天道。人遂能以寬大光明之心觀萬物之變化，泯除了個人私利，因為了解到「**有用**」而為社會所損耗，其「**有用**」者歸根只是利益於他人，其下場必是自寇、自煎、受伐、自割、乃至「**不終其天年而中道夭**」（《莊子·人間世》）。由此，莊子說，人之「**成**」，亦人之「**毀**」，人之有用，適足以成為人之損耗，此乃何等可悲可哀之事。莊子說人「**自處之道**」，在於「**無經世之用**」中而見「**大用**」，即見其從隱退處見顯進。莊子說，「**心知神明**」之至虛斂時，則為「**心齋**」。若能以「**至虛**」之「**心**」應物，則無所求，心不沾滯於物，不為物累。若對人對事，無成心，偏頗之見，任自然而行。此「**喪我**」之見物，使「**時**」與「**命**」不上心，「**情**」與「**欲**」無由起，這正是由隱退中見顯進。人若由「**成心**」之芒昧困頓中自覺超拔過來，則可化除偏執之見與自我封限，使萬物如如呈現，不以他人為異己，不以自我為尺度，回到與萬物同一的境界。這是人生至舒然，生命至暢適無罣礙之境，這正是開顯之道德精神。

由此見道家之隱退人生是生命光輝之顯現，這裏沒有儒家要人成仁存義，化民成俗之嚴嚴正氣，但卻是一種憩息於自然無為，逍遙自在，心無掛礙之生命，在斂退之人生中見生命之顯進。而儒家之道德生命，亦見其可進可退之大路，進則立人達人以安天下，退則立己達己以俟天命，兩者實可相輔相成，相得益彰。

9.4 道、儒、釋之「無」、「有」、「空」觀

9.4.1 道家‧佛家之「無」、「有」、「空」觀

9.4.1.1 道家之「無」、「有」觀

《道德經》說：「**天下萬物生於有，有生於無**」（《道德經‧第 40 章》），這裏，老子將「**物**」，「**有**」，「**無**」層次地分列出來，解釋了天下萬物之由來。「**無**」不是「**沒有**」，更不是死寂無生命之空洞，而是靈活生動，生化實現萬物的有機體，是「**道**」。老子說：「**常無**（要觀此「無」之真義，須逆反內心，將心沉澱於清虛靜穆，不沾滯於世俗情懷，無塵無染之狀態中）**欲以觀其妙**（由此得以觀「無」生化萬物之妙用），**常有**（當心境於觀照萬物之「實有」存在狀態時）**欲以觀其徼**（則見萬物從「無」循一定之方向冉冉而出）」（《道德經‧第 1 章》）。由此，「**道**」具有「**無**」，「**有**」之兩面性。「**無**」乃體，具「**徼向性（生化萬物之本性）**」之作用，即：「**無**」具有生化萬物之無限妙用，成就萬「**有**」。在「**有**」中，開出天地萬物，故此「**無**」與「**有**」是萬物生長變化之母，是萬物得以實現生成之終極依據。換言之，天地萬物始於「**無**」，當我們向後逆反追索時，見它是「**天地之始**」；但一旦向前察看時，則見「**無**」之「**有徼性**」，見「**有**」，見天地萬物散發開來。由此可見，「**無**」與「**有**」乃「**道**」之兩面性。老子說，要了解之，真是「**玄妙至極**」，深奧難測，但它卻是萬物創生之門，「**玄之又玄，眾妙之門**」。

而「道」生化萬物，卻「**生而不有**（雖雄長萬方，不據為己有功），**為而不恃**（不恃之視為己功），**長而不宰**（更不臨高自居於主宰之位）」（《道德經・第10章》）。「道」無心而為化成萬物，一切是那麼自然而不加干擾，對天地之色不造作、不強求表現出來。所以老子提出「**道法自然**」，因他洞悉到天地萬物各按其「**自身之法則**」運行不息，生滅變化。天下萬物皆有自然自衍之道，它們在宇宙中自興自發，自長自消，如四時行，百物生，一切自然而然，沒有妄為強執，「**為**（成就了紛繁世界）**無為**（「無」使萬物自生、自長、自成、自滅）」。

道家莊子認為「**道**」集「**氣**」而生化萬物之主宰，然此主宰「**真君**」純粹只具「**自然**」義，沒有意志力或道德性。要了解「**道**」，依莊子意，不能用知識去了解知悉，更難以從邏輯理智去推求此宇宙萬物「**最後之因**」，因為訴諸知識，乃不啻向外追求，不但「**外乎子之神**（非自己能力所及），**勞乎子之精**（更使我們勞神傷精，一無所獲）」（《莊子・德充符》），更使心神向外發散迷亂。「**道**」乃天地萬物所以生成之總原理，故自本自根，無始無終而久存。然道雖如此真實，卻又無為無形。惟其無為無形，故可傳而不可受（明白），可得而不可見。莊子說：

> 「**夫道，有情**（有形態之實在，可見可觸，即「無」中有實，萬理俱涵）**有信**（在萬物中見他的徵象），**無為無形**（恬然寂靜，「無為」也；視而不見，「無形」也）；**可傳而不可受**（古今

傳而宅之，莫能明白其所以），**可得**（默而識之）**而不可見**（但它離於形色，故視之而不見）；**自本自根**（「道」是萬事萬物之根本），**未有天地**（在天地未有之前已有），**自古以固存**（有物混成，先天地生）；**神**（產生）**鬼神**（使之出現）**帝**（甚至鬼神上帝也由他而來），**生天生地**；**在太極**（宇宙的初始）**之先而不為高**（按空間說，它在宇宙出現前已有），**在六極之下而不為深**（先於宇宙而有，長遠深邃，不能猜度），**先天地生而不為久**（按時間說，它悠久長存），**長於上古而不為老**（綿綿無盡，無始無終）。」（《莊子·大宗師》）

它「**齏**（音擠，碎也）**萬物而不為義**（裁制萬物而不見其理由依據），**澤及萬世而不為仁**（素秋霜降，碎落萬物，非有心斷割而為義；青春和氣，生育萬物，非有情恩愛而為仁）」（《莊子·大宗師》）。

所以，「**天地有大美**（成就天地間之大美）**而不言**（不自誇），**四時有明法**（四季輪轉，擺出了顯明之法則）**而不議**（而不向人議論），**萬物有成理**（萬物之存在長育有其成規）**而不說**（訴說）。」（《莊子·知北遊》）

由此，道家之「**道**」——萬物存在之最後依據，是「**無**」。它出「**有**」而散發萬物，故其本性特質為「**虛**」，無實有之內容，但卻含藏萬物，如簫笙之虛空，方可吹奏出各種不同樂韻，又

如鼓風用之橐籥，虛而不屈（不是無用），動而愈出。「**天下之大美**」套用於人世間則成「**天下之大德**」，此「**德**」見於「**無**」為人開出一種豁達之人生境界，例如在「**無**」中，見無窮之時空，闊達恢宏，無邊無際，由此人間一切大小、貴賤，夭壽、窮通、得失之相對界限均可消解，而入於無始無終的領域，終見萬物如一。人在世俗中所堅執的價值，或以為矛盾不相容的看法，都可在「**道通為一**」（「**一**」者渾一，一體也，無分別也，指世上一切小與大、醜與美、千差萬別的各種情態或各種事物，都渾然為一處於「道」之內，故能體「道」者，則見萬物如一，不見其差別相）（《莊子・齊物論》）中相融而化解，而不執於一偏之見，逍遙自在。

9.4.1.2 佛家之「空」觀論

　　道家，佛家均叫人破執，理念卻大有不同。前者於宇宙萬境之成住敗滅中肯定一切之真實存在。萬物由「**無**」（道）而出，終歸重入於「**無**」，以此視人之生老病死，亦可以從「**無**」之始終出入而視之。故老子之「**破執**」之説，即在有身之患中，除了滌除玄覽，洗掉心中污垢，比如貪婪、憎怨、仇恨、嫉妒、窮通夭壽之成見等，如神秀之所言，將心「**時常勤拂拭，莫使惹塵埃**」，使心歸於清淨純一。莊子除了叫人不要累於成見，不厄於時與命──知其不可奈何而安之若命外，更要人不要執著於生死之痛，他以「**死生為一條，以可不可為一貫**」以解死生之困，他説：「**適來**（應時而來），**夫子時也**（順生命自然之勢來到世上）；**適去，夫子順也**（順自然之規律而去）。**安時**（心安理得）**而處順**（順時而化），**哀樂不能入也**（不會受

哀樂來擾亂心懷）」（《莊子·養生主》）。

但佛家視宇宙萬境如虛如幻，人生如霧如化，相應於神秀，六祖慧能說：「**菩提本無樹，明鏡亦非台，本來無一物，何處惹塵埃**」。眾生執著於此，視一切為實有，有其不變之自性；不見一切法無常，更於無常之法上貪愛戀求，更不見心知上意想做作所形成的我是「**空無**」本性，而在「**無我**」之法上執有我，不知這一切皆為「**妄執**」。人於「**妄執**」中為其所牽引，而起貪慾、瞋恚、癡愚（對情見欲求之事物望其永存而不能，欲其去之而不得，當這牽引愈求愈緊，愈密愈繁之際，到最後則陷自己於夢幻意想之中，執不存在者為真實，最終生命為它支配而不自知，當這「妄執」不能實現時，心中便起詛咒及嗔恨。當妄求愈多時，則恚恨愈盛），進而起煩惱，更因「**妄執**」而終見一切慾願欲求幻滅而苦痛不堪。

佛見人間苦痛重重，而開出一條教人如何脫離苦海之「**道**」。這「**道**」就是叫人破除一己心靈對主觀世界及客觀世界之種種執著，掃除一切強加於事物上之名言概念。佛家破執，主要破人生命中因「**妄執**」而生起的種種癡想情識。而最重要者，乃使觀念意想不起，由此人不會對外物（法界）所牽起之名言概念視為實有，更不以我心知上之意想造作視我為常在不變之實體，而念念執持，由此去除我慢、我癡、我嗔、我貪。佛家所謂解脫，即解脫此「**法、我**」二執。

佛要我們去掉心智上之名目概念，所謂名目概念者乃是我

們將感覺、知覺、理解等心知活動運用於物而產生出來，並將它視為實在，常住常在者，認為它們具自性之實在者，例如當我們運用概念去表達每一事物時，即肯定了它的孤立獨存同時具有不變之本質。例如「玫瑰花」這一個概念，指示了在我之外有一物體，它與眾物不同，有其形態美，獨特之香味，顏色，故我們說：「**我喜歡玫瑰花，因為它有其獨特之美態香味**」；又例如當視我有不變之本性，是一真實存在於時空中可觸可及之血肉實體。但佛家卻否定這認識事物真相之方法，因為這花之所以為花是由很多條件所組成，例如花根，花莖，紅花瓣，綠葉，還需要陽光，水份，養料，這一切是構成玫瑰花不可或缺之條件。由此，玫瑰花其實是這一連串條件之組合，「玫瑰花」只是我們加上去的一個稱號，一個假名而已，它本身不外是一大堆條件之組合而已。由此推之，我「**相**」（色）乃由「**四大**」而合。「**四**」者，乃地、水、火、風。我們的身體，就是四大假合所成的，如皮、肉、筋、骨，屬於地大；津、液、精、血，屬於水大；全身的溫度，屬於火大；氣息的出入、手腳的運轉，屬於風大。這是「**為自身相**」，而這個身體屬於「**四大**」結合，是表象、現象、假象，沒有實體。但人因顛倒而不認識「**我自身相**」為「**空**」，而不認識它實無自體，妄見此「**身相**」為真實。

由此，世上之事事物物，其實本無自性，亦沒有不變之本質，而是一堆條件、關係的存在狀態。所以，我們不能稱之為「**無**」，因為它明顯地為我所觸所及之具體事物。但是，它也不是「**有**」，因為它本無自性，沒有一種實實在在不變之本質，它因緣聚而有，緣散而滅，歸於空無，所以它是「**空**」，它「**非**

有非無，亦有亦無，非非有，非非無」，是為「空」，故須從「有」與「無」之「中」兼觀之，是為「中觀」。

「中觀」可從佛教「四法印」其中首「二法印」釋之，即：「諸行無常，諸法無我」，說明一切事物在變化不定中，一切本無自性，沒有自己之不變永遠如此之本質本性，因為一切均由不同條件組合而成。這「因緣和合」，在事物之起滅變化中而見，緣聚則有，緣散則滅，故成「空」。由此，「空」與「無常」的道理都在因緣中見，而稱為「緣起性空」。

（西方哲學家亦多認為宇宙萬境乃在成住敗滅之變化中，但所持觀點與東方不同。古希臘的赫拉克利圖（Heraclitus）說萬物在變滅中，他說「沒有人能兩次踏入同一河水」。及後當西方人說一切存在都是有限而偶然，他們均看到東方佛家之所言「諸行無常」之真諦。他們說，宇宙本可有可無，其存在純是偶然，因為是偶然便說它具虛無性。由此認定「世間事物」與「超世間之存在」相對比，指出宇宙萬物非自因自存，因為它們都待因而生，並待因而存。然而在世間有限而偶然的事物為避免其墮於虛無與變滅裏，便不能不企盼一個無限而必然的存在來保持其存在並保證其價值，於是有形而上之「太一」，宗教之「上帝」之說，成為世間一切依歸之所在，使一切偶然有限之事物獲得暫時的真實性，「太一」與「上帝」是對着有限、偶然、變滅、虛無之世間萬物而反顯出來，藉精神上對它們的肯定及仰望以解除生命的虛無感與變滅感。在

宗教來説，這向上建立的一無限而必然及永恆的上帝，使
人之心靈由下而上，超越世間之偶然性有限性，對無限給
與肯定、默想與祈禱）。

在佛教而言，宇宙萬境之本性既是「**空**」，故不能用名言
概念把它們界定；否則，就變成一種執著。執著，就帶來痛苦，
而佛就是要眾生正視自己之種種執障，生起智慧（般若）以除
去一切執著，知一切法都本性空，由此解除苦痛與煩惱。試看
人世間之榮華富貴，盡是無常不定，盡是緣起生滅。若眾生不
見真相，將之執為實有，將偶然有者求其必然，對無常者求其
永恆，這慾願欲求，到頭來一切歸於空虛幻滅時，煩惱痛苦便
由此「**無明**」而來（「無明」者即不見一切法無常，於無常之
法上貪求戀棧，又不能見一切法無我，於無我之法上執有我，
認為我本有具不變之自性）。所以，在佛家認為當前的生命既
出現了，有了，就如實觀之，對其核心的苦痛有同情共感，由
此生起大慈悲，救渡眾生。佛陀為眾生說法，千言萬語，不外
要有情眾生自生智慧自發悲願以度己度人。

既然萬法皆可釋拆為「**緣生法**」，其性即「**空**」。大乘更
將此「**空**」，由掃蕩執著之意義轉為一真常心本體，大我的清
淨無妄性，説宇宙萬境就是這真常自性，清淨心的展現，解脫
就是證悟此心。此心即圓覺清淨之地，是「**佛性**」，亦是「**彼岸、
真如、圓覺、佛、涅槃，法身**」。《圓覺經》形容為「**大光明藏**」，
是光明莊嚴離染污之清淨覺地（此「佛性」本性寂滅，空生空
滅，而眾生卻於此隨緣而起。然，眾生不能達至此清淨光明境

界，皆因自陷於無明黑暗中，不能自悟，不能清淨，為生滅之現象所轉，由此自性光明被障礙了，不能認識到在自我生生滅滅中，有一個不生不滅的，生而不生，滅而不滅，動而不動，無形無相之生命本體，圓覺清淨佛性之地。而眾生之無明起於妄念，所以要得清淨覺地，須身心寂滅，在剎那念念當中，不起妄念，這正是《圓覺經》所言之「離幻即覺」。）

　　能證悟此「**佛性**」者，則見一切皆從無住而立，不住於相，不住於法。其實「**空**」者，乃「**不住於相**」之義，因為「**性空緣起**」（於空性本體中，條件相聚而起萬境，條件相離而萬境散滅），現象界一切東西均藉條件和合而成，本無自性，即無不變之本質。法相（現象界一切事物）之出現，實由「**緣起法**」而來。由此，「**緣起性空**」所出之諸相，即現象界種種現象，乃虛妄不實。執妄而為實有者，則自縛於貪、嗔、癡、慢之迷而造業，而有生死輪迴之苦痛（這可從六道輪迴中見「貪、嗔、癡、慢」之意義。在「人道」之外之「五道」而言，「畜生道」眾生，癡毒最深，他們是一大無明，對自己之以外之一切眾生的慾願全無所知，更全無自覺之知；二是「修羅道」眾生，他們嗔與慢之心最重，他們將一切不順從他自己之慾願欲求者視為敵人，更往往居上以欺人，並入人於陷阱裏以滿足自己之欲求；三是「餓鬼道」眾生，那是貪心重者，其極將一切存在都化為工具以滿足一己之欲望；四是「地獄道」眾生，他們之「貪、嗔、癡、慢」皆極重；五是「天道」眾生，其中有輕微之慾想，有些無欲卻可感覺形色外境，有些於形色外而達至非想或無所有之境界者，因此他們的心靈比人開通廣，福樂最多）。

在《金剛經》裏，佛對須菩薩之提問：「**應云何住？云何降伏其心？**」時，作出了總結：「非相，非非相」，即不要「**我執、法執**」，最後更要將「**我已去掉一切『有執』**」之觀念也要去除。總之，就是放下，將一切放下，甚至把「**我己將一切觀念己放下**」之觀念也得放下，這即是徹底之觀「**空**」。

龍樹「**中觀**」要人以心觀萬法之「**空**」性，同時又觀其在世俗中所形成之概念假名，再在中道「**中觀**」其即空即假，又自我反省去觀此中道本身，一心同時三觀，見「**即有、即假、即中**」，事物之真相畢現，一念悟此理，三千世界盡為清淨，一念不悟，則陷於迷癡「**無明**」中，此即「**菩提即煩惱，煩惱即菩提**（此意是「前念着境即煩惱，後念離境即菩提」，意謂前念執著形相境界，那就是煩惱；如果念頭一轉，離開前念所產生的種種分別、執著、計較，即得大智慧，即見佛性）（《六祖壇經》）。

一切事物既在「**空**」中都歸為一，即見「**空**」即是「**色**」（法界，物質世界），「**色**」即是「**空**」，「**空**」是「**色**」的本質，一切的本質皆是「**空**」，「**空**」是一（宇宙萬境萬事具同一本性——「空」），一切在「**空**」中歸為一體，山川河流是「**空**」，一花一草是「**空**」，一微塵，一毛孔是「**空**」，法界中之一切「**緣起則有，緣散則滅**」，在萬物無礙互通中，所以一即一切，一切即一。禪宗將月喻為佛性（空性），水喻為萬物，萬物之性皆攝於佛性，佛性為「**空**」，故萬物皆「**空**」，尤如「**一月普現一切水；一切水月一月攝**」，一切水中月，皆同一月所映照，

故皆攝於一月。由此，開出了「一切即一；一即一切」之華嚴大義。因為萬法皆空，相互無礙，在一毛孔中可見三千大千世界，至大者同時可歸入至小處了解，至小者可通於大千世界的「空」性。如此下去，每一毛孔可現三千大千世界。

從「法界緣起」以論之，可用身體上一根毛髮為喻，其生起存在必與整個身體相連，否則，身體衰敗，毛焉存然？然而健康之身體，皆為適當之條件聚合而有，當有關條件散失，身體即歸於空無，毛髮亦隨而消失。毛髮身體互為緣起，互為相容。由此推論，整個宇宙，乃至日月星辰，山河大地，草木房舍，互為緣起，重重無盡，互相包容，無分彼此，如此下去，重重無盡，從而開出一廣大莊嚴的華藏世界來（此世界住種種妙寶莊嚴，含藏一切世界，深廣而無窮盡）。

9.4.2 儒家的「有」觀

儒家不視世間為「法界緣起」，萬法具現眼前，既真且實。佛以「空」觀蕩除世人由知識與無明而來的執著，以破執見真如本體之「空」性。但儒家認為在塵網中，劫數可能無盡，苦海可能無邊，但強調人在苦難中奮鬥，將生命之莊嚴與可貴昭顯出來。生命正面之昭顯，同時正見萬物之本體，但這本體非「空性」，而是紊亂罪惡人生中的一點靈光，它是「仁」，它是生生之德，使宇宙生生不息，美善之本源，是天地之道德心。

孔子肯定直接經驗的世界的存在，他目睹世道衰微，禮樂

崩壞，邪說暴行有作，民有饑食，野有餓殍而起不安之情，這一切是一個實存之生命世界，而孔子以真情實感見之，並非緣起幻生，也並非在「無」中浮現，是從自身之生命中直接感受出來。他悲見周室衰微，禮崩樂壞，痛心當時貴族階級之僭竊禮樂。禮之壞、樂之崩，表示了人文世界之內部敗壞。他遂一方面倡尊王攘夷，使不致被髮左衽，一方面教人「**忠信以為甲冑，禮義以為「干櫓」**（盾牌），**載仁而行，抱義而處**」（《禮記・正義59/3》）、「**仁以為己任，死而後矣**」（《論語・泰伯・8.7》），以衛「**文王既沒**」後之「**斯文**」。孔子作春秋寓褒貶，不同於耶穌之說要再來作末日的審判，而是對當時之政治人物之直接審判。這直接之審判，是人文社會中之事業。耶穌反對法利賽人的偽道德，偽法律，因而歸到我們的國在天上；孔子則痛心於當時貴族階級人物之僭竊禮樂，因而說「**禮云禮云，玉帛云乎哉？樂云樂云，鐘鼓云乎哉？**（禮僅是指玉帛這些禮品嗎？樂僅是指鐘鼓這些樂器嗎？」（《論語・陽貨・17.11》）故他提出「**文（禮文）之德**（必須依於道德根源處）」以救當時之文敝，要人先自覺人之所以為人之內心之德，作為禮樂儀文之依據。他要人知內心仁德，乃為禮樂之本。孔子雖以「**質勝文則野**（文太質樸而缺少文采就會像個鄉野人，難免流於粗鄙），**文勝質則史**（文采太華麗而失了質樸，就會像官府裏掌文書的官史，難免流於虛華不實）」（《論語・雍也・6.16》），而言文質彬彬（文采與質樸兩相勻稱），然後君子。所以孔子所謂之「**文**」，並非重在禮樂之儀文，而在成此禮樂之「**德**」。此「**德**」即是「**文**」之質也。

　　孔子之教，重人之德多於重其所表現於外之禮樂之儀「**文**」，要人先自覺人之所以為人之內心之德，這樣一來，孔子遂在周代傳下的禮樂儀文背後，發現了人「**內心之德性世界**」，這是人道德美善之本心。並將此「**本心**」轉化為「**仁**」。人見草木之欣欣向榮而大樂，這是「**仁**」心之表現；對當前任何一物，喜其成而惜其毀，亦是「**仁**」心之表露。故人之「**仁**」心，是一直接體惜、持載、護衛具體事物之道德的心。由此，孔子將「**仁**」作為人之一切價值意識的根源，並有望藉此重振周室之典章文化，實現「**親親而仁民，仁民而愛物**」之大同理想世界。

　　這「**仁**」是自我心靈之自覺而有，而此心靈之自覺性亦為世間一切事物釋出了善的價值，由此肯定了一切世界事物具有其價值意義，如觀天地，自見其有大禮大樂，大序大和，如「**暮春三月，江南草長，雜花生樹，群鶯亂飛**」（丘遲《與陳伯之書》），「**天高地下，萬物散殊，而禮制行矣。流而不息，合同而化，而樂生焉。**」（《禮記・樂記・18》）這「**感知**」是自我心靈所獨有，所以自能攝天地萬物之價值，為其所有，而繼以詠之、嘆之，珍之、惜之。於此，萬物實存之價值於我有所呈現及肯定。再者，人之心靈之「**仁**」，不只限於助其自身存在於自然中，並可兼及一切與其自身無關之事上，如花謝草凋，猿啼鳥驚，河嶽暴發崩裂，民受害而哀嚎，而仁心憐之、嘆之、惜之；見宰獸之殘忍，人仁心不忍，寧茹素以終身；當環顧宇宙天地，見萬物育於春風和熙之中，則樂之，舞之，蹈之。這不單將宇宙存在事物之價值涵攝，並包容在自己之中，

更以其「仁」同情護惜一切存在事物及其所實現之價值，如見繁花艷麗，愛之護之，何敢折毀。推而廣之，此「仁心」更能愛人敬人，更能與他人之「仁心」，相通慧情，使人之心靈相互包涵，日益擴大，能與人與物之通情通德，感通他人之喜怒哀樂。此情德之相通，亦與人之美境共賞，真理勸求。

孔子為人間美善找到了主體內之根源，發覺美善不是平面地在外界劃為文化制度，而是立體地基於仁心。故此，外在之夭壽窮通，又如何可能動搖他的志向？所以，孔子為理想疲憊奔走各國而不為所取，仍快樂寬裕，無入而不自得，其學生顏回「**一簞食，一瓢飲，居陋巷，人不堪其憂，回也不改其樂**」（《論語·雍也·6.9》），這表現道德之奮鬥，「**內心之德性世界**」之圓滿。

孔子努力一生，到五十仍處於困境，但他說：「**不怨天、不尤人、下學而上達。知我者，其天乎！**」（《論語·憲問·14.37》）他這種超越世俗，體會人生真理，成就智慧德業，存心自有「天」知，這終歸是一種仰高企盼之崇高宗教情懷。但對「天」之具體內容，孔子卻沒有明言，卻只說：「**巍巍乎！唯天唯大，唯堯則之**」（《論語·泰伯·8.19》），「天」何其高何其大，聖人堯舜亦須取法於它。此「天」非道家所謂渾沌的「**無**」，亦非佛家所謂的「**空**」，而是生生不息，潛存豐富價值在其中，發而為萬物差別之真實世界，深而為內心的美善的本性，使人流露成聖善的情懷，立己立人，贊天地之化育，這一切一切都是價值的呈現。其作用不是佛家般要掃蕩人心對

事物的執著，亦不是道家老子之「**致虛極，守靜篤**」（《道德經·第 16 章》）之退斂精神。佛家，道家雖努力回到生活中表達「**空**」、「**無**」思想，但始終仍不能成己成物以達「**明明德**」之境。當孔子言：「**知我者，其天乎**」時，正要指出這「**天**」在其艱苦中「**下學而上達**」下默默呈現自己，與夫子相知，相通慧情。當代無義，但「**天**」卻有情。它雖無言以告，但卻默默支持聖人之道德生命。夫子默識天心，他言：「**天何言哉！四時行焉，百物生焉，天何言哉？**」宇宙生化四時，仁心活潑彰顯，無言卻有情有義，盡是偉大之天道流行！

結語

結語

　　常人説，道家思想顯揚於不靖之時期及個人低沉失落之困境中，以退斂無爭之態遮撥了失志之心懷及對人生無奈之概嘆。事實上，道家之隱退精神，要人歸真返樸，無為自然，以「**無功、無名、無己、無待**」捨掉凡塵俗世之煩擾，去掉功名利祿之操控，而自由自樂於天地間，似乎予人一種離世避俗之消極人生態度。但當看透其中要義，則感到「**修己以清心為要，涉世以去慾為先**」，才見朗朗乾坤，清明天地。人漫浪其中，才了解到「**知足者雖貪亦樂，不知足者富亦憂**」之真諦，明白到「**事能知足心常愜，人到無求品自高**」，一種無憂無慮之歡娛。從生活中更體驗到「**忍一時風平浪靜，退一步海闊天空**」，待人處事，要留有餘地，香港商業電台一樓面向升降機牆壁亦掛有一副對聯，上面寫着「**話到口中留半句，理從是處讓三分**」，這叫我們「**應放手時須放手，得饒人處且饒人**」。這一切盡是道家斂退謙讓無爭之智慧，要我們「**處世讓一步為高，待人寬一分是福**」。再者，《菜根譚》裏有「**兔走荒台，盡是當年歌舞之地**」，教人何必你爭我奪。這些是另一生命境界之展開，薰染着一種恬靜自適之生命價值觀。但這逆返內心求和平憩息之生命觀，可以轉到孤清自守，遺世獨立之孤僻生活去，但求兩耳不聞身外事，一心避世去煩憂；或藉忍一時之氣為權謀，以爭他日威武得勢，權勢重臨。

人活在世間，面對生活，家庭、子女，兄弟、朋友，自身工作等，有應做之事，及應守之本份，有不可逃避之責任及馱負之重擔。老子之「**無為而為**」，莊子之「**無名、無功、無己、無待**」，似乎要人遁世離群，將人推到消極之深谷去！但若將老子之「**而為**」之「**為**」視為義之當為而為，凡事不出計謀奸詐以求成，總之得失隨順自然，功成不驕，事敗無餒，則可撐開一幅天大地大的生命領域來。莊子亦肯定人在世間，為社會出力，乃責任所在；人之事親育兒，亦情不容已。這是「**命**」與「**義**」人所必守之兩大規範。然而，人須依「**義**」行事而不累心於成敗中，使情緒不浮沉於得失裏。由此，我與人無爭，而人於我且不得所爭，形不為勞，心不為累，為自己之生命開創一道立德盡義安命之價值境界。

在儒家裏，「**孔曰成仁，孟曰取義**」，鑄造了道德之人生。然而，道家老莊之「**義命**」精神，亦未違孔孟道德生命之伸展，所不同者在於前者以「**無為無待盡義以安命**」，而後者則「**行仁踐義以立命**」。在孟子思想中，「**天**」命我於不同之境遇裏，要我按之而行義盡道，如在家有父母，在外有朋友，則盡孝悌，行忠恕，「**天命**」於此由我得以樹立，而自己亦能同時「**立命**」、「**正命**」於天地間。再者，人之夭壽窮通，難盡其知，但人可憑藉行義盡道屹立於困境中，以成仁人君子，在憂患困境中，體驗到人之為人的意義和價值，故義之所在，亦是命之所在。由此，我一切遭遇與道德實踐，一方面是命，另一方面是義，「**義命**」兩者實一不二。總之，「**立命**」、「**正命**」者，能夠在命限上，見義之所在而行義之所當行。此不同於道家老子之

「**為**（行事應世）**無為**（無詭計奸詐）」以自然淨心，及莊子之「**忘我、無待**」以去外物之煩擾，面對無奈不能更易之命運時，「**知其不可奈何而安之若命**」。

儒家這「**立命**」、「**正命**」之精神，須具剛毅不屈，戰戰兢兢，唯怕「**道之不修，學之不講**」之戒慎恐懼精神。同時更須秉乘孟子要成就大丈夫者「**富貴不能淫，貧賤不能移，威武不能屈**」之道德氣魄，要有「**無為其所不為**」，「**當今之世，捨我其誰**」的軒昂道德氣魄，自身充盈「**仰不愧於天，俯不怍於人**」之「**浩然之氣**」，有敢於面對「**殺身成仁**」、「**捨生取義**」之巍巍勇氣。

但常人於德行實踐中遇艱難困頓，德福不一致時，往往怨天尤人，自怨自艾，甚者氣餒不振，視仁義為荒誕之途，一任情慾之所趨。於此，道家「**行事之情而忘其身**」之思想，便起了很大之指導作用。道家教人當知凡事只「**義之當為而為**」，將富貴、功業、名利、甚至自己一併忘掉，就能夠在人世間裏提得起，放得下，不執著於成敗。由此，人何會牽掛個人之得失而勞心累形？這不是福德相惠嗎？中國人常說「**外方還要內圓**」，「**方**」者所指就是持正不阿，「**圓**」者就是自心（心知神明）能夠「**不與物相刃相靡**（心與外物不會因利而針鋒相對，為爭朝夕而對立相爭）」，不「**以物**（身外之成敗得失）**累心**」，「**不遣是非**（出世而入世），**以與世俗處**（入世而不為世累）」，「**安時**（放開心懷，不掛慮於得失）**而處順**（順應世事之變化）」，如此則哀樂不能入。凡事盡一己之能積極

以處事應世，棄一己之慾安然以去名利富貴，無用心計較，只退步思量，如此則可以放飛胸懷，自由自在。可知道，到處能「**安**」即是家。

　　儒家、道家是中國思想兩大主流，一重開顯正命之剛毅精進，彰顯道德，成就人格；一主退斂安命之悠然愜意，無心自然，逍遙自在。兩者看似相對而實可相輔相成，為人開出一條踐仁行義，同時又安時處順之人生大道。這是一道富積極性，但又適然自在之生命哲學，是人生中之「**進退得宜**」、「**知行知止唯賢者，能屈能伸是丈夫**」。

參考書目

1. 何美嬿，〈溫潤生命之學，《孔子與論語》〉2009，志蓮淨苑

2. 譯注：萬麗華 蘭旭；導讀：黃俊傑，《孟子》2012，中華書局

3. 楊伯峻，《孟子譯注》2007，中華書局

4. 梁瑞明，〈老子虛靜心靈之學，《老子》釋義〉2014，志蓮淨苑

5. 梁瑞明，〈莊子調適生命之學，《莊子》釋義〉2008，志蓮淨苑

6. 梁瑞明編著，〈心靈九境與宗教的人生哲學〉2007，志蓮淨苑

7. 梁瑞明編著，《先秦諸子之道》2011，志蓮淨苑

8. 張默生，《莊子新釋》1961，樂天出版社

9. 張默生，《老子章句新釋》，古文書局出版

10. 陳鼓應，《老子註釋及評介》2012，中華書局

11. 王邦雄，《老子十二講》2014，遠流出版社

12. 南懷瑾講述，《老子他説》2010，老古文化

13. 南懷瑾講述，《莊子諵譁》2006，老古文化

14. 南懷瑾講述，《金剛經説什麼》2013，老古文化

15. 關鋒，《莊子內篇譯解和批判》1961，中華書局

16. （清）王先謙 劉武撰，《莊子集解》1987，中華書局

17. 牟宗三，《中國哲學之特質》1983，學生書局

18. 唐君毅，《道德自我之建立》，大方文化事業公司

19. 唐君毅，《人生之體驗》，唐君毅全集，台灣學生書局

20. 唐君毅，《人生之體驗續篇》，唐君毅全集，台灣學生書局

21. 錢穆，《人生十論》1974，東大圖書公司印行

22. 賴永海主編，陳秋平譯注，《金剛經·心經》2012，聯經

開顯與退斂的生命觀
——中國儒家與道家思想之會通

作　　者：黎景鎏

責任編輯：陳文威　陳銘洋

封面設計：Bed

美術設計：盛　達

出　　版：明報出版社有限公司

發　　行：明報出版社有限公司

　　　　　香港柴灣嘉業街 18 號

　　　　　明報工業中心 A 座 15 樓

　　　　　電話：2595 3215

　　　　　傳真：2898 2646

　　　　　網址：http://books.mingpao.com/

　　　　　電子郵箱：mpp@mingpao.com

版　　次：二〇一八年六月初版

I S B N：978-988-8445-71-4

承　　印：亨泰印刷有限公司